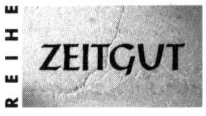

REIHE

Band 25

Mauerzeit

Als fliehen tödlich sein konnte
1961–1989

REIHE

Band 25

Mauerzeit

Als fliehen tödlich sein konnte
1961–1989

34 Erinnerungen aus Ost und West

Herausgegeben von Jürgen Kleindienst
& Ingrid Hantke

Zeitgut Verlag

Umschlagbild oben: Bau einer Mauer zwischen dem thüringischen Heinersdorf und dem bayerischen Ort Welitsch, 1982. Foto: DIZ/amw *Umschlagbild unten: Winkende Menschen am Grenzübergang Chaussee-straße nach Berlin-Mitte 1969.* Foto: Lehnartz, ullstein bild, Berlin.

Die in diesem Buch veröffentlichten Fotos und Dokumente stammen, soweit nicht anders vermerkt, aus dem Privatbesitz der Verfasser sowie aus folgenden Quellen: Bundesarchiv: Bild 183-C1031-0044-009 und Bild 183-C1101-0041-002 Fotograf: Joachim Spremberg, S. 86; Bild 183-1989-1104-034 Fotograf: Hubert Link, S. 278; Peter Emrich, Löbau, http://www.loebaufoto.de, S. 145, 151; André Theuerkauf S. 292; ullstein bild - Czechatz, S. 11, ullstein bild - Danigel S. 306 und 309; Zeitgut Archiv S. 40, 43, 107, 141, 142, 230.

Bibliografische Information Der Deutschen Bibliothek
Die Deutsche Bibliothek verzeichnet diese Publikation in der Deutschen Nationalbibliografie; detaillierte bibliografische Daten sind im Internet über http://dnb.ddb.de abrufbar.

© 2011 by Zeitgut Verlag GmbH, Berlin
Zeitgut Verlag GmbH
Klausenpaß 14, 12107 Berlin
Telefon 030 - 70 20 93 0, Telefax 030 - 70 20 93 22
E-Mail: info@zeitgut.de
Herausgeber: Jürgen Kleindienst & Ingrid Hantke
Textauswahl, Gesamtredaktion und Zusammenstellung: Ingrid Hantke
Lektorat: Ingrid Hantke, Barbara Jacob, Helga Miesch
Umschlaggestaltung: Daniel Kreisel, Berlin
Druck: GGP Media GmbH, Pößneck
Printed in Germany
Gebundene Ausgabe: ISBN 978-3-86614-192-6
Taschenbuch-Ausgabe: ISBN 978-3-86614-159-9

www.zeitgut.de

Inhalt

Orte

Vorbemerkungen

Der Zeitgut-Band 25 „Mauerzeit. Als fliehen tödlich sein konnte" versammelt Zeitzeugen-Erinnerungen aus den 28 Jahren des Bestehens der Mauer. Das Buch erzählt, was Menschen in diesen Jahren um die Mauer herum erlebten und erlitten, und was Menschen alles taten, um die Mauer zu überwinden. Dabei sind gerade die letzten Ereignisse oft allein deshalb tragisch, weil der Fall der Mauer 1989 so unerwartet, so plötzlich kam. Manche lebensgefährlichen Fluchten, wie die im Buch erzählten Geschichten von Siegfried Wehrhoff und Mario Goldstein, wäre unterlassen worden, wenn der Mauerfall zu vermuten gewesen wäre. Noch im Januar 1989 hatte Erich Honecker erklärt, die Mauer werde auch in 50 oder 100 Jahren noch stehen. Viele – besonders junge – DDR-Bürger haben das allzu wörtlich genommen. Das Gefühl des ewigen Eingesperrtseins verbreitete sich vor allem unter den jüngeren Leuten in den letzten Jahren der DDR geradezu epidemisch. Die Bereitschaft, riskante Fluchtversuche zu unternehmen, wuchs wieder. Und die Schar der Antragsteller für eine offizielle Ausreise schwoll dramatisch an. Auch junge selbständige Handwerksmeister mit Familie erklärten plötzlich ihren alten Kollegen, sie wollten „wegmachen". Und wenn man zuletzt die Gesichter derer sah, die in der Prager Botschaft ihre Ausreise erzwangen, dann waren das überwiegend junge Leute, oftmals Familien mit Kindern.

Bertolt Brechts Empfehlung nach dem 17. Juni 1953, die SED solle sich eben ein anderes Volk wählen, drängte sich

November 1961: Ausbau der Grenzanlagen in der Zimmerstraße in Berlin-Kreuzberg unter Bewachung. Der „Eiserne Vorhang" wird fest geschlossen.

eine Generation später erneut auf. Nichts hatte sich zwischen Regierung und Volk wirklich geändert in der DDR. Eigentlich war alles nur schlimmer geworden. Eine neue Generation war herangewachsen, die sich eine Fortsetzung des erstarrten DDR-Systems nicht mehr vorstellen mochte.

Als im Sommer 1961 die dramatischen Bilder vom Mauerbau mitten durch die 4-Millionen-Stadt Berlin im Fernsehen
und in den Zeitungen auftauchten, wurde anfangs oft übersehen, daß dieses wahnwitzige Bauwerk schon längst als Grenze zwischen Ost- und West-Deutschland am Entstehen war.
Bereits 1952 hatte die DDR einen dichten Zaun über eine Strek-
ke von knapp 1.400 Kilometern von der Ostsee bis ins Vogtland errichtet. Dazu erließ sie eine Verordnung zum Ausbau
der Grenze mit einem 500-Meter-Schutzstreifen und der Er-
richtung einer 5-Kilometer-Sperrzone, die nur mit Passier-
scheinen betreten werden durfte. Im selben Jahr wurden Tau-
sende Menschen aus den DDR-Grenzgebieten zwangsumge-
siedelt. Die meisten Grenzübergänge zur Bundesrepublik
wurden geschlossen. In den Folgejahren entstand auf diese
Weise ein massives Grenzbauwerk mit dem Ziel, niemanden
durchzulassen: Beton und Drahtgitterzäune, Wachtürme,
Erdbunker, Fahrwege, Minenfelder, Selbstschußanlagen, Hundelaufanlagen und gleißende Nachtbeleuchtung sollten die
Grenze unüberwindlich machen.

Das alles ist nun Geschichte. Der vorliegende Band will
bei den Älteren Erinnerungen auffrischen und den Jüngeren ein Gefühl für die Jahre der Trennung vermitteln, damit nicht nur die nackten Zahlen von jener Zeit bleiben, sondern auch Ängste und Träume, erfüllte Sehnsüchte und enttäuschte Hoffnungen nacherlebbar werden. Wer das Buch
aufmerksam liest, wird dem Atem jener Jahre nachspüren
können.

Ingrid Hantke & Jürgen Kleindienst
August 2011

Die Vorgeschichte des Mauerbaus schildern die Zeitgut-Bände
„Von hier nach drüben" und „Schwarz über die grüne Grenze".

Chronologie 1961–1989

Vorgeschichte

1. Sept. 1939	Beginn des Zweiten Weltkrieges. Angriff der deutschen Wehrmacht auf Polen.
22. Juni 1941	Deutscher Überfall auf die Sowjetunion.
12. Sept. 1944	Vereinbarung der späteren Siegermächte: Deutschland soll nach dem Ende des Krieges in Besatzungszonen unter der Hoheit der USA, Großbritanniens, Frankreichs und Rußlands aufgeteilt werden.
8. Mai 1945	Bedingungslose Kapitulation der Deutschen Wehrmacht.
1. Juli 1945	Die USA und Großbritannien ziehen sich vereinbarungsgemäß aus den eroberten ostdeutschen Gebieten in Thüringen, Sachsen, Sachsen-Anhalt und Mecklenburg zurück. Rußland besetzt diese Gebiete. Die westlichen Alliierten übernehmen je eine Zone in Berlin (West-Berlin). Erste Grenzkontrollen zwischen den Besatzungsgebieten.
21. Juni 1948	Währungsreform in den drei Westzonen. Die Deutsche Mark (DM) wird eingeführt.
24. Juni 1948	Berlin-Blockade der Sowjetunion als Reaktion auf die westliche Währungsreform auch in West-Berlin.
12. Mai 1949	Ende der Berlin-Blockade.
23. Mai 1949	Gründung der Bundesrepublik Deutschland auf dem Gebiet der drei westlichen Besatzungszonen.
7. Oktober 1949	Gründung der Deutschen Demokratischen Republik auf dem Gebiet der sowjetischen Besatzungszone.
26. Mai 1952	Die DDR riegelt die innerdeutsche Grenze ab. Es werden ein 500-Meter-Schutzstreifen und eine fünf Kilometer tiefe Sperrzone eingerichtet, die nur mit Passierschein betreten werden darf.
Mai/Juni 1952	„Aktion Ungeziefer": In einer Nacht- und Nebelaktion werden aus dem innerdeutschen DDR-Grenzgebiet 11 000 Menschen zwangsumgesiedelt, die als „feindliche und kriminelle Elemente" bezeichnet werden.

10. Dez. 1955   Die DDR übernimmt von der Sowjetunion die Über-
                 wachung der innerdeutschen Grenze und erklärt sie
                 zur „Staatsgrenze".

Zwischen 1949 und 1961 flüchten etwa 2,6 Millionen Menschen aus der
DDR in den Westen, ab 1952 überwiegend über Berlin. Allein im Jahr
1961 sind es bis zum 13. August rund 160000 Flüchtlinge.

1961

15. Juni   DDR-Staatsratsvorsitzender Walter Ulbricht erklärt:
                 „Niemand hat die Absicht, eine Mauer zu errichten."
9. Juli   Die DDR verbietet die Durchführung des gesamtdeut-
                 schen Evangelischen Kirchentages vom 19. bis 23. Juli
                 in Ost-Berlin. Reisen von DDR-Bürgern zum Kirchen-
                 tag nach West-Berlin sollen nicht gestattet werden.
5. August   Der Warschauer Pakt genehmigt die „Operation Chi-
                 nesische Mauer".
13. August   Abriegelung West-Berlins und der innerdeutschen Gren-
                 ze, Beginn des Baues der Berliner Mauer.
15. August   Erste Proteste der Westmächte.
19. August   Die Vereinigten Staaten schicken demonstrativ den US-
                 Vizepräsidenten Lyndon B. Johnson nach Berlin.
20. August   Die USA verstärken ihre militärische Präsenz in Ber-
                 lin um 1500 Soldaten, die über die Autobahn nach Ber-
                 lin fahren.
24. August   Erstmals wird ein Flüchtling an der Mauer erschos-
                 sen.
22. August   Bundeskanzler Konrad Adenauer besucht West-Berlin.
15. September   Die Grenzpolizei der DDR wird als Grenztruppe dem
                 Ministerium für Nationale Verteidigung unterstellt.
                 Verlegung erster Bodenminen an der Grenze.
25. Oktober   Panzer der USA und der UdSSR stehen sich in Berlin
                 am alliierten Grenzübergang Checkpoint Charly gegen-
                 über.

An der sogenannten Staatsgrenze West wird der Stacheldrahtzaun ver-
doppelt und mit Betonpfosten verstärkt. Zusätzlich wird längs der gesamten Grenze ein sechs Meter breiter Spurensicherungsstreifen angelegt, die Verminung der Grenze beginnt.
Im Oktober werden in der Aktion „Kornblume" abermals (wie 1952)
mehrere tausend Grenzbewohner zwangsweise umgesiedelt. Kampf-

gruppeneinheiten holen sie in den frühen Morgenstunden ohne Ankündigung mit offenen LKW's ab und laden ihr Mobiliar auf. Innerhalb weniger Stunden müssen die Menschen ihre Heimat verlassen.

1962

17. August   Der 18jährige Peter Fechter verblutet, nach einem Fluchtversuch angeschossen, im Niemandsland, ohne daß ihm jemand zu Hilfe kommt.

14.-28. Oktober Kuba-Krise zwischen den USA und der Sowjetunion. Sie markiert den Wendepunkt in der Geschichte des Kalten Krieges. Einrichtung eines „Heißen Drahtes" zwischen Washington und Moskau. In der Folge werden verschiedene Abkommen zur gegenseitigen Rüstungskontrolle unterzeichnet.

1963

24. Oktober   Drei DDR-Gefreite durchbrechen bei Bad Hersfeld mit einem Panzerspähwagen die innerdeutsche Grenze und fliehen in den Westen.

18. Dezember   Das erste Passierschein-Abkommen ermöglicht West-Berlinern ab 20. Dezember den Verwandtenbesuch im Ostteil der Stadt zu hohen Feiertagen.

An der Grenze wird zur Verbesserung der Sicht begonnen, einen 100 Meter breiten Geländestreifen zu planieren. Hundelaufanlagen werden eingerichtet.

1964

10. September Rentner aus der DDR dürfen fortan besuchsweise in die Bundesrepublik reisen.

5. Oktober   Bei einer spektakulären Flucht gelangen 57 Flüchtlinge durch einen 11 Meter tiefen und 140 Meter langen Tunnel nach West-Berlin. Die Aktion wird entdeckt, ein Volkspolizist wird aufgrund tragischer Verstrickung durch einen anderen Volkspolizisten erschossen.

1. Dezember   Die DDR führt einen Zwangsumtausch für Besucher aus dem westlichen Ausland von 5 DM pro Person und Tag zum Wechselkurs 1:1 von West- in Ostmark ein,

West-Berliner müssen 3 DM umtauschen. Der Tages-
satz wird bis 1989 mehrfach erhöht. Kinder und Rentner sind vorerst ausgenommen.

An der Grenze werden Kraftfahrzeugsperrgräben angelegt und die Wachtürme aus Holz durch Betontürme ersetzt.

1965

7. April   Während einer Sitzung des Bundestages in West-Berlin
                    überfliegen sowjetische Düsenjäger die Stadt. DDR-Sol-
                    daten blockieren die Transitwege nach West-Berlin.

1966

4. Dezember   Willy Brandt wird Außenminister und Vizekanzler der
                    Bundesrepublik Deutschland.
10. Oktober   In West-Berlin wird eine Passierscheinstelle für drin-
                    gende Familienangelegenheiten eröffnet.
14. Dezember   Herbert Wehner, neuer Bundesminister für gesamt-
                    deutsche Fragen, erklärt eine diplomatische Anerken-
                    nung der DDR für unmöglich.

An der Grenze wird ein zusätzlicher unter Schwachstrom stehender
Signalzaun im Abstand von 500 bis 1000 Meter zur Grenze gebaut. Die
bislang existierenden Tore im Doppelzaun werden vermint. Aus Beton-
fertigteilen werden Erdbeobachtungsstände errichtet.

1967

20. Februar   Die Volkskammer der DDR beschließt ein „Gesetz über
                    die Staatsangehörigkeit der Deutschen Demokrati-
                    schen Republik", um sich gegen den Alleinvertretungs-
                    anspruch der Bundesrepublik abzusetzen.
11. Juni   Die DDR führt den Paß- und Visumzwang für Besu-
                    cher aus dem Westen ein.
18. August   In einem großangelegten Prozeß werden 37 Fluchthel-
                    fer in Ost-Berlin zu langen Haftstrafen verurteilt.

Die DDR markiert die Grenze neu. Wenige Meter vor der Demarkations-
linie werden 2.622 Grenzsäulen mit schwarz-rot-goldenem Anstrich und
dem DDR-Emblem aufgestellt. Mehr als 9000 Grenzsteine werden gesetzt. Der Bundesgrenzschutz stellt Schilder mit der Beschriftung „Halt!

Zonengrenze" und „Halt! Hier Grenze!" auf. Sie sollen versehentliche Grenzverletzungen von der Seite der Bundesrepublik aus vermeiden.

1968

12. Januar	Die DDR stellt in einem neuen Strafgesetzbuch zahlreiche politische Delikte unter Strafe. Strafen für politische Delikte werden verschärft.
1. Juli	Die DDR und die Bundesrepublik treten dem Atomwaffensperrvertrag bei.
20./21. August	Einheiten der DDR beteiligen sich an der Besetzung der ČSSR durch fünf Warschauer-Pakt-Staaten. Damit wird der „Prager Frühling" gewaltsam niedergeschlagen.

An der Grenze werden die parallel zum Drahtzaun angelegten Fahrwege mit Betonplatten verstärkt. Die alten Stacheldrahtzäune werden durch einen Doppelzaun aus Streckmetallgitter ersetzt.

1969

22. Juli	Die Bundesregierung beschließt, das Hissen der DDR-Fahne und das Abspielen der DDR-Hymne bei Sport-Veranstaltungen nicht mehr zu behindern.
28. Oktober	Willy Brandt wird Bundeskanzler. Er verkündet gegenüber der DDR eine neue Politik unter der Devise „Wandel durch Annäherung".

Erste Betontürme zur Grenzbeobachtung werden errichtet.

1970

19. März	Bundeskanzler Willy Brandt trifft sich in Erfurt unter überwältigender Anteilnahme der Bevölkerung mit dem DDR-Ministerpräsidenten Willi Stoph.
21. Mai	Willy Brandt trifft sich in Kassel mit dem stellvertretenden Staatsratsvorsitzenden der DDR Willi Stoph.
12. August	Bundeskanzler Willy Brandt und der sowjetische Ministerpräsident Alexej Kossygin unterzeichnen den „Moskauer Vertrag" über die Anerkennung der deutsch-deutschen Grenze und der Oder-Neiße-Linie als Polens Westgrenze.

Die DDR installiert die ersten Selbstschußanlagen (Modell SM 70), die nach Berühren eines Kontaktdrahtes den Schuß einer tödlichen Streuladung auslösen.

1971

3. Mai	Walter Ulbricht wird zum Rücktritt gezwungen. Sein Nachfolger als Erster Sekretär des Zentralkomitees der SED und Vorsitzender des Staatsrates der DDR wird Erich Honecker.
3. September	Die vier Kriegsalliierten unterzeichnen das „Berlin-Abkommen", es bestätigt die Aufrechterhaltung der Bindungen zwischen West-Berlin und der Bundesrepublik und garantiert die Sicherheit der Zufahrtswege.
11. Dezember	Unterzeichnung des Transitabkommens zwischen den beiden deutschen Staaten. Vereinbart werden pauschale Zahlungen der Bundesrepublik für die Straßenbenutzung und eine starke Erleichterung der Grenzkontrollen im Transitverkehr durch die DDR.

Die DDR-Grenztruppen werden neu aufgeteilt. „Grenzaufklärer" patrouillieren jetzt auch im Gelände zwischen dem Metallgitterzaun und den Grenzsäulen. Weitere Selbstschußautomaten werden installiert.

1972

21. Dezember	Unterzeichnung des Grundlagenvertrags zwischen der DDR und der Bundesrepublik. Die Bundesrepublik gibt ihren Alleinvertretungsanspruch auf. In der Folge werden weitere Grenzübergangsstellen geöffnet.

1973

Juni	Nach dem Grundlagenvertrag können Bewohner grenznaher Kreise der Bundesrepublik jetzt Tagesreisen in grenznahe Kreise der DDR unternehmen.
18. September	Die Bundesrepublik und die DDR werden Mitglied in den Vereinten Nationen. Bundesaußenminister Walter Scheel betont vor der UNO die weiterhin angestrebte Wiedervereinigung beider deutscher Staaten.
3. November	Außenminister Walter Scheel erzielt in Moskau eine

Einigung über die Vertretung West-Berlins durch die Bundesrepublik Deutschland.

Im Grenzgebiet baut die DDR einen zusätzlichen Schutzstreifen in circa 500 Meter Entfernung von der Grenze. Weitere Beobachtungstürme werden aufgestellt. In den Anbauten der sogenannten Führungspunkte werden Alarmgruppen der NVA-Grenztruppe stationiert. Sie sollen bei möglichen Grenzdurchbrüchen zum Einsatz kommen.

1974

1. Januar	Die Grenztruppen der DDR werden aus der Nationalen Volksarmee ausgegliedert und selbständig unter dem Namen „Grenztruppen der DDR" geführt.
25. April	Günter Guillaume, persönlicher Referent von Bundeskanzler Willy Brandt, wird als DDR-Spion entlarvt.
14. März	Protokoll über die gegenseitige Errichtung Ständiger Vertretungen der Bundesrepublik Deutschland und der Deutschen Demokratischen Republik. Sie werden in Bonn und Ost-Berlin eröffnet.
6. Mai	Willy Brandt tritt als Bundeskanzler wegen der Spionage-Affäre um Günter Guillaume zurück.
15. Mai	Walter Scheel wird zum Bundespräsidenten gewählt.
16. Mai	Helmut Schmidt wird mit absoluter Mehrheit zum Bundeskanzler gewählt.
5. November	Der Zwangsumtausch für westliche Besucher in der DDR wird auf 13 Mark pro Tag erhöht.

Im Grenzgebiet der DDR werden alte Erdminen gesprengt. Der Doppelzaun wird zum Teil abgerissen und durch einen 3 m hohen Metallgitterzaun ersetzt. Zwischen den noch existierenden Teilen des Doppelzaunes werden alte Minen durch solche neuerer Bauart ersetzt.

1975

30. Juli	KSZE-Gipfelkonferenz in Helsinki.

Eine gemeinsame Grenzkommission der Bundesrepublik und der DDR regelt Streitfälle des Grenzverlaufes. Die innerdeutsche Grenze wird für maßgeblich erklärt. Neue Grenzsteine werden gesetzt, die auf DDR-Seite die Aufschrift DDR tragen. Auf DDR-Seite werden die Sicherungsanlagen weiter ausgebaut und die Ausrüstung des zweireihigen Grenzzauns mit Selbstschußanlagen verstärkt.

1976

6. November   Während einer Tournee in der Bundesrepublik entzie-
                  hen die DDR-Behörden dem Liedermacher Wolf Bier-
                  mann die DDR-Staatsbürgerschaft und verweigern ihm
                  die Rückkehr.

21. Dezember   ARD-Korrespondent Loewe wird aus Ost-Berlin ausge-
                  wiesen.

1977

13. April   Der Schriftsteller Reiner Kunze übersiedelt mit sei-
                  ner Familie aus der DDR in die Bundesrepublik.

1979

16. April   In der DDR wird eine neue „Währung" eingeführt: der
                  Forumscheck. Wer im Intershop einkaufen will, muß
                  seine Devisen zuvor in Forum-Schecks umtauschen.

1980

9. Oktober   Die DDR erhöht den seit 1964 existierenden Pflicht-
                  umtausch für erwachsene Besucher aus dem Westen
                  von zuletzt 13 auf 25 DM pro Tag. Auch Rentner müs-
                  sen jetzt den Umtausch erbringen Für Kinder zwischen
                  sechs und fünfzehn Jahren (vorher ebenfalls befreit)
                  sind nun 7,50 DM zu tauschen.

1981

11. Dezember   Bundeskanzler Helmut Schmidt besucht drei Tage lang
                  die DDR für ein innerdeutsches Gipfeltreffen mit Erich
                  Honecker.

1982

1. Mai   Die DDR legalisiert im „Gesetz über die Staatsgrenze
                  der Deutschen Demokratischen Republik" den Waffen-
                  einsatz gegen „Grenzverletzer".

22. November   Eröffnung des Autobahnabschnittes Wittstock/Zar-
                  rentin als Teil der neuen Autobahn Berlin-Hamburg.

1983

29. Juni   Die Bundesrepublik bewilligt der DDR einen Kredit von einer Milliarde DM, vermittelt durch den bayerischen Ministerpräsidenten Franz-Josef Strauß. Als Gegenleistung der DDR werden besonders inhumane Einrichtungen wie die gefährlichen Selbstschußanlagen an der innerdeutschen Grenze entfernt.

An der Grenze wird mit dem Abbau der Selbstschußanlagen begonnen und im November 1984 beendet. Allerdings wird der Aufbau des Grenzsperr- und Signalzaunes vorangetrieben, der mit Alarm auslösenden Kontakten ausgestattet ist.

1984

4. Oktober.   Die Botschaft der Bundesrepublik Deutschland in Prag, in der sich über 150 ausreisewillige DDR-Bürger aufhalten, wird wegen Überfüllung vorübergehend geschlossen. Auch in Bukarest, Warschau und Budapest haben DDR-Bürger in den diplomatischen Vertretungen Schutz gesucht.

1985

11. März   Michail Gorbatschow wird Staats- und Parteichef der Sowjetunion.

An der Grenze erfolgen im Oktober die letzten Sprengungen von Erdminen. Doch der Schießbefehl hat weiterhin Gültigkeit. Die Spurensicherungsstreifen und die betonierten Fahrwege für Kolonnenfahrzeuge werden ausgebaut.

1987

13. April   DDR-Staats- und Parteichef Erich Honecker lehnt die Einladung des Regierenden Bürgermeisters von West-Berlin, Eberhard Diepgen ab, zur 750-Jahr-Feier von Berlin in den Westteil der Stadt zu kommen.

6.– 9. Juni   In Ost-Berlin versuchen 3 000 Rockfans vom Brandenburger Tor aus, ein Konzert vor dem Reichstagsgebäude in West-Berlin mitzuhören. Trotz des großen Polizeiaufgebots fordern die Menschen in der Straße Unter den Linden den Abriß der Mauer und Freiheit, auch „Gorbatschow"-Rufe werden laut.

12. Juni   US-Präsident Ronald Reagan fordert in einer Rede vor dem Brandenburger Tor den sowjetischen Parteichef Gorbatschow auf, die Mauer niederzureißen.

24.-28. Juni   In Ost-Berlin wird erstmals seit 1961 wieder ein Evangelischer Kirchentag in der DDR durchgeführt.

17. Juni   Aus Anlaß des 38. Jahrestages ihrer Gründung beschließt die DDR-Regierung die Abschaffung der Todesstrafe.

25. August   Abkommen über wissenschaftliche und technische Zusammenarbeit zwischen DDR und Bundesrepublik.

26. August   Die Bundesregierung erhöht das Begrüßungsgeld für Besucher aus der DDR von bisher zweimal jährlich 30 DM auf einmal 100 DM pro Besucher und Jahr.

5. September   Etwa 1 000 Mitglieder der unabhängigen Friedensbewegung der DDR treffen sich in Ost-Berlin zu einer nicht angemeldeten Demonstration. Die Volkspolizei greift nicht ein.

7.–11. Sept.   Zum ersten Mal besucht mit Erich Honecker ein Staats- und Parteichef der DDR die Bundesrepublik.

1988

10. Januar   Jürgen Sparwasser, einer der prominentesten Fußballspieler der DDR, setzt sich in die Bundesrepublik ab.

17. Januar   In Ost-Berlin verhaftet der DDR-Staatssicherheitsdienst rund 120 Angehörige der Friedens- und Menschenrechtsbewegung, die am Rande der traditionellen Luxemburg-Liebknecht-Demonstration für die Freiheit der Andersdenkenden demonstrieren wollen. 54 von ihnen werden zur Ausreise in die Bundesrepublik genötigt.

11. Januar   Der Regierende Bürgermeister von West-Berlin, Eberhard Diepgen trifft sich mit Erich Honecker zu Gesprächen in Ost-Berlin. Honecker kündigt Verbesserungen im innerdeutschen Reise- und Besuchsverkehr an.

1. März   West-Berliner können künftig bei Tagesreisen nach Ost-Berlin dort einmal übernachten.

14. März   Nach einem Friedensgebet in der Leipziger Nikolaikirche ziehen etwa 300 der ca. 1000 Teilnehmer in ei-

nem spontanen Schweigemarsch zur Thomaskirche. Sicherheitskräfte greifen nicht ein.

31. März   West-Berlin und die DDR vereinbaren den bisher umfangreichsten Gebietsaustausch.

26. Juli   In Potsdam treffen sich 40 Beobachter aus 20 KSZE-Staaten, um Truppenübungen sowjetischer Streitkräften und der NVA zu beobachten.

15. August   Die DDR nimmt diplomatische Beziehungen mit der Europäischen Gemeinschaft (EG) auf.

In West-Berlin werden die 38. Berliner Festwochen eröffnet. An der unter dem Motto „Berlin – Kulturstadt Europas 1988" stehenden Veranstaltungsreihe nehmen erstmals auch Künstler aus der DDR teil.

18. November   Die deutschsprachige Ausgabe des sowjetischen Magazins „Sputnik" wird in der DDR verboten.

20.-24. Nov.   Erstmals besucht eine offizielle Delegation des Europäischen Parlaments die Volkskammer der DDR.

2. Dezember   Erich Honecker bekräftigt auf einer Tagung des Zentralkomitees der SED die Ablehnung der sowjetischen Reformpolitik von Michail Gorbatschow.

1989

6. Februar   Ein 22jähriger Flüchtling wird das letzte Todesopfer des Schießbefehls an der Mauer in Berlin.

April   Beginn des Abbaus der Stacheldrahtverhaue an der ungarischen Grenze nach Österreich.

2. Mai   Ungarn öffnet als erstes Land des Warschauer Paktes für seine Bürger die Grenzen zum Westen.

8. August   Die Ständige Vertretung der Bundesrepublik in Ost-Berlin wird wegen Überfüllung mit ausreisewilligen DDR-Bürgern geschlossen.

19. August   Nach einer Großveranstaltung wird bei Sopron in Ungarn die Grenze nach Österreich geöffnet, dabei flüchten etwa 900 DDR-Bürger.

10./11. Sept.   Ungarn läßt alle dort befindlichen DDR-Flüchtlinge in den Westen ausreisen. Rund 15 000 DDR-Bürger flüchten innerhalb von drei Tagen in die Bundesrepublik.

19. September   Mit dem „Neuen Forum" beantragt erstmals in der DDR eine Oppositionsgruppe ihre offizielle Zulassung.

30. September   Polen und die ČSSR lassen rund 6 000 DDR-Flüchtlin-

	ge ausreisen, die sich in den Botschaften der Bundesrepublik in Warschau und Prag aufhalten.
2. Oktober	In Leipzig demonstrieren 20 000 Menschen für Reformen in der DDR.
6./7. Oktober	Die Feierlichkeiten zum 40. Jahrestag der DDR sind begleitet von Unruhen und Protesten. Michail Gorbatschow ist zu Gast und mahnt Reformen an.
18. Oktober	Erich Honecker tritt unter Druck als Staatsratsvorsitzender der DDR zurück, sein Nachfolger wird Egon Krenz.
4. November	Eine Million Menschen demonstrieren in Ost-Berlin für Demokratie in der DDR.
7. November	Die DDR-Regierung tritt geschlossen zurück.
8. November	Rücktritt des gesamten SED-Politbüros.
9. November	SED-Politbüromitglied Günter Schabowski verkündet auf einer im DDR-Fernsehen übertragenen Pressekonferenz erhebliche Reiseerleichterungen. Daraufhin passieren noch in derselben Nacht tausende DDR-Bürger in Berlin die Mauer sowie die innerdeutsche Grenze.
11. November	Am Potsdamer Platz wird die Mauer eingerissen.
23. Dezember	Das Brandenburger Tor in Berlin wird 28 Jahre nach dem Bau der Mauer wieder geöffnet.

Die „Arbeitsgemeinschaft 13. August" hat im Jahr 2000 ermittelt, daß seit dem 13. August 1961 an der deutsch-deutschen Grenze und auf der Ostsee 679 Menschen bei Fluchtversuchen ums Leben kamen. Ingesamt forderten die Fluchtversuche aus der DDR 765 Menschenleben.

In den 28 Jahren, in denen die Mauer stand, sind etwa 40 000 Menschen als „Sperrbrecher" aus der DDR geflohen, indem sie über Mauer und Stacheldraht kletterten, durch Grenzgewässer schwammen oder mit Kleinflugzeugen und selbstgebauten Ballons die Grenze überwanden.

Von 1964 bis 1989 kaufte die Bundesrepublik etwa 33 000 politische Häftlinge frei, wofür die DDR rund 3,4 Milliarden D-Mark erhielt.

Karte rechts: Presse-, Informations- und Dokumentationsdienst Hermann, Wurzbach.

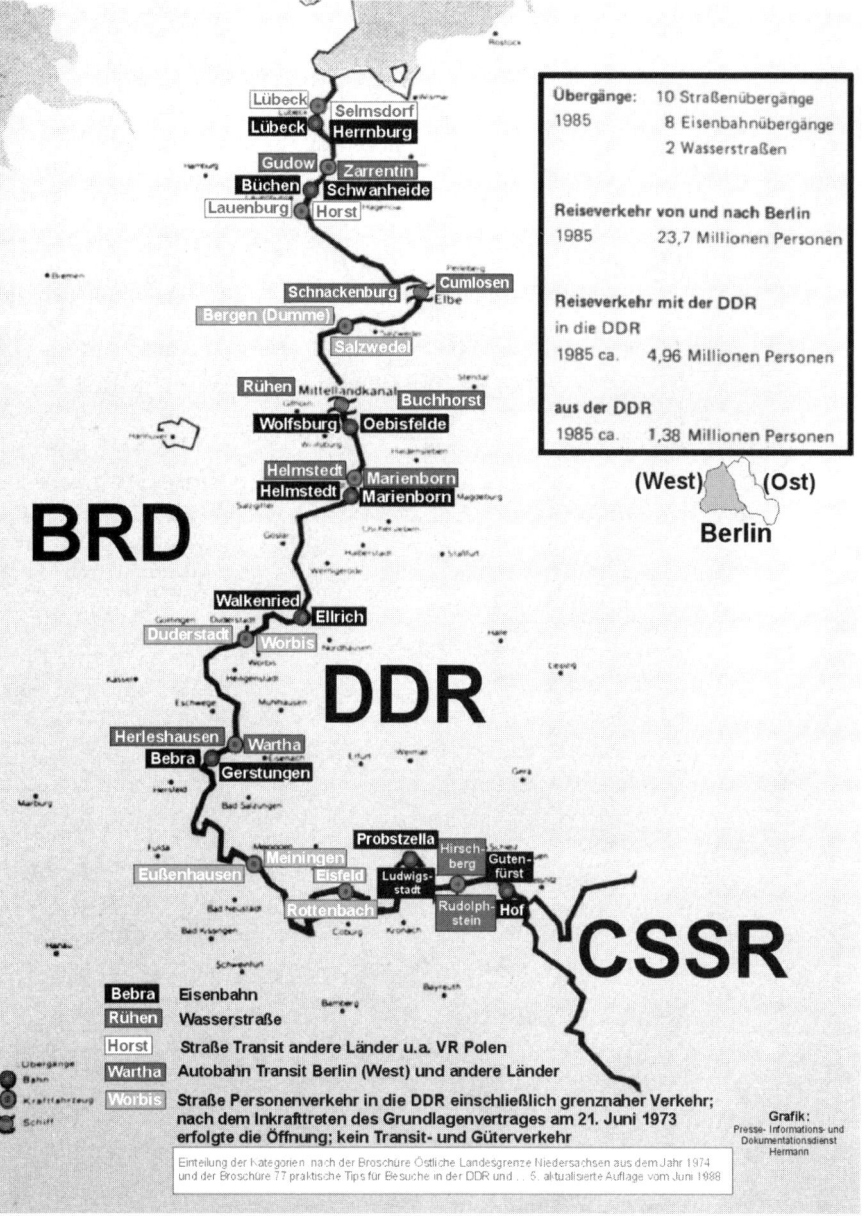

Übergänge: 10 Straßenübergänge
1985　8 Eisenbahnübergänge
2 Wasserstraßen

Reiseverkehr von und nach Berlin
1985　23,7 Millionen Personen

Reiseverkehr mit der DDR
in die DDR
1985 ca.　4,96 Millionen Personen

aus der DDR
1985 ca.　1,38 Millionen Personen

(West)　(Ost)
Berlin

BRD

DDR

CSSR

Bebra　Eisenbahn
Rühen　Wasserstraße
Horst　Straße Transit andere Länder u.a. VR Polen
Wartha　Autobahn Transit Berlin (West) und andere Länder
Worbis　Straße Personenverkehr in die DDR einschließlich grenznaher Verkehr;
nach dem Inkrafttreten des Grundlagenvertrages am 21. Juni 1973
erfolgte die Öffnung; kein Transit- und Güterverkehr

Übergänge
Bahn
Kraftfahrzeug
Schiff

Grafik:
Presse- Informations- und
Dokumentationsdienst
Hermann

Einteilung der Kategorien nach der Broschüre Östliche Landesgrenze Niedersachsen aus dem Jahr 1974
und der Broschüre 77 praktische Tips für Besuche in der DDR und ... 5. aktualisierte Auflage vom Juni 1988

[am Stechlinsee bei Neuglobsow, Brandenburg –
Ost-Berlin – West-Berlin;
1960 – 1962]

Monika Strajtmann

Siebzig Meter Angst

Wir schreiben das Jahr 1960. Die Stadt Berlin ist leider immer noch nicht zusammengewachsen. In ihrem Westteil pulsiert das Leben, und das Wirtschaftswunder ist überall zu spüren. Im Ostteil, im Arbeiter- und Bauernstaat, wird wohl der sogenannte Wohlstand noch länger auf sich warten lassen. Die Menschen müssen nach wie vor nach Obst und Gemüse anstehen. Auch andere Lebensmittel werden immer knapper und teurer; von Luxusgütern, die auch zu einem neuen Lebensgefühl gehören, ganz zu schweigen. Die guten und begehrten Artikel werden getestet, dann für Devisen in den Westen geliefert und verschwinden so wieder ganz schnell vom Markt im Osten. Dafür holen sich die Ost-Berliner die verschiedenen Dinge des alltäglichen Bedarfs aus dem Westteil der Stadt. Beileibe nicht oft oder gar täglich, denn die Umtauschkurse sind hoch und die Preise demzufolge für die Leute aus dem sowjetischen Sektor entsprechend teuer. Illegal ist das sowieso. Die Kontrollen an den Grenzen werden immer strenger. Die Zeitungen können fast täglich von überführten Grenzgängern berichten.

In dieser Zeit müssen auch zwei Ost-Berliner Familien ihr Leben den Umständen entsprechend einrichten. Die eine hat vier Töchter. Die älteste, Ingrid, ist bereits verlobt und wird bald heiraten. Ich, Monika, bin 18 Jahre alt und habe meine

Lehre als Verkäuferin abgeschlossen. Meine zwei jüngeren Geschwister gehen noch zur Schule. Meine Freizeit verbringe ich in der katholischen Jugendbewegung. Dort, im Kreis Gleichgesinnter, besteht die einzige Möglichkeit, meine Träume auszuleben und einen regen Gedankenaustausch zu pflegen. Die einzige Abwechslung vom Alltag bieten uns die gemeinsamen Wochenenden, wo wir Fahrten in die nähere Umgebung unternehmen. Das andere Ehepaar hat zwei Kinder, den 18jährigen Willi und seine achtjährige Schwester. Vater und Sohn arbeiten im Westteil der Stadt als sogenannte Grenzgänger. Auch Willi verbringt seine Freizeit in der katholischen Jugendgruppe. Dort lernen wir uns kennen und verstehen uns bald sehr gut. Wir träumen von einem Leben im anderen Teil der Stadt oder sogar noch weiter weg. Auch die Eltern von Willi planen ein Leben in West-Berlin. Noch ist ja alles relativ einfach! Wenn gewisse finanzielle Voraussetzungen für einen neuen Start erfüllt sind, wollen wir uns in die S-Bahn setzen, einfach wegfahren und drüben bleiben.

Unwillkommene Urlaubsüberraschung
So vergeht das Jahr. Willi und ich planen für 1961, zusammen mit anderen jungen Leuten in Urlaub zu fahren. Der Familienrat beider Elternpaare tagt und kommt zu dem Entschluß: wenn gemeinsamer Urlaub, dann nur zusammen mit Willis Eltern! Wohl oder übel fahren wir also im Sommer 1961 mit ihnen nach Brandenburg. Willis Eltern mit einem Motorrad mit Beiwagen, wir mit einer „Java". Am Stechlinsee bei Neuglobsow verleben wir zwei schöne Wochen.

Am 13. August 1961, es ist ein Sonntag, fahren wir nach dem Frühstück zur Kirche. Als wir gegen Mittag zum Campingplatz zurückkommen, sind dort alle Camper in heller Aufregung. Sie haben inzwischen Nachrichten gehört: Walter Ulbricht hat durch Einheiten der Volksarmee die Sektorengrenze in Berlin mit Stacheldraht sperren lassen!

Für uns bricht zwar nicht die Welt zusammen, noch nicht, aber erschüttert sind wir schon. Willis Vater spendiert eine halbe Flasche „Noris"-Weinbrand, die für den letzten Abend sein sollte, und meint nur: „Jetzt sind wir arbeitslos!" Keiner glaubt in den nächsten Wochen, und schon gar nicht an diesem Sonntag, daß sich der im Radio geschilderte Zustand mitten in Berlin halten läßt. Alle bauen auf die Amerikaner, aber die wollen abwarten und natürlich keinen neuen Krieg riskieren. Wir bleiben also, bis unser Urlaub zu Ende ist, und fahren erst dann heim. Bei meinen Eltern löst unser normales Verhalten Überraschung aus. Sie glaubten, daß wir uns außerhalb von Berlin einen Weg in den Westen gesucht hätten. Immerhin wußten sie von unseren Plänen.

In den nächsten Monaten wird die Mauer rund um Berlin gebaut. Die Teilung von Deutschland in zwei Staaten ist nun vollzogen. Für die Familie von Willi beginnt eine harte Zeit. Der Vater, von Beruf Elektriker, und Sohn müssen sich offiziell als Grenzgänger zu erkennen geben und bekommen ziemlich miese und schlecht bezahlte Arbeitsplätze zugewiesen. Jetzt steht erst recht fest, daß wir nicht in diesem Gefängnis weiterleben wollen. Es vergeht kein Abend, an dem wir nicht zusammensitzen und überlegen, wie und wo sich eine Möglichkeit zur Flucht finden könnte.

Fliehen – aber wie? Der erste Versuch

Inzwischen hört man bereits täglich von Tragödien, weil wieder einmal jemand ausbrechen wollte. Bereits am 15. August 1961 springt der 19jährige Conrad Schuhmann, Unteroffizier der Grenzpolizei, über den Stacheldraht und riskiert eine Erschießung wegen Fahnenflucht. In den folgenden Monaten werden dies noch weitere Volksarmisten tun.

Auch wir planen weiter unsere Flucht. Sicher soll sie sein und möglichst einfach. Meine Eltern werden in unsere Pläne eingeweiht. Wir wollen wissen, wer sich uns anschließen möchte; dementsprechend müssen ja die Vorbereitungen durchdacht werden. Eigentlich wollen alle Familien und gute Freunde, die wir ansprechen, mit, aber allen dauert die Planung zu lange. Immerhin werden Willi und sein Vater besonders beobachtet, weil sie als ehemalige Grenzgänger als Feinde der Republik gelten. So vergeht über viele Diskussionsabende der Herbst.

Bei Häusern in Grenznähe werden bereits nach Westen gelegene Fenster zugemauert, denn zuvor sind Menschen aus den Fenstern gesprungen. Einige sind dabei zu Tode gestürzt. Dennoch sehen wir dort eine Möglichkeit zur Flucht. In einem dieser Häuser wohnt ein Bekannter von Willis Familie. Man kommt in diese Straße aber nur noch mit Personalausweis hinein, muß also nachweisen können, daß man dort wohnt. Willis Vater besorgt uns passende Ausweise. Er unternimmt einen Versuch. An einem regnerischen Herbstabend setzt er alles auf eine Karte. Anstandslos wird sein Ausweis anerkannt und er kann die Kontrolle in der Bernauer Straße passieren. Auch auf dem Heimweg gibt es keine Schwierigkeiten. So wollen wir auf diesem Weg versuchen, in den Westen zu gelangen.

Zu Hause wird so manches sortiert. Alles, was wir mitnehmen können, ohne aufzufallen, stecken wir in die Taschen. Meine Eltern bekommen die Kartoffel- und die Kohlenkarte von Willis Familie, denn für diese Wintervorräte gib es im Osten noch Marken. Wir wollen uns mit Hilfe einer Strickleiter, die wir selbst angefertigt haben, vom Dach herablassen. Dafür haben wir einige Tage zuvor auf dem Speicher geübt, denn es ist gar nicht so einfach, daran zu klettern. Uns wird immer deutlicher, was wir riskieren!

Doch es bleibt dabei: Wir wollen mit unseren „neuen" Ausweisen in die betreffende Straße gehen, das Haus betreten und uns dann vom Dach abseilen. Willis Eltern fahren mit seiner Schwester zuerst los, wir etwas nach ihnen. Später wollen wir uns an einer Straßenbahnhaltestelle treffen. Es ist alles bis ins Detail geplant.

Zitternd stehen Willi und ich am Treffpunkt. Zu unserer Überraschung befindet sich genau hier eine Polizeidienststelle. Plötzlich hält ein Taxi vor uns, darin Willis Eltern. Es geht wieder nach Hause! Dort erfahren wir, all unser Aufwand war umsonst. Gerade an diesem Tag sind auf den Hausdächern der ganzen Straße Stacheldrahtrollen ausgelegt worden. Keiner durfte mehr auf die Böden und schon gar nicht auf die Dächer. Die Wohnung kommt uns ganz fremd vor. Vor allem: Jetzt haben wir ungültige Ausweise! Bei einer Kontrolle käme alles heraus. Eine Möglichkeit ist, die Papiere als verloren zu melden. Willi und seine Familie haben den Verlust in ihrem Wohnbezirk anzuzeigen. Ich wohne ja in einem anderen, so wird keine Verbindung hergestellt, hoffen wir. Die Angelegenheit wird ganz schön teuer. Aber wichtiger ist, daß wir plausible Geschichten vortragen, wieso uns so wichtige Dokumente abhanden kamen. Willis Vater muß immerhin den Verlust von gleich vier Stück melden. Aber alles geht gut und wir bekommen gültige Ausweise.

Inzwischen haben Willi und ich uns verlobt. Es wird auch an Hochzeit gedacht. Meinen Eltern erzählen wir nun nichts mehr von unseren weiteren Fluchtplänen. Sie hatten Angst um uns, als sie hörten, daß für unsere Flucht nur noch ein Tunnelbau in Frage käme. Die Frage ist nur, wo und wie?

Der zweite Versuch

Willis Vater sucht jetzt in Grenznähe eine Garage für sein Motorrad. Es ist schwer, direkt an die Grenze zu gelangen, weil die Zugangsstraßen bereits überall gesperrt sind und nur mit Sondergenehmigung betreten werden dürfen. Der geplante Tunnel soll ja wegen der Arbeit und wegen des Wegschaffens des Erdreichs auch nicht zu lang sein. Zufällig entdeckt er auf seinen Streifzügen durch den Prenzlauer Berg am 1. Dezember 1961 in der Gleimstraße einen Garagenhof. Dort fragt er nach einer freien Garage. Er kommt mit dem

Besitzer ins Gespräch und erfährt, daß der gesamte Hof, einschließlich der Wohnungen, vermietet werden soll. Die Gelegenheit ist also sehr günstig. Mit viel Vorsicht stellt er uns als junges Brautpaar auf Wohnungssuche vor. Außerdem bietet er an, die elektrischen Anlagen kostenlos zu erneuern. Fast täglich kreuzt der Elektromeister nun hier auf, er erneuert Lampen, montiert Schalter und bringt auch mal eine Flasche Schnaps mit. Der Besitzer faßt Vertrauen und bietet uns Wohnung und Pacht des Garagenhofes für Anfang des Jahres 1962 an. Eine Garage müßten wir uns aber selber aufstellen, Platz sei vorhanden, und er stelle sogar das Material zur Verfügung. Am zweiten Weihnachtsfeiertag fangen die beiden Männer an. So entsteht unsere Wellblechgarage.

Während dieser Zeit bekommen meine zukünftigen Schwiegereltern Besuch von einem Verwandten aus Westdeutschland. Der nimmt Verbindung mit der West-Berliner Polizei auf und erkundet die andere Seite. Außerdem versorgt er uns mit verschiedenen wichtigen Sachen, die es in der DDR nicht oder nur sehr schwer gab, zum Beispiel mit Luftreiniger und Plastikeimern für den Tunnelbau. Der geplante Tunnel muß eine Länge von zirka siebzig Metern haben. Die genaue Berechnung mit Kompaß, auch die Absprache mit der West-Berliner Polizei, muß noch erfolgen.

Jetzt beginnt eine schwere Zeit für die Männer. Am 2. Januar 1962 ist die Garage fertig. Jetzt müssen wir warten, bis der Frost nachläßt. Dann soll in der Garage das „Buddeln" beginnen. Alles erweist sich als viel schwieriger und langwieriger, als ursprünglich angenommen.

Am 23. Januar 1962 stellen wir mit großer Bestürzung fest, daß alle zeitlichen Berechnungen für die Katz waren. Die beiden Männer haben bis jetzt ganze zehn Meter geschafft – zwei Meter in die Tiefe für den Einstieg und acht Meter vorwärts. Die Arbeit ist mörderisch. Jeder Meter muß mehrfach abgestützt werden, sonst droht alles einzustürzen. Das Holz dafür zu beschaffen, ist sehr schwierig, mitunter fast unmöglich und führt zu unfreiwilligen Pausen. Außerdem müssen wir sehr vorsichtig sein, weil die Garage von allen Seiten einzusehen ist. Wenn die Männer abends nach ihrer regulären Arbeit dorthin kommen, ist es zwar schon zeitig dunkel, aber vor allem der Sonntag muß ja zum Graben genutzt werden.

Am 25. März 1962 sinkt unsere Stimmung auf den Nullpunkt. Zu allem Übel eröffnet uns der Garagenhofbesitzer, daß der Hof von Amts wegen geräumt werden soll, weil er zu nahe an der Grenze liege. Der Tunneleingang wird zugeschüttet, denn uns erscheint alles aussichtslos.

Ein Tag nach dem anderen vergeht. Wir warten, aber auf dem Hof tut sich nichts. Nach langem Hin und Her beschließen die Männer, den Tunnel doch weiterzugraben. Die Zeit drängt nun wirklich, ich erwarte ein Baby. Mein Kind soll unbedingt in Freiheit zur Welt kommen. Meinen Eltern muß ich es auch noch sagen. Wir melden die Hochzeit an und stellen einen Wohnungsantrag. Alles, um später beweisen zu können, daß meine Eltern von unseren Fluchtplänen nichts wußten.

Graben bis zur Erschöpfung

Am 12. April 1962 geht es also weiter mit dem Graben. Große Schwierigkeiten bereitet nach wie vor das Wegschaffen der Erde. Meine Schwiegermutter und ich nähen viele kleine Säcke für den Abtransport des Sandes. Wenn die Männer im Tunnel aufhören, beginnt die Nacht- und Nebelaktion des Sandverteilens. In näherer und weiterer Umgebung wird schnell mal ein Sack ausgeleert. In dem Konsum-Gardinengeschäft, in dem ich als Verkäuferin arbeite, kaufe ich ballenweise stabile Stoffe für die Säcke. Ich muß mir immer wieder etwas Neues einfallen lassen, wofür ich soviel Stoff brauche.

Ich bin fast nur noch bei meinen Schwiegereltern, wohne aber offiziell noch bei meinen Eltern. Die glauben schon nicht

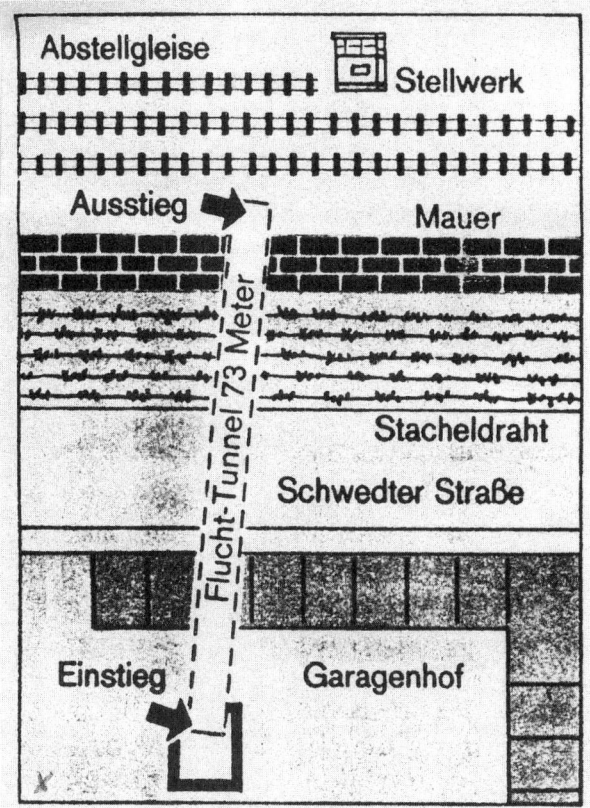

Die Skizze unseres Fluchtweges. 73 Meter lang war der Tunnel, den mein Verlobter Willi und sein Vater in monatelanger Arbeit gruben. Er führte von unserer Behelfsgarage nahe der Gleimstraße im Prenzlauer Berg in Ost-Berlin bis zu den Bahngleisen von Gesundbrunnen in West-Berlin. Quelle: „Quick".

mehr an die Hochzeit. Wir wollen aber kein Risiko eingehen. Solange ich noch bei ihnen gemeldet bin, weiß ich von nichts. Wenn es schiefgeht, soll mein Kind nicht im Gefängnis zur Welt kommen.

Im Geschäft soll ich als Leiterin die Teppichabteilung übernehmen. Nun muß ich die Schwangerschaft melden. Ab sofort erhalte ich einen Schonplatz. Das bedeutet, daß ich nur
noch Urlaubsvertretungen in verschiedenen Läden mache,
so in einer Drogerie, einem Geschäft für Herrenbekleidung
und danach in einem Geschäft für Babysachen. Dort melde
ich mich vorsichtshalber für Windeln und Babysachen an.
Nur wer eine Schwangerschaft nachweisen kann, hat ein
Anrecht, diese begehrten Sachen kaufen zu dürfen. Mittlerweile wird fast alles rationiert und kontrolliert. Fast
nichts ist ohne langes Anstehen zu bekommen. Ich muß
mich um diesen täglichen Kleinkram kümmern und bin dauernd genervt. Wenn ich dann am Abend die Männer sehe,
wie sie kaputt und ausgelaugt nach Hause kommen, kann
mich das alles nicht mehr erschüttern.

Die Arbeit im Tunnel wird immer schwerer und die Luft
immer schlechter. Willi und sein Vater stellen die vollen
Sandeimer auf ein umgerüstetes Kinderwagengestell und
ziehen sie damit zurück zum Einstieg. Inzwischen ist die
Erdschicht so hart, daß Gott sei Dank nicht mehr abgestützt
werden muß. Dafür benötigen die Männer jetzt Naturstahlblätter zum Kratzen. Zudem wird die Luft im Tunnel immer knapper. Ein Ventilator und Lufterfrischer sollen sie
verbessern. Dreißig Meter sind geschafft. Willi bekam schon
einige Schwächeanfälle. Er sitzt, oder besser gesagt, er liegt,
vorne im Tunnel und gräbt sich mit großer Anstrengung
durch den schweren Lehmboden. Sein Vater zieht immer
wieder den Wagen zurück und füllt die Erde in der Garage
in die kleinen Säcke, die dann im Beiwagen des Motorrades
aus der Garage geschafft werden.

Am 29. April 1962 stellen die Männer fest, daß sie nicht
mehr jeden Tag buddeln können, weil mein Schwiegervater
nicht mehr weiß, wo er den Sand noch hinbringen soll. Immerhin muß er für einen Meter, den Willi freiräumt, zwanzig kleine Säcke Sand irgendwo unauffällig ausschütten. Eine

Fuhre im Beiwagen faßt nur fünf Säcke. Außerdem herrscht
auf dem Garagenhof reges Leben. Die meisten Garagenbe-
sitzer kommen täglich und man lernt sich kennen. Unter
ihnen befinden sich auch ein ABV (Abschnittsbevollmäch-
tigter der Volkspolizei) und ein Polizist.
Die Zeit drängt. Der RIAS meldet, daß zwei andere Tunnel von den Volkspolizisten entdeckt worden sind. Unmittelbar vor der Einfahrt zu dem Garagenhof stehen inzwischen zwei Wachtposten der Volkspolizei. Wir werden immer nervöser.
Zu Hause darf ich gar nichts erzählen. Was meine Eltern
nicht wissen, kann man ihnen später nicht als Mitwisser-
schaft ankreiden. Trotzdem habe ich Angst, daß sie bestraft
werden. Man hört soviel von Familien, die Schweres durch-
gemacht haben, weil ein oder mehrere Familienmitglieder
einen Weg gefunden haben, den Arbeiter-und-Bauernstaat
in Richtung Westen zu verlassen. Hoffentlich können meine Eltern glaubhaft machen, daß sie nichts wußten. Eine
gewisse Sicherheit ist natürlich, daß ich nach wie vor zu
Hause wohne und auch meine Sachen dort sind. Das ist wohl
alles, was ich tun kann.

Mitten im Stacheldraht!

Am 17. Juni 1962 sind 42 Meter geschafft. Willi hat einen
erneuten Schwächeanfall. Sein Vater muß ihn unter Auf-
bietung all seiner Kräfte aus dem Tunnel holen. Die beiden
Männer können nicht mehr. Der Arzt ist erstaunt über ihre
Erschöpfungszustände und verschreibt ihnen Aufbaumit-
tel, Vitamine und Krankenurlaub. Die Männer brauchen
dringend Hilfe im Tunnel. Wem kann man aber in diesen
Zeiten trauen?
Ein bekanntes Arztehepaar wird angesprochen. Auch sie
wollen die DDR verlassen. Der Mann erklärt sich bereit zu
helfen. Als sich Willi und sein Vater etwas erholt haben,
fahren sie wieder zur Garage und buddeln weiter. Jetzt steht

am Einstieg der Arzt bereit und kann Handreichungen machen. Die Eimer werden von ihm angenommen und in die bereitgelegten Säcke geschüttet, doch mit jeder weiteren Person wächst auch das Risiko, entdeckt zu werden. Die Zeit drängt. Ich bin inzwischen im vierten Monat schwanger. Wir freuen uns sehr auf unser Kind. Wenn es wie gewünscht in Freiheit auf die Welt kommen soll, muß die Arbeit weitergehen, und nicht zu langsam. Alles nimmt seinen Lauf. Die letzten Meter sind noch einmal sehr spannend und arbeitsintensiv.

Ein Neffe, unsere große Hilfe, kommt immer öfter und bringt Nachrichten aus dem Westen. Eines Tages meint er, wir wären schon zu weit. Also wird der Tunnelgang nach oben getrieben und ein Spiegel aus dem Loch hinausgehalten. Der Schreck sitzt tief, als sich von beiden Seiten Stacheldraht zeigt. Das bedeutet, daß wir uns noch im Grenzgebiet befinden, wo jederzeit Streifen kommen können. Also wieder etwas tiefer und weitergraben!

Willi kann nicht mehr, er ist nur noch ein Schatten seiner selbst. Wir haben Angst, er könnte ganz zusammenbrechen. Ein neuer Schreck: Beim Weitergraben stößt Willi an eine alte Mauer, die tief in der Erde das Reichsbahngelände abgrenzt! Wieder muß er in die Tiefe und den Tunnel um die Mauer herumgraben.

Endlich!

Endlich sind die Männer am Ziel, wenn auch noch im Niemandsland. Am 3. Juli 1962 wird das Zeichen, eine Konservendose, auf die Garage gestellt. Nun weiß die West-Berliner Polizei, daß die Aktion am Abend startet. Es wird eine anstrengende Nacht. Für mich ist der Einstieg in den Tunnel sehr schwierig, da ich bereits im sechsten Monat bin. Erst muß ich drei Meter kopfüber in den Tunnel kriechen und dann auf allen Vieren gleich losrobben, weil der Nächste ja schon folgt. Vor mir sind Willi und seine kleine Schwester.

Ich habe ein Handarbeitskörbchen mit dem Kanarienvogel im Mund. Hinter mir kommen die Eltern von Willi, danach das Arztehepaar. Willis Vater schiebt eine Reisetasche mit Katze Putzi vor sich her. Alles klappt prima.

Am Ausstieg werden wir von freundlichen und sehr umsichtigen West-Berliner Polizisten empfangen. Wir müssen ganz leise und langsam sein, da ja auch hier die Grenzposten der DDR erscheinen könnten. Im Polizeirevier von Berlin-Wedding werden wir mit Jubel empfangen und können uns

Sieben Berliner überlisten die Vopos an der Mauer

„Auf diesem Garagenhof in Ost-Berlin begann ein tollkühnes Unternehmen: Von hier aus krochen sieben Menschen durch einen selbstgebauten Tunnel in die Freiheit", berichtete die „Quick" 1970 in der mehrteiligen Serie „Menschen auf der Flucht" über unsere Flucht am 2. Juli 1962.

waschen. Wir bekommen sofort etwas zu trinken und zu essen. Danach werden wir nach Marienfelde in das Flüchtlingslager gefahren. Alle Plackerei, Angst, Mühe und Arbeit sind
vorbei. Ein neues Leben kann beginnen!

*Das Foto zeigt mich mit meiner Tochter Cornelia, die drei Monate nach
der geglückten Flucht durch den Tunnel, im Oktober 1962, zur Welt
kam. Wir sitzen vor der Baracke des Flüchtlingslagers in Mainz, in dem
wir fast ein Jahr zubringen mußten. Mein Verlobter Willi und ich hatten
noch in West-Berlin geheiratet.*

[Torfhaus/Harz – Altenwalde, Landkreis Hadeln (heute
Stadtteil von Cuxhaven), Niedersachsen – Berlin;
13. August 1961 / Oktober 1963]

Gudrun Findeisen

Kontraste

Am Tag des Mauerbaus im August 1961 befand ich mich mit
meinem Geographiekurs – ich studierte an der Pädagogischen
Hochschule Oldenburg – für eine Woche auf Exkursion im
Harz. Fröhlich schwatzend saßen wir im Speiseraum, als
plötzlich jemand mit der Nachricht, in Berlin geschehe Un-
geheuerliches, in unsere Runde platzte. Schlagartig wurde
es still. Sprachlosigkeit erfaßte uns. „Das können die doch
nicht machen!", dachte ich. „Die können doch nicht einfach
Tante Erna, Cousine Viola und alle anderen Menschen in
der DDR wie Verbrecher in ein Gefängnis sperren!"
Sie konnten. Und wie sie es konnten!
Zwei Jahre später erhielt ich die Möglichkeit, mich mit
eigenen Augen davon zu überzeugen. Inzwischen hatte ich
mein Studium beendet und war als Junglehrerin in Altenwalde, Landkreis Hadeln bei Cuxhaven, tätig. Der Landkreis
organisierte zur politischen Fortbildung für Beamte und An-
gestellte eine einwöchige kostenfreie Fahrt nach Berlin. Für
uns Junglehrer waren drei Plätze reserviert. Das Los sollte
entscheiden, wer fahren durfte. Ich hatte Glück und zog eines der Lose.
Wir fuhren mit dem Bus bei Hamburg über die Transit-
strecke Gudow/Zarrentin nach Berlin. Hier wohnten wir in
einem kleinen Hotel, das sich in einer Etage eines alten Hauses in der Nähe des Funkturmes befand. Ein umfangreiches

Ich war sprachlos, als ich hörte, daß in der Nacht vom 12. zum 13. August 1961 Einheiten der NVA und der Kampfgruppen entlang der innerstädtischen Sektorengrenze Berlins und des Brandenburger Umlandes Stacheldrahtverhaue und Steinwälle errichtet hatten. 1962 konnte ich mich bei meinem Berlinbesuch mit eigenen Augen davon überzeugen, daß West-Berlin vollständig abgeriegelt war.

und interessantes Programm erwartete uns: Vorträge über die innerdeutschen Beziehungen und über die besondere Situation West-Berlins sowie ein Besuch der Gedenkstätte für die Opfer des Nationalsozialismus in Plötzensee. Außerdem machten wir Stadtrundfahrten durch die Westsektoren und durch den Ostsektor Berlins. Mit der Mauer wurden wir nicht nur einmal konfrontiert. Gefühle von Hilflosigkeit über Trauer bis zu unendlicher Wut erfaßten uns dabei.

An unserem einzigen freien Tag hatte ich mich mit meiner Kollegin bei Tante Käthe, einer Jugendfreundin meiner Mutter, in Ost-Berlin zu Besuch angemeldet. Ohne den Schutz der Gruppe begaben wir uns zum Übergang Fried-

richstraße. Die Atmosphäre bei der Paßkontrolle war angst-
einflößend: Vor uns standen mit Maschinengewehren bewaffnete Grenzposten. Als Gastgeschenk hatten wir Blumen und
ein Netz Südfrüchte gekauft. Wie naiv von uns, das Obst
im offenen Netz zu tragen! In Ost-Berlin hatten wir das Gefühl, von allen Seiten ange-
starrt zu werden. Wir wußten ja, dieses Obst war Mangelware
in den Geschäften. Doch als wir die gemütliche Wohnung von
Tante Käthe betraten, fielen alle Ängstlichkeit und Beklommenheit von uns ab. Wir wurden herzlich empfangen und gut
bewirtet. Leider verging die Zeit viel zu schnell. Plötzlich wurde
es Zeit zum Aufbruch. Abends waren wir mit unserer Gruppe
im Ost-Berliner „Maxim-Gorki-Theater" verabredet. Wir mußten pünktlich dort sein. Tante Käthe brachte uns noch zum
S-Bahnhof. Als oben auf dem Bahnsteig ein Zug einfuhr, verabschiedeten wir uns überstürzt: „Da kommt gerade eine
Bahn! Schnell, schnell! Vielleicht erreichen wir sie noch ..."
Eine letzte Umarmung, Winken, und schon rannten wir
die Treppen hinauf. Kaum waren wir in der Bahn, ertönte
das Abfahrtsignal, schlossen sich hinter uns die Türen. Erleichtert ließen wir uns auf unseren Plätzen nieder. Draußen war es mittlerweile dunkel geworden.

„Merkwürdig", stutzte ich, „wir fahren in Richtung In-
nenstadt, da müßten doch die Lichter zunehmen. Statt dessen werden sie immer spärlicher ..."

Unruhig spähten wir aus dem Fenster, um das nächste
Stationsschild zu erkennen. Waren wir überhaupt noch im
Stadtgebiet, oder hatten wir Ost-Berlin bereits hinter uns
gelassen?

Das hätte sehr gefährlich werden können! Westdeutsche
durften die Stadtgrenze ohne Genehmigung nicht über-
schreiten. In Gedanken sahen wir uns schon endlosen Verhören durch DDR-Polizei ausgesetzt und eingesperrt. Unruhig schauten wir aus dem Fenster. Dann ein Schild: Köpenick. Um Gottes Willen!

Wir waren tatsächlich in die falsche Richtung gefahren! Nichts wie raus und in die nächste S-Bahn, die zurückfuhr! Wäre uns so etwas in einer westdeutschen Großstadt passiert, hätten wir uns nach dem Motto „Wenn der Bauer in die Stadt kommt!" darüber kaputtgelacht. Hier in Ost-Berlin jedoch war uns ganz und gar nicht zum Lachen zumute. Schließlich erreichten wir den Bahnhof Alexanderplatz und eilten von dort ins „Maxim-Gorki-Theater". Die anderen aus unserer Reisegruppe hatte sich schon Sorgen um uns gemacht, als wir zu Beginn der Vorstellung immer noch nicht da waren. Jetzt konnten sich endlich alle auf das Schauspiel konzentrieren, es gab „Die Mutter", ein problembeladenes Stück von Maxim Gorki mit Inge Meysel in der Hauptrolle.

An den nächsten Abenden wirbelte Heidi Brühl im „Theater des Westens" voller Lebenslust in „Anny get your gun" über die Bühne, und das Kabarett „Die Stachelschweine" regte zum Nachdenken an. Kontrastreicher konnte unser Besuchsprogramm nicht sein.

Tagsüber blieb keine Zeit für Unternehmungen außerhalb des offiziellen Programms, wie zum Beispiel einen Einkaufsbummel, aber abends schlenderten wir durch die Straßen der Großstadt und besuchten das eine oder andere Lokal. Die West-Berliner Bars mit den Barkeepern, den Cocktails und der Jazzmusik wirkten auf uns sehr amerikanisch. Wir jungen Frauen wären damals nie ohne männliche Begleitung in ein Stripteaselokal oder in den Tanzpalast mit Tischtelefon und Wasserspielen gegangen, doch in der Gruppe amüsierten wir uns köstlich. An meinem 24. Geburtstag spendierte ich den anderen gerade ein Getränk, als ein Blumenverkäufer das Lokal betrat. Jeder aus der Gruppe kaufte eine Rose und überreichte sie mir. Eine unvergeßliche Geste.

Später berichtete ich meiner zweiten Klasse in kindgemäßer Form von den vielen Eindrücken dieser Reise. So erfuhren die Schüler einiges über die Folgen des Zweiten Weltkrieges, über das geteilte Deutschland und über die beson-

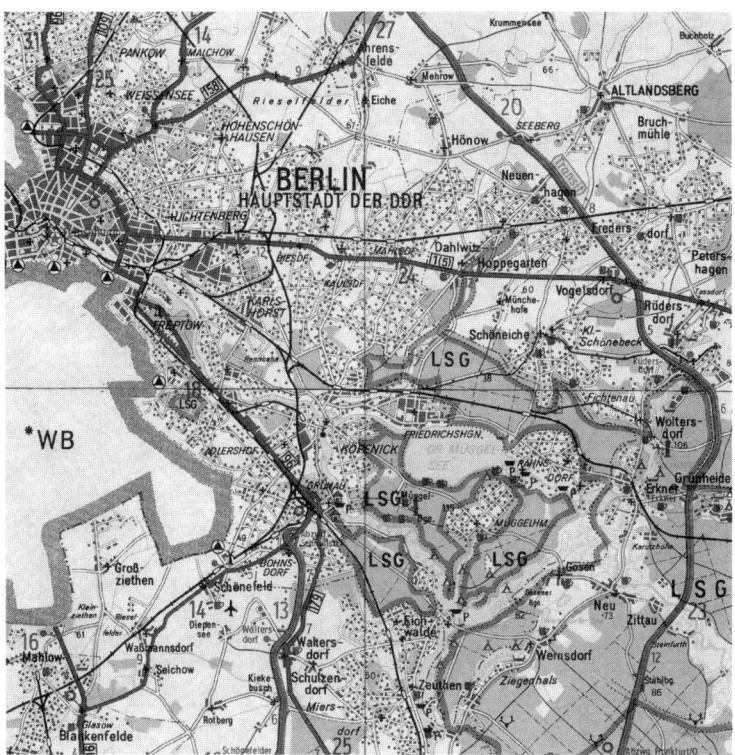

Nicht nur im Schulatlas, auch im „Reiseatlas der DDR" war West-Berlin zuweilen nur als weißer Fleck abgebildet.

dere Lage Berlins. Den 17. Juni nahm ich jedes Jahr zum Anlaß, mit ihnen über dieses Thema zu sprechen. Dabei war ich immer um Sachlichkeit und Ehrlichkeit bemüht. Umso enttäuschter war ich, als mir eines Tages ein DDR-Schulatlas in die Hände fiel. Unter der Überschrift „Berlin, Hauptstadt der DDR" war ganzseitig Ost-Berlin eingezeichnet. West-Berlin existierte weder als Abbildung noch im Text.

[Rostock, damals DDR – Berlin – Pamporovo und Smoljan,
in den Rhodopen, Bulgarien – Rostock;
Juli 1963]

Helga Priester

Alles umsonst

Meine Fluchtgeschichte begann mit einer Halskette aus ge-
trockneten Maiskörnern, die ich mir nach der damaligen Mode
aufgezogen hatte. Bei einer Party in der Rostocker Uni-Men-
sa, sprach mich ein Student im Februar 1963 auf diese Kette
an. Weil wir uns bei der lauten Twist-Musik nicht unterhalten konnten, trafen wir uns am nächsten Abend im „Rats-
weinkeller". Als wir uns bei einer Flasche Sekt näher kennen-
lernten, stellten wir schnell fest, daß wir beide mit dem System des Sozialismus nicht einverstanden waren. Wir wollten
nicht länger eingemauert leben, sehnten uns nach Reisefreiheit und Westliteratur. Bald eröffnete Max mir seinen Plan.
Die einzige Möglichkeit, aus der DDR herauszukommen, meinte er, sei eine Auslandsreise nach Südbulgarien, in die Nähe
der griechischen Grenze. Der dichte Wald dort könne gar nicht
lückenlos bewacht werden. Max wirkte so entschlossen, daß
ich mich von dem Plan überzeugen ließ.

Ich stamme aus Dortmund. Als 1943 eine Bombe unser
Haus getroffen hatte, war ich als Siebenjährige mit meinen
Eltern an die Ostsee gezogen, in Vaters Heimat. Jetzt waren
meine Eltern Rentner und hätten nach Dortmund zurück-
gehen können. Aber ohne mich, ihre einzige Tochter, wollten sie das nicht. Wenn mir die Flucht gelang, war auch ihr
Problem gelöst. Ich wußte von ehemaligen Klassenkamera-
dinnen, die das geschafft und in der Bundesrepublik ein neues

Leben begonnen hatten. Das motivierte mich zusätzlich. Im Jahr zuvor hatte ich schon zwei Versuche unternommen, die beide bereits im Ansatz gescheitert waren. Während eines Kuba-Urlaubs in die USA zu fliehen, hatte die Kuba-Krise verhindert. Im Hafen von Gedser von Bord in dänisches Gebiet zu springen unterließ ich, weil ich einen Stasi-Mann hinter mir gerade noch rechtzeitig bemerkt hatte. Daß ich jemanden finden würde, mit dem ich die Flucht gemeinsam riskieren konnte, hatte ich danach nicht mehr zu hoffen gewagt – es erschien mir wie ein Wunder.

In einem Reisebüro buchten wir ganz offiziell eine 16tägige Bulgarienreise für 1100 Mark. Ziel war der Urlaubsort Pamporovo im Rhodopengebirge nahe der griechischen Grenze. Eine individuelle Auslandsreise kam für uns nicht infrage, weil wir dafür eine Einladung aus Bulgarien benötigt hätten. Wir versuchten, die Vorbereitungen für unsere Flucht so geheim wie möglich zu halten. Selbst meinen Eltern erzählte ich nichts, damit sie mich nicht aus Sorge vor der Gefahr von meinem Vorhaben abhielten.

Durchwühlte Koffer

Nach einer Reise, die für Max und mich am 4. Juli 1963 im Ferienzug „Neptun" nach Berlin begann und nach dem Flug und einer langen Busreise von Sofia über Plovdiv endlich am Abend des nächsten Tages in Pamporovo endete, tauchte ein riesiges Hotel vor uns auf. Einen solchen Palast hatten wir hier, mitten in der Wildnis, nicht erwartet. Gleich nach der Zimmerbesichtigung wurden wir zum Abendbrot gebeten. Beim Essen fiel uns auf, daß manche Ober nur herumstanden, während andere geschäftig hin- und herliefen. Als wir nach dem Essen beim Empfang den Zimmerschlüssel von Max verlangten, konnte ihn die Empfangsdame nicht finden. Einige Minuten später tauchte er plötzlich auf. Wieder auf seinem Zimmer, bemerkte Max, daß ein Zahnbecher, der vor dem Essen noch über den mitgebrachten Wurstkonserven gelegen hatte, jetzt daneben stand. Damit war klar, daß Koffer und Schrank während des Abendbrots durchwühlt worden waren. In seinem Koffer hatten unsere Beobachter wohl auch Kompaß, Kartenmaterial und Rucksack entdeckt. Sicherlich hatte die Stasi junge Touristen wie uns – Max war 26, ich 27 Jahre alt – in diesem Grenzurlaubsort von Anfang an im Visier. Trotz aller Aufregung unternahmen wir noch im Dunkeln den ersten Erkundungsmarsch. Wir liefen in Richtung Studenezhütte und weiter bis zu einer freien Wiesenfläche vor dem Murgavezfelsen. Voller Erwartungen marschierten wir voran. Ich staunte, wie schnell sich Max in dem Gelände zurechtfand, das er ja nur aus Karten kannte.

Am folgenden Tag verkündete die Reiseleitung Max beim Mittagessen, daß ein Bulgare aus dem Nachbardorf, der seine Deutschkenntnisse verbessern wolle, mit in sein Zimmer ziehen werde. Damit hatte Max also seinen Leibwächter für den Urlaub – alles war bestens organisiert. Er mußte sich noch erfreut zeigen, daß er einen bulgarischen Freund bekam. Stoian war tatsächlich nicht der Schlechteste, er hatte Gemüt wie alle Bulgaren; über seine Aufgabe fiel kein einziges Wort.

Am Nachmittag bat uns die Reiseleitung zu einem aufklärenden Gespräch über unser Verhalten im Grenzgebiet zu Griechenland. Besonders aufschlußreich fanden wir, daß ein Neunzehnjähriger aus der Reisegruppe einige Wochen zuvor per Anhalter in Richtung Grenze gefahren war, dort in einer Hütte übernachtet und konzentrierte Nahrung in Form von Tabletten zu sich genommen hatte, bevor er von seinen „Beschützern" gefunden worden war. So auffällig wollten wir unsere Flucht nicht anstellen – zu diesem Zeitpunkt glaubten wir noch, schlauer zu sein als andere.

Beim Abendessen setzten sich mehrere höhere Offiziere in unsere Blickrichtung. Bildeten wir uns das nur ein oder musterten sie uns tatsächlich dauernd? Wollten sie uns jetzt schon zu einem Verhör abholen?

Ich war mir nun sicher, daß wir beobachtet wurden, zu-

Unser Urlaubsort Pamporovo, 1650 Meter hoch gelegen, im Hintergrund der Berg Sneshanka.

Auf einem Spaziergang kam ich ins Gespräch mit zwei Kuhhirten. Sie notierten ihre Adresse, damit ich ihnen Fotos schicken konnte.

mal mich auch Leute aus dem Dorf auf einem Spaziergang
verfolgt hatten. In der Nacht konnte ich lange nicht einschla-
fen: Daß uns Schlag auf Schlag alles schon an den ersten
Tagen treffen mußte!

Max und ich gaben fürs erste den Plan zur Flucht auf,
denn unter diesen Umständen wollten wir uns nicht in Gefahr begeben. Statt dessen nahmen wir uns vor, die Tage in
Bulgarien zu genießen. Wir meinten sogar, Glück zu haben,
wenn die Spitzel nicht schon alles in die DDR gemeldet hatten. Vielleicht mußten wir uns gleich nach unserer Rückkehr vor der Stasi verantworten?

Schon die Idee zum Fluchtversuch war ja strafbar, und nach
der Kofferdurchsuchung saß uns die Angst im Nacken.

Auf der Flucht

Für Sonntag, den 14. Juli, war in Pamporovo ein großes Bau-
arbeiterfest geplant, zu dem 3000 Menschen mit Bussen erwartet wurden. Jetzt kehrten wir zu unserem Vorhaben zurück und beschlossen, unsere Flucht auf diesen Tag zu legen, denn im Trubel des Festes konnten wir am besten ungesehen aus dem Ort verschwinden. Um nicht die belebte
Straße Richtung Sneshanka-Gipfel nehmen zu müssen, kund-
schafteten wir an einem Nachmittag einen kürzeren Tram-
pelpfad über die Wiese aus.

Am Sonntagmorgen belegte ich Brote mit dem Dosenfleisch,
das wir aus Rostock mitgebracht hatten. Den größten Teil hatte Max bereits vor Stoians Augen aufgegessen. Die leeren Do-
sen vergruben wir im Wald. Dann ruhten wir uns auf einer
Wiese in der Nähe des Hotels aus. Wir hatten alle Sachen gepackt, nahmen aber nur das Nötigste mit, unter anderem meinen Fotoapparat, das Fernglas von Max und einen Kompaß.
Dazu hatte ich meinen Regenmantel und ein zweites Paar
Schuhe für mich, Brot und Schokolade in den Beutel gesteckt
– nicht einmal etwas Trinkbares. In den letzten Tagen hatte
es oft geregnet, und das gute Rhodopenwasser floß überall in

Rinnsalen durch den Wald. An diesem 14. Juli, 13.30 Uhr, wollten wir die „Bastille" erstürmen. Der Ort Pamporovo war inzwischen dicht bevölkert, viele Besucher saßen oder lagen auf mitgebrachten Decken und machten Picknick. Wie geplant, nahmen wir den Weg über die Wiese. Als danach sumpfiges Gebiet begann, das wir auf Baumstämmen überquerten, rutschte Max ab und beschmierte sich ein Hosenbein mit schwarzem Modder. Er trug seinen Sonntagsanzug, um wie ein harmloser Spaziergänger zu wirken. Ohne Aufenthalt ging es schnell weiter über den Sneshanka-Berg Richtung Sperrgebiet. Nach zwei Stunden Marsch gelangten wir zu der Straße, an der die Sperrzone begann. Um dorthin zu kommen, mußten wir ein felsiges Gebiet, das teils mit Moos überwachsen war, überklettern. Ich hielt mich an den Tannenzweigen fest, um nicht abzurutschen. Max fiel mehrere Male hin, weil er das Gepäck trug und sich nicht festhalten konnte. Vorsichtig näherten wir uns der Straße. Sie machte jetzt einen Bogen, wir konnten sie nicht richtig einsehen. Als wir fast auf der anderen Seite waren, bemerkten wir in der Kurve zwei Arbeiter beim Straßenbau. Ob sie uns gesehen hatten und uns jetzt verfolgten?

Wir wußten, daß sich um den Straßenbau auch Grenzsoldaten kümmerten. Sobald wir im Sperrgebiet einen Berg erklommen hatten, ging es sofort wieder in ein tiefes Tal hinab und die Kletterei begann von Neuem. Unzählige Bäume mit vielen Ästen lagen kreuz und quer durcheinander und versperrten uns den Weg; oft mußten wir hinübersteigen. Lianen hingen in dicken Büscheln von den Bäumen – ein Urwald ohne Weg und Steg. Wo würden wir landen?

Plötzlich sah ich, wie sich in zehn Metern Entfernung etwas Weißes bewegte: ein riesiger Hund, der uns hechelnd entgegenlief. Wir kauerten uns nieder, Max holte schnell Brot heraus. Wir fürchteten, daß es ein Grenzhund sei und er sich im nächsten Moment auf uns stürzen würde!

Aber, oh Wunder, er rannte dicht an uns vorbei, ohne sich

Blick auf das Rhodopen-Gebirge.

um uns zu kümmern. Konnte ich ahnen, daß es nur ein Hütehund war?

Aus einem Rinnsal trank ich Wasser und entdeckte erst danach, daß viele kleine Tierchen darin schwammen. Da nur wenig Wasser floß, mußte ich mich verrenken, um an die schmalen, tief ausgespülten Rinnen zu gelangen. Von dem eiskalten Gebirgswasser, das ich kräftig mit dem Mund ansog, schwollen meine Lippen dick an.

Tiefe Täler wechselten mit steilen, unwegsamen Anstiegen. Eine Anhöhe war bedeckt mit Felsen, zwischen denen Wacholderbüsche entlangkrochen. Immer wieder sauste und knackte es beim Schlucken in meinen Ohren, wir waren in etwa 2000 Meter Höhe, in der Nähe des Perelik, dem höchsten Berg der Rhodopen (2.191 m). Allmählich begann die Dämmerung. Gegen 20 Uhr hörten wir ein ständig wiederkehrendes Signal. Sollten wir bereits in der Nähe der Grenze sein? Hatte man uns vielleicht erspäht oder schon alles vom Urlaubsort zur Grenze gemeldet?

Eine Weile blieben wir flüsternd stehen. Langsam, ohne auf einen Zweig zu treten, schlichen wir weiter. In einem Tal gelangten wir an einen reißenden, etwa drei Meter breiten Wildbach. Von Stein zu Stein springend, ging es am Rande des Flußbetts entlang. Seitlich stieg eine steile Böschung an, hin zu einer nur noch schwach erkennbaren Lichtung. Inzwischen war es so dunkel geworden, daß wir keine zwei Meter weit sehen konnten. Vielleicht war es in dem engen Flußtal auch besonders finster. Ich kroch, mich an Grasbüscheln haltend, auf allen Vieren von einem Büschel zum anderen. Max lief irgendwo tiefer, er war nicht zu sehen, und wegen des reißenden Stroms konnten wir uns auch nicht verständigen. Ich hatte Angst, Steine loszutreten, die auf ihn herabfallen konnten. Im Dunkeln kroch ich in ein Gebiet ohne Gras, hier lag nur noch Geröll. Ein Stein, an dem ich mich festhielt, löste sich – oh Schreck!

Ich sauste drei Meter tiefer und stand bis zu den Knöcheln im kalten Wasser. Außer Abschürfungen an den Armen trug ich zum Glück keine weiteren Blessuren davon. Ein zweites Paar Schuhe hatte ich ja bei mir; so konnte ich die verschmutzten Schuhe wechseln und nach kurzer Rast weiterklettern. Wir gelangten auf eine riesige Wiese, Wetterleuchten erhellte gespenstisch die Umgebung. Als wir seitlich hinunterschauten, entdeckten wir eine erleuchtete Stadt und Straßen. Das mußte Smoljan sein, der Grenzort. Mühsam versuchten wir immer wieder, ein Streichholz anzuzünden, um den Kompaß zu befragen. Der Wind fegte über die Wiese. Wo mochten wir uns befinden?

Vermutlich ganz in der Nähe der Grenze, denn wir überquerten ausgehobene Schützengräben. Das Wetterleuchten und Blitzen über den Bergen von Griechenland nahm zu. Es begann zu regnen. Das fehlte uns gerade noch!

Um nach Süden zu gelangen, mußten wir durch ein dichtes, mit kleinen Fichten bestandenes Gebiet mit rutschigen Felsen. Der Regen wurde stärker, wir sahen die Hand vor Au-

gen nicht mehr. Wenn wir uns nicht die Beine brechen wollten
– es war inzwischen 23 Uhr geworden –, mußten wir ein Lager aufschlagen und den frühen Morgen erwarten. Wir versteckten uns unter einer dichten Fichte, die etwas Wind und
Regen abhielt, der Boden war trocken geblieben. Alle wärme-
ren Sachen zogen wir über, und mit unserem einzigen Regenmantel deckten wir uns zu; er reichte kaum für uns beide.
Es war eine unheimliche Nacht. Neben entsetzlichem Don-
nerkrachen erschreckten uns laute, wilde Schreie und Hun-
degekläff. Vermutlich trieben Hirten weit unten im Tal Kühe
oder Schafe zu einer anderen Weidestelle. Trotz allem konnte ich einige Stunden schlafen, nach den Anstrengungen war
ich völlig erschöpft. Zu alledem wurde der Regen noch stärker und ließ auch morgens nicht nach. Durch die Fichtenzweige tropfte er nun laut auf den Mantel.

Gegen vier Uhr früh machten wir uns in den klammen,
feuchten Kleidern auf den Weg. Aber nun sollten wir noch
nasser werden, das hohe Kraut und Gras reichten bis an unsere Knie. Wenn wir die Tannen streiften, die nur zwei bis
drei Meter hoch waren, tropfte es wieder. In den Schuhen
quatschte das Wasser, am Regenmantel lief es hinunter und
fing sich in den langen Hosen und dem Rocksaum. Doch wir
liefen uns warm.

Nach und nach kamen wir vom Urwald in eine zivilisierte-
re Gegend und sahen die ersten Wege. Wir suchten nach al-
tem bedruckten Papier, um erkennen zu können, in welchem
Land wir waren. Nachdem wir einen steilen Hang heruntergekommen waren, mußten wir wieder über eine freie Wiese.
Davor fürchteten wir uns jedesmal, wußten wir doch nie, von
welcher Seite wir beobachtet werden konnten. Erst im dichten Wald fühlten wir uns wieder sicherer. Nach langem Marsch
erreichten wir ein Tal mit einem zwei Meter breiten Gebirgs-

*Rechts: Unser Fluchtweg durch die Rhodopen führte von Pamporovo bis
kurz vor die bulgarisch-griechische Grenze bei Smoljan.*

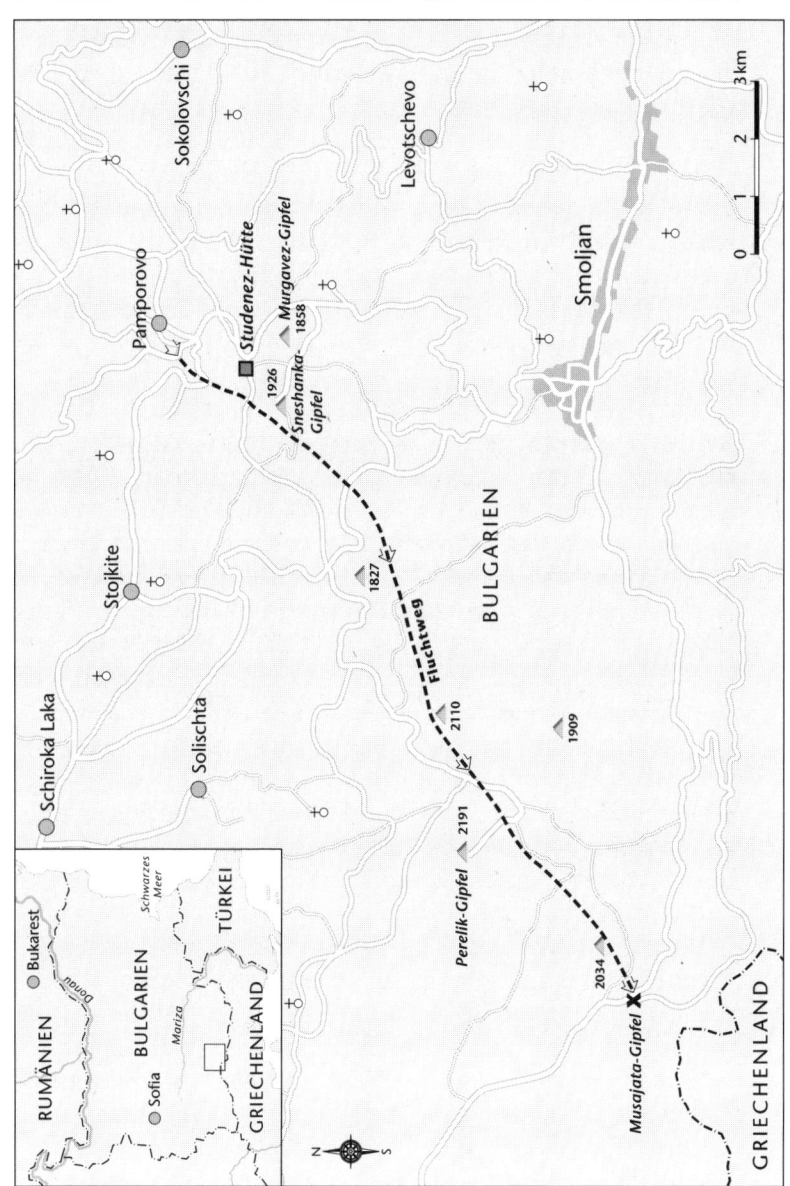

fluß. Laut Karte mußte er vertikal auf die Grenze zulaufen. Wir nahmen einen kräftigen Schluck Rhodopenwasser und aßen die Tafel Schokolade, die wir im Gepäck hatten. Am Flüßchen entlang führte auf beiden Seiten steil ein Weg die Bergwände hoch. Links vor uns entdeckten wir eine kleine zerfallene Holzhütte. Darin konnten wir nach Schrift suchen – und wirklich: In das Holz waren Buchstaben geschnitzt, aber es waren bulgarische (kyrillische). Unsere Hoffnung, bereits über der Grenze zu sein, schwand dahin. Als wir weitergingen, entdeckte Max eine Straße, davor stand ein Verbotsschild. Wieso war mitten im Wald eine Straße?

Wir wurden sehr vorsichtig, gingen nicht in ihre Nähe, sondern steuerten rechts davor schnell auf den nächsten Berg zu, um die Gegend von oben einsehen zu können. Max lief weit voraus, wir waren auf einem steilen, vom Regen ausgewaschenen Weg. Dazwischen lagen große Felsen mit kleinen Kuhlen, in denen das frische Regenwasser stand. Daraus ließ sich besonders gut trinken. Als wir von oben in die Ferne sehen konnten, entdeckten wir mit dem Fernglas auf dem Höhenzug, der sich parallel hinter der Straße befand, einzelne Gebäude und einen Aussichtsturm. Dazwischen war die Landschaft bewaldet. Das mußte die Grenze sein. Wir wollten sie bis zum Abend mit dem Fernglas beobachten. Menschen waren, bis auf einen Posten auf dem Turm, nicht zu sehen. Im Hellen wollten wir auf keinen Fall darauf zugehen. Mehrere Stunden liefen wir parallel zur Grenze entlang – immer in der Deckung der Bäume.

Einmal sahen wir in unserer Nähe Kühe, eine war ausgebrochen und kam plötzlich durch das Holz geknackt. Voller Angst saßen wir unter kleinen Tannen und krochen immer weiter in Deckung. Aber die Kuh rannte schnell bergab.

Zum Glück hatte es aufgehört zu regnen, und die heiße Sonne meinte es wieder gut mit uns. Wir gelangten in ein kleines Flußtal. Über dem Fluß lag quer ein dicker Baumstamm. Hier konnten wir unsere Strümpfe waschen, unsere

Schuhe und die blauen Farmerhosen trocknen. Wir breiteten die Sachen aus; in der Hitze trockneten sie sehr schnell. Jetzt hieß es: ausruhen, schlafen, sonnen und für den Endspurt frische Kräfte sammeln.

Nachmittags gingen wir weiter. Wir kamen in eine unübersichtliche Gegend, in der wir nicht mehr wußten, in welcher Richtung die Grenze verlief. Auf dem Berg waren wir im Kreis gelaufen, ohne es bemerkt zu haben. Verzweifelt befragten wir immer wieder den Kompaß. Jetzt mußten wir wieder stundenlang sitzen und auf die beginnende Dunkelheit warten.

Gegen Abend setzte der Regen erneut ein. Es wurde erheblich kälter. Nun mußten wir an der Stelle sein, wo die bulgarisch-griechische Grenze am weitesten nach Bulgarien hineinreicht. Hier würde die Grenze sicher noch strenger bewacht als anderswo. Ob wir nicht doch weitergehen sollten bis an eine weniger exponierte Grenzstelle?

Max meinte, wir wären dann noch zwei Tage länger unterwegs. Im Dunkeln könnten wir durch den dichten Tannenwald ungesehen die dreihundert Meter Höhe überwinden. Am meisten fürchtete ich mich vor Hunden dort. Die Wartezeit bis es dunkel wurde, war endlos – diese Spannung!

Im Schummerlicht stiegen wir gegen 20.30 Uhr langsam den Berg hinunter. Vorsichtig, ohne auf knackende Zweige zu treten, näherten wir uns der Straße. Zehn Meter entfernt setzten wir uns hinter einen Baum und beobachteten sie eine halbe Stunde lang: Fahren Autos, gehen Posten Streife? –

Aber alles blieb ruhig, wir konnten nichts hören und sehen, nur das Rauschen eines Baches, den wir durchqueren mußten.

Festgenommen

„Jetzt gehen wir los", sagte Max gegen 21 Uhr entschieden. Vollkommen dunkel zwar es zwar noch nicht, aber wir konnten noch etwa fünf Meter weit sehen. Bei völliger Dunkelheit leuchtete der Kompaß im Dunkeln nicht genug, und Streichhölzer würden auffallen.

Eine kleine Böschung führte hinunter auf die Straße. Vorher nahm ich noch eine Beruhigungstablette. Wir wandten uns nach links auf eine Brücke zu, um von dort aus in den Wald zu schleichen, als wir zwei Posten in großen Regenumhängen erkannten. Weil die Straße in einem starken Knick verlief, tauchten sie plötzlich aus dem Dunkeln auf. Sie kamen schreiend auf uns zu und richteten ihre Gewehre auf uns. Als ich sie entdeckte, sprang ich zur Seite, vielleicht schaffte ich es noch in den Busch! Aber Max rief schon: „Bleib stehen!" Alles war aus. Die Posten herrschten uns an: „Bagasch" (Gepäck ablegen). Ich warf meine Sachen auf den Boden. So standen wir da, mit erhobenen Armen, einen furchtbaren Augenblick lang, während die Posten aus zwei Metern Entfernung mit den Gewehren auf uns zielten. Sie wußten ja nicht, ob wir bewaffnet waren. Schließlich nahmen sie unser Gepäck, einer der Posten ging voran, das Gewehr schußbereit in seinen Händen, der zweite lief hinter uns. Wir stapften, die Arme auf dem Rücken, zwischen ihnen durch Dunkelheit und Pfützen. Versuchte ich einmal, eine Pfütze seitlich zu umgehen, begannen sie zu schreien. Sie befürchteten, daß ich mich doch noch in den Wald absetzen könnte. Immer wieder brüllten sie uns ins Gesicht: „Graniza"(Grenze) und „Faschism-Sozialism". Was sie sonst noch riefen, verstand ich nicht. Andere Soldaten kamen auf Pfiffe seitlich aus den Büschen und fielen sich vor Freude in die Arme. Max hörte heraus, daß ihnen als Belohnung für unsere Festnahme ein Urlaub in Varna am Schwarzen Meer in Aussicht stand.

Wir verließen die Straße, es ging den Berg hinauf zum Quartier. Der Anstieg fiel mir schwer, aber ich durfte nicht verschnaufen. Erschreckend, wie viele Posten aus dem Dickicht gerufen wurden. Im Abstand von fünfhundert Metern standen jeweils zwei Posten. Diese letzte Kette hätten wir nie durchbrechen können! Zwei Offiziere kamen uns entgegen, sie leuchteten uns mit Taschenlampen ins Gesicht: „Helga und Max!"

Ach, könnten wir uns jetzt in Hänsel und Gretel verwandeln! Aber es gibt kein Zurück. Die Grenzer hatten uns schon erwartet, sie waren aus Pamporovo benachrichtigt worden. Sie leuchten uns den Weg – wie zuvorkommend! Oben angekommen, drängen sie uns durch ein riesiges Tor, auf dem ein Sowjetstern prangt. Unter dem Tor werden Max mehrere Kinnhaken versetzt, er stürzt zur Seite. Ich muß dabei zusehen, bis mich ein Grenzer in den Oberarm kneift und durch das Tor stößt. Ja, ich bin eine große Pech- und keine Goldmarie.

Ich gehe vorweg in ein riesiges Gebäude hinein. In einer großen Empfangshalle stehen hunderte Soldaten mit strahlenden Gesichtern in Reih und Glied zu unserem Empfang. Die Posten grinsen, als wir an ihnen vorbeigehen. Sie bringen uns in ein winziges Zimmer, fünf Offiziere beginnen uns abzutasten und alles aus unseren Hosentaschen auf den Tisch zu legen. In dem Raum stehen ein Drahtbett, eine Liege und ein Schreibtisch. Alle sitzen, nur wir stehen noch mit den Händen auf dem Rücken.

Unheimlich heiß ist es in dem Raum. Nach etwa einer halben Stunde wird Max ganz bleich und setzt sich einfach auf einen Stuhl. Die Offiziere brüllen etwas, aber er bleibt sitzen und verlangt nach Wasser. Das wird uns auch gebracht. Danach fällt uns das Stehen wieder leichter. Ich bin froh, daß Max nicht in Ohnmacht gefallen ist.

Gegen Mitternacht haben sie jede Kleinigkeit durchsucht und aufgeschrieben. Es geht hinaus in einen offenen Jeep. Jeder von uns sitzt zwischen zwei Posten, eine wilde Fahrt beginnt. Der Fahrer jagt den Berg hinunter durch tiefe Schlaglöcher, daß ich oft an die Decke fliege und mir den Kopf stoße. Dann folgt eine halbstündige Fahrt auf der Straße entlang durch den dunklen Wald. Endlich kommen die ersten Barakken. Dort fragen die Offiziere nach leeren Zellen für uns. Ergebnislos, alles belegt, die Fahrt geht weiter. Wir müssen in einer größeren Stadt sein. Später erfahre ich, daß es Smol-

jan ist. Die Posten bringen uns zunächst in eine Halle, in der
wir eine Weile warten müssen. Max wird zuerst wegbeför-
dert, danach führen mich die Posten in ein anderes Gebäude. Es wirkt wie ein Stall, etwa zehn Holztüren sind mit riesigen Schlössern verhängt. Vor einigen Türen stehen Schuhe. Eine dieser Kemenaten wird mir aufgeschlossen.
„Schuhe ausziehen, draußen lassen", heißt es. Wir hätten
uns wohl damit umbringen können.
Hoch über jeder Tür befindet sich ein Drahtgitter, durch
das Licht vom Flur in die Zelle fällt. Der Wärter stößt mich
hinein. Auf dem Boden liegt bereits eine schwarzhaarige Frau.
Der Wärter sagt etwas zu ihr, sie rückt zur Seite. Die Matratze ist äußerst schmal, wir haben beide gerade Platz, wenn wir
nicht auf dem Rücken liegen. Da weiß ich noch nicht, daß neben mir eine Mörderin liegt; sie hat jemanden erstochen. Mehrere Male beobachtet uns der Wärter durch den Spion. Mit
meinen Sachen am Leibe – nur die gelbe Strickjacke nutze ich
als Kopfkissen – falle ich schnell in einen tiefen Schlaf. Alles
um mich herum ist mir egal – nur schlafen können nach diesen beiden Tagen der Anspannung ...

Der Prozeß

Nach drei Monaten Untersuchungshaft in Sofia und in Rostock fand am 29. Oktober 1963 in der Baracke hinter dem
Barocksaal des Landgerichts Rostock mein Prozeß statt. Der
Prozeß war öffentlich. Max wurde mit Handschellen in den
Verhandlungsraum geführt. Auf der Anklagebank flüsterte
er mir zu: „Wie geht es dir? Ich dachte, du würdest es nicht
überstehen."
    Dabei hatte ich die Untersuchungshaft viel besser verkraf-
tet als er. Max waren die Strapazen der Haft anzusehen. Er
war öfter und härter vernommen worden als ich und saß auch
länger in Einzelhaft. Nach Anhörung der Parteien forderte
der Staatsanwalt für Max zweieinhalb Jahre und für mich
ein Jahr Zuchthaus. Ich war erleichtert, weil ich mit einer

höheren Strafe gerechnet hatte. Am Tag nach der Verhandlung war die Urteilsverkündung. Die Strafkammer des Kreis-
gerichtes Rostock-Land verurteilte Max wegen versuchten
illegalen Verlassens der Republik beziehungsweise versuchten gewaltsamen Grenzübertritts zu einem Jahr und neun
Monaten Zuchthaus. Dazu kamen noch einige Paragraphen
wegen illegaler Ausfuhr von optischen Geräten, denn Max
hatte ja sein Fernglas bei sich und ich einen Fotoapparat,
der mir abgenommen worden war. Das Urteil vom 30. Oktober 1963 über mich lautete:

*„Helga Priester ist wegen versuchten gemeinschaftlichen
illegalen Verlassens der DDR in Tateinheit mit versuch-
tem Zollvergehen gemäß §§ 8 Abs. 1 und 3 Paßgesetz, 12
Abs. 1 Ziff. 3 des Zollgesetzes zu einer Freiheitsstrafe von
neun Monaten verurteilt worden."*

*Der Zellentrakt des Untersuchungsgefängnisses in Rostock, in dem ich
vom 15. August 1963 bis 10. Februar 1964 inhaftiert war. In der Mitte
der Zellentüren befanden sich Klappen zum Durchreichen des Essens.*

Zelle für zwei Personen im Stasi-Untersuchungsgefängnis in Rostock. Die Zelle war 7,5 m² groß und konnte nicht belüftet werden. Tageslicht drang nur durch Glasbausteine herein. Links vorn die freistehende Toilette.

Neun Monate Gefängnis bedeuteten, daß ich am 70. Geburtstag meines Vaters, an den Weihnachtsfeiertagen und zu Silvester nicht bei der Familie sein konnte – für meine Eltern war das entsetzlich.

Max kam in ein Gefängnis nach Spremberg, wo er schwer im Gleisbau arbeiten mußte. Er wurde am 18. September 1964 vorzeitig entlassen und heiratete bald darauf. Nach sei-

dung trafen wir uns wieder, und für einige Jahre wurden wir wieder Freunde. Die Kader(Personal)akte der Flucht wirkte sich negativ auf seinen weiteren beruflichen Weg aus. Er zog zu seiner Mutter aufs Land und pflegte sie bis ins hohe Alter.

Mit Abstand betrachtet

Am 10. Februar 1964 öffneten sich für mich die Zuchthaustore des Stasi-Untersuchungsgefängnisses in Rostock drei Monate früher als gedacht. Das hatte ich meinem Klinikprofessor zu verdanken, der mit Hilfe einer Rechtsberaterin eine frühere Entlassung erwirkt hatte. Dafür bekam ich zwei Jahre Bewährung bis 1966. Bei den Vernehmungen war mir angedroht worden, daß ich meine Arbeitsstelle und mein Zimmer, das ich zur Untermiete bewohnte, verlieren würde. Doch nichts davon traf zu. Lediglich vier Monate konnte ich nicht mehr als leitende Medizinisch-technische Assistentin arbeiten, danach war alles wieder wie zuvor – zumindest äußerlich. Aber zu Hause in meinem Bett schreckte mich in meinen Träumen oft ein Fortissimo der „Brüllos" oder „Schielos" vor der Zellentür auf. Ich hatte noch nicht alles überstanden.

Einige Jahre lang durfte ich nicht ins Ausland reisen, meine Anträge wurden immer wieder unbegründet abgelehnt. Mehrmals wurde ich in eine Baracke in der Nähe der Chirurgie unserer Klinik bestellt. Dort versuchten mich Stasi-Mitarbeiter davon zu überzeugen, in der Klinik zu spionieren. Das lehnte ich jedesmal entschieden ab. Später erfuhr ich, daß sich die Stasi längere Zeit in der Frauenklinik nach meiner politischen Einstellung erkundigt hatte und wissen wollte, wie ich arbeitete. Ansonsten erwuchsen mir in der DDR – außer der allgemein üblichen Postkontrolle – keine politische Nachteile mehr.

Aus: Helga Priester, „Fluchtweg Bulgarien. 1963 – Dritter Versuch".
Sammlung der Zeitzeugen, Zeitgut Verlag 2008.

[Braunlage – Torfhaus – Hohegeiß – Walkenried –
Elbingerode, Harz;
1956 – 1990 / 1966]

Rudolf Zietz

Tod im Minenfeld

Für über 1000 Menschen endete die Flucht aus der DDR in
die Freiheit des Westens mit dem Tod, viele landeten nach
einer mißglückten Flucht für Jahre in den Zuchthäusern der
DDR. Wieviele Menschen für ihr restliches Leben durch
Schüsse oder explodierte Grenzminen zum Krüppel wurden,
ist bisher in keiner Statistik erwähnt worden.

Ich mache mir diese Gedanken vielleicht öfter als andere,
weil ich bereits 1956 mit 18 Jahren zum Bundesgrenzschutz
(BGS) kam und zum Zollgrenzdienst wechselte, als ich 23
war. Grenzaufsichtsdienst hatte ich fortan von Braunlage aus
im Gebiet zwischen Torfhaus, Hohegeiß und Walkenried –
Orte im Harz, meiner Heimat. Im Dienst beim Zoll gab es
für jeden von uns ein Überwachungsgebiet von etwa acht
Kilometern, zu kontrollieren bei Tag und bei Nacht, jeweils
für sechs Stunden. Als Hundeführer hatte ich die Streifen
meistens allein zu machen – zu Fuß, per Fahrrad, auf Ski-
ern. Mal war ich in Uniform, mal in Zivil. Zur Ausrüstung
gehörten Pistole, Schlagstock, Funkgerät, Fernglas und bei
Nacht zusätzlich eine Leuchtpistole.

In kurzer Zeit kannte ich meinen Abschnitt genauestens,
stellte sofort jede Veränderung fest und, besonders wichtig, die
Sinne schärften sich mehr und mehr, besonders das Gehör und
die Augen. Ich empfand den Dienst als angenehm, freute mich,
nach zwei Jahren in Lübeck an der Ostsee wieder in meiner

*Diese Aufnahme
zeigt mich als
jungen Zollgrenz-
beamten im
Grenzdienst
zwischen Braun-
lage und Walken-
ried im Harz.*

Heimat zu sein mit ihrer herrlichen Natur. Andererseits waren
wir alle bei diesem Dienst auch ärgsten Witterungsverhältnis-
sen ausgesetzt, dazu gab es ständig lauernde Gefahren!
Unbeherrscht schossen die DDR-Grenzsoldaten oft hinter
Flüchtlingen her, was der Order nach eigentlich verboten war.
Doch es geschah immer wieder. Gesteinsbrocken wirbelten
nach Minendetonationen durch die Luft. Auch westdeutsche
Verbrecher oder Deserteure versuchten, sich der Bestrafung
durch die Flucht in die DDR zu entziehen.
Als ich eines Tages gegen vier Uhr früh mit meinem Schä-
ferhund Alf meinen Grenzabschnitt kontrollierte, zeigte der

Hund plötzlich an und wurde immer „galliger", was ein Zeichen für drohende Gefahr bedeutete. Ich ließ Alf an langer Leine stöbern und zog die Pistole – aufregende Sekunden!

Bald erreichten wir ein Erdloch, in dem ein junger Mann lag, halb in Uniform und halb in Zivil. Er gab zu, von der Bundeswehr in Goslar desertiert und auf der Flucht in die DDR zu sein. Ich tastete ihn ab, dann traten wir den Weg zum Kommissariat Braunlage an; er immer etwa fünf Meter voraus. Öfter drehte er sich zu uns um und immer knurrte mein Alf. In der Dienststelle angekommen, resignierte er: „Ich gebe auf, du hast Glück gehabt und ich hatte keine Chance!"

Darauf legte er eine durchgeladene Pistole auf den Tisch! Die Reaktion der anwesenden Beamten kann man sich denken. Für mich hatte meine Oberflächlichkeit zum Glück keine disziplinarischen Folgen; sicherlich waren alle froh, daß alles so glimpflich abgegangen war.

Wochen darauf, es war wieder die Zeit der Grenzübertritte, in der Regel zu Frühlings- und Herbstzeiten und bei Tages- oder Nachtanbruch. Ich postierte gerade im Bodetal in einem Unterstand, als gegen fünf Uhr gegenüber des Grenzzauns eine Detonation die Stille zerriß. Wir stürzten den kleinen Hang hinab, und als sich der schwarze Qualm verzogen hatte, sahen wir einen Menschen im Minenzaun liegen, regungslos. Er lag auf dem Rücken, der Brustkorb war aufgerissen. Vermutlich hatte er robbend mit dem Knie eine vergrabene Erdmine zur Explosion gebracht. Möglicherweise hatte er uns auf der rettenden Seite bereits sehen können und wir waren die letzte Wahrnehmung des Sterbenden gewesen.

Wie oft hatten Kollegen schon Schwerverletzte aus dem Zaun gerettet, aber hier kam jede Hilfe zu spät. Wir setzten unseren Funkspruch ab; und noch ehe die ersten Grenzsoldaten der DDR vor Ort waren, hatten sich auf unserer Seite schon Zollstreifen eingestellt, danach örtliche Polizeibeamte, bald darauf auch der Bundesgrenzschutz aus Goslar und erste Jour-

Zwischen Metallgitterzaun und direktem Grenzverlauf standen Bunker oder wie hier, ein ehemaliger Wasserhochbehälter, mit Funk-, Abhör- und Filmapparaturen ausgerüstet, immer gegenüber von Infoständen der BRD bzw. Anlaufpunkten von westlichen Grenzbesuchern. Hier der BGS – drüben die NVA und Westbesucher oft in großer Zahl.

nalisten. Sie alle sahen, wie uns gegenüber der „Ernstfall" abgespult wurde: Soldaten der Grenztruppen der DDR kamen von allen Seiten, Deckung suchend, heran und gingen mit MG und Schnellfeuergewehren hinter Bäumen in Stellung. Drei Offiziere verschafften sich ein Bild von der Lage, indem sie den Minenzaun untersuchten. Dann warfen sie Fichtenzweige auf den Toten und zogen sich wortlos in den Wald zurück. Es war mittlerweile neun Uhr geworden, ein BGS-Hubschrauber kreiste, Zoll und BGS warteten auf die Bergung des Toten. Erst als es dunkel war, schnitten DDR-Grenztruppen den Zaun auf. Im Schein ihrer Taschenlampen, der auch uns eine gute Sicht ermöglichte, wurde der Leichnam mit einem Feuerwehrhaken aus dem Zaun gezogen, auf einen LKW geladen und ins Hinterland abtransportiert.

Natürlich versuchte die Bundesrepublik sofort, Näheres über den Toten zu ermitteln. Auch Rentner aus der DDR, die ja besuchsweise in den Westen reisen durften, wurden befragt.

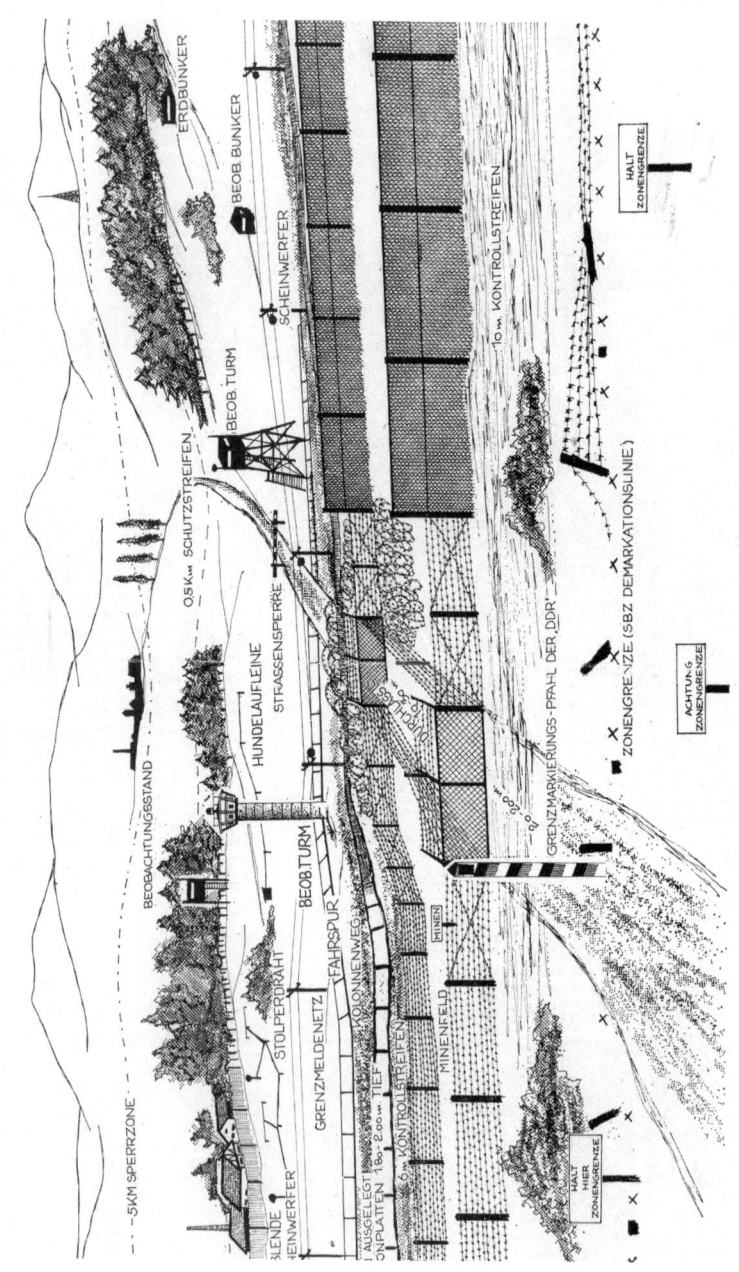

Zunächst gab es einen einfachen Stacheldrahtzaun, dann den vorgelagerten doppelten Metallgitterzaun und etwa ab 1980 den rückwärtigen Sicherungszaun, von der Westseite nicht erkennbar, mit elektroakustischen Sperrelementen. Dazwischen lag das etwa zehn Meter breite Minenfeld.

Eine alte Dame aus Elbingerode konnte Angaben machen. Sie gab an, den Namen des Mannes zu kennen, auch den seiner Eltern, und berichtete, niemand im Ort hätte den Leichnam gesehen. Als Todesursache wäre den Angehörigen Selbstmord an einer Hochspannungsleitung angegeben worden.

Nach der Wende fuhr ich im Sommer 1990 nach Elbingerode, um die Eltern des jungen Mannes aufzusuchen. Der Vater war inzwischen verstorben, die Mutter in den Norden Deutschlands gezogen. Das erfuhr ich von einer Verkäuferin im Ort, die mir aber auch einen Schulfreund nennen konnte, der noch hier lebte. Der berichtete mir: „Das war mein Schulfreund Klaus Schaper, ein Kumpel durch und durch. Er war gerade

Links: Der über 1300 Kilometer lange Absperrgürtel der DDR zur BRD wurde im Laufe der Jahre immer mehr perfektioniert – bei Milliarden an Kosten, die den Menschen in der DDR fehlten.

17 Jahre alt und machte eine Lehre als Rundfunkmechaniker. Was ihn zur Flucht bewogen hat, kann ich nicht sagen; vermutlich kam er von der Musterung und sollte zur NVA. Die Lage an der Grenze muß er unterschätzt haben. Ob mein Freund überhaupt von diesen todbringenden Minen dort wußte, muß ich bezweifeln. Übrigens hatte die Stasi zu seiner Beerdigung einige ‚Herren' recht auffällig auf dem Friedhof postiert. Uns Freunden wurde erlaubt, seinen Sarg zu Grabe zu tragen, aber beiläufig wurde uns befohlen: ‚Macht von alledem hier kein Aufheben!'"

Was dieser um sein Leben betrogene Junge nicht wußte, kannte ich aus eigener Anschauung genau: Aus einem niedrigen Weidezaun mit Stacheldraht wurde später ein doppelter 3,20 Meter hoher Streckmetallzaun. Auf dem Minenfeld gab

Eine Gruppe von DDR-Grenzsoldaten mit dem Auftrag, das dem Zaun vorgelagerte DDR-Gebiet abzusichern, da wieder einmal Sprengarbeiten in unmittelbarer Nähe zur BRD vorgenommen werden sollten.

Dem unbekannten Flüchtling
aus Elbingerode

✝

14. VI. 1964
durch Minen

*Zahlreiche Minen-
tote gab es im
Raum Braunlage –
Hohegeiß. Ihnen
wurden derartige
Kreuze gesetzt, die
unmittelbar nach
1989 von mir
Unbekannten
entfernt wurden.*

es anfänglich Holzkastenminen, dann die effektvollere Pla-
steminen, versetzt in Dreierreihen vergraben. Dann kamen
die gefährlichsten, die Selbstschußanlagen-Splitterminen SM-
70. Am Zaun befestigt, verschossen sie bei Berührung feiner
Drähte Hunderte von Stahlwürfelchen in Kopf-, Brust- und
Beinhöhe. Das waren Todesmaschinen, die ihre Opfer bis zur
Unkenntlichkeit zerfetzen konnten. Kein Wunder, daß ihre
Angehörigen sie nicht noch einmal im Sarg sehen durften, kein
Wunder, daß Aufsehen vermieden werden sollte!

*Aus: Rudolf Zietz, „Erlebnisse an der Grenze", Hrsg, Harzklub-Zweigverein
Pöhlde, Mecke Druck und Verlag Duderstadt 2003.*

[Grenzbahnhof Bebra – Klein-Medlach, Thüringen –
Hannover, Niedersachsen;
1966]

Babette Reineke

Blinder Eifer schadet nur

1966 war's, und die Zeit des Kalten Krieges und der Grenzen. Zusammen mit meinem fünfjährigen Söhnchen hatte
ich mal wieder meine Thüringer Heimat besucht. Diesmal
war der Abschied etwas leichter gefallen, durften wir doch
meine Mutter, unsere „Omuschka", als frischgebackene Rent-
nerin besuchsweise mit herübernehmen.

Der überfüllte Interzonenzug hatte uns ausgespuckt – und
da standen wir nun in Bebra, dem Grenzbahnhof auf bun-
desrepublikanischer Seite.

„Oooh, hier is alles viel heller als bei uns. Sogar de Wäsche
un de Häuser!" schwärmte meine Mutter und schlürfte ge-
nüßlich ihren Kakao, den die Bahnhofsmission an die An-
kömmlinge aus der DDR ausschenkte. Ihre Augen leuchteten
und sie atmete gelöst den Duft der großen, weiten Welt. Ich
mußte an die Zurückgebliebenen denken. Wie neidisch waren
sie gewesen, und mir klangen noch immer die Worte meines
sechsjährigen Neffen im Ohr: „Och nä, wenn ich doch nur auch
schon Rentner wäre!"

Ja, der „goldene Westen!" Für die meisten Menschen drüben war er ein verschlossenes Paradies. Für unsere Omi aber
stand es nun für einige Wochen offen. Gut sollte sie es haben
und Bananen in Fülle! Ach, was waren wir glücklich: Endlich vereint, nach so langer Zeit! Eng umschlungen saßen
wir nun auf der harten Bahnsteigbank und warteten auf die

Weiterfahrt nach Göttingen, wo wir Anschluß nach Hannover haben sollten.

„Tsch-tsch h-tsch ..." Wieder war ein Zug eingelaufen – woher, wohin? – wir achteten nicht weiter darauf, der unsere kam ja erst in zirka 50 Minuten. Allerdings auch nur, wenn wir Glück hatten!

Um uns herum strömten die Menschen, zumeist schwer bepackt, auf die Waggons zu. Das war ein Geschiebe und Gedränge! Da, just neben mir, mühte sich eine ältere Dame mit einem riesigen Koffer ab, und es schien mehr als fraglich, daß sie den Zug rechtzeitig erreichen würde.

„Bin gleich wieder da!" rief ich meinen Lieben zu und stürzte mich in die Menge. „Darf ich Ihnen helfen?"

Natürlich durfte ich!

So hievte ich also den bleischweren Koffer hinter der – im wahrsten Sinne des Wortes – erleichterten Dame her, hinein in den Zug. Mehr schlecht als recht war das Durchkommen, und mir folgte so mancher Fluch. Was in aller Welt war bloß drin im Koffer – Ziegelsteine?

Es ging mich zwar nichts an, gewußt hätte ich's dennoch gern. Nachdem er seinen Standplatz neben der Eigentümerin gefunden hatte, holte ich tief Luft – endlich wieder freie Arme. Nun aber nichts wie raus!

Leichter gesagt als getan, und so boxte ich mich mit sanfter Gewalt durch das heillos überfüllte Zugabteil zurück zum Ausstieg. Doch, was in aller Welt war das?

Er war verschlossen und da draußen sauste der Bahnsteig davon! Grad wie in einem bösen Traum war's und es mußte einer sein! Himmel, hilf – laß mich aufwachen – bitte!

„Die Fahrkarten bitte!"

Ein Uniformierter quetschte sich durch die Menschentrauben in meine Richtung: Hilfe, der Schaffner!

Und noch einmal: „Die Fahrkarten bitte!"

Der Befehlston machte mir unmißverständlich klar: Es war kein Traum, sondern rauhe Wirklichkeit! Kamen nun all die

– mittels „Kofferstupsen" – eingehandelten Verwünschungen auf mein Haupt zurück?

Mißbilligende Blicke vom Schaffner und mitleidige, teils schadenfrohe Blicke der Mitreisenden trafen mich wie Pfeile! Am liebsten hätte ich mit der kleinen Mücke getauscht, die immer wieder hartnäckig über meine nackten Arme krabbelte. Lieber Gott, jetzt bist du dran!

Und siehe, meine Bitte schien erhört. Eine gute Seele ließ den Hut für mich herumgehen: „Kling, kling", machte es hie und da. Wie Musik klang's mir in den Ohren! Bei meiner „Riesen-Koffer-Dame" allerdings erklang nur deren Stimme: „I-i-ich habe leider kein Kleingeld bei mir, doch ich bete für sie, mein Kind!"

Der Schaffner aber wollte Geld sehen, zumindest bis zum nächsten Halt! Dort – der Ortsname ging mir in der Aufregung verloren – müßte ich unverzüglich aussteigen!

Zum Glück, es schien zu reichen, dann zog er endlich ab. Nun konnte ich gespannt sein auf den ersten Halt. Hoffentlich war es kein Eilzug, dann könnte es sein, daß er in Köln erstmals Station machte, oder wer weiß wo?

Noch schlimmer wäre es, wenn er Richtung DDR führe. Dann waren mir einige Wochen „Zwangspension" in wenig luxuriöser Umgebung sicher! Ich war ja nicht nur ohne Portemonnaie und Fahrausweis, nein auch ohne Reisepaß und ohne Taschentuch: eben ohne alles!

Was also bist du – mein Zug nach Nirgendwo?

Hoffentlich ein Nahverkehrszug! – Und – halleluja – es war ein solcher!

Endlich hielt es an, mein Gefängnis auf Rädern, und ich war frei. Klein-Medlach hieß die winzige Station. Wie eine Furie stürzte ich hinaus aus dem schrecklichen Zug und hinein in das kleine, ziegelrote Bahnhofsgebäude, blind vor Tränen und halb verrückt vor Angst. Es dauerte eine Weile, bis der Stationsvorsteher mein Eindringen in sein Allerheiligstes und meine aufgeregten Worte einordnen konnte. Erstmal starrte er mich entgeistert an, als sei ich ein Gespenst. Schließlich schlurfte er zum Telefon und benachrichtigte den Bahnhof Bebra. Wirklich, er hatte ein gutes Herz und weckte mit einem Schluck heißen Tee aus seiner Thermoskanne meine Lebensgeister. Sogar eine Taxe beorderte er zur Station. Ja, er war schon ein Engel!

Auch der Taxifahrer mußte einer sein, machte er die zirka 20-km-Fahrt vorerst doch für Nichts und wieder Nichts. Er blieb so nett, auch als ich ihm klargemacht hatte, daß ich rein gar nichts zum Vergeben, keinen Pfennig, bei mir hatte, mal abgesehen von der Tränenflut, die mir immer wieder salzig aus den Augen quoll!

„Gähm se de zwölf Mork zweeunfuffz'ch enfach im Gondrollhäuschen ab, ich hol mer se demnächsd!" – Mit diesen Worten entließ mich mein „Privat-Chauffeur" und ich eilte hinein in den Bahnhof von Bebra. Dort hörte ich schon von weitem meinen Namen durch den Lautsprecher hallen, wieder und immer wieder. Mir wurde abwechselnd kalt und heiß.

„Sind Sie Frau Dötschel?"

Der Beamte am Kontrollschalter starrte mich an wie das siebte Weltwunder. Allem Anschein nach war ich – oder vielmehr mein Name – hierorts bekannt wie ein bunter Hund! Genau so fühlte ich mich, hundeelend nämlich!

Eine ganze Eskorte von Grenzbeamten nahm mich in Empfang. „Gott sei Dank, daß wir Sie wiederhaben!" sagte einer von ihnen mit freundlichem Lächeln und drückte mir einen großen Blumenstrauß in die Hand. Was war denn nur passiert?

Worte wie Spionage, unerlaubtes Entfernen, ja sogar Entführung lagen in der Luft – das klang ja fast wie ein Krimi! – Meine Güte, was hatte ich da bloß angerichtet?

Ich war doch nur mal kurz und wider Willen mit der falschen Bahn gefahren, na und?

Das aber passierte keineswegs auf einem herkömmlichen, sondern auf einem Grenzbahnhof, und da konnte die geringste Kleinigkeit von größter Bedeutung sein.

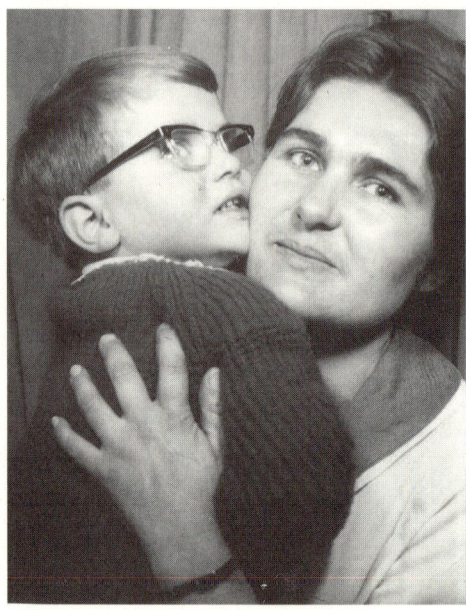

*Mein Sohn und ich
1966.*

Aber wo waren meine Mutter und mein Sohn? Wieder über-
kam mich dieses beklemmende Angstgefühl: Was konnte
nicht alles passiert sein?

Eine alte Frau, schwer herzkrank, erstmals mit der westlichen Welt konfrontiert, und ein Kleinkind auf einem fremden Bahnsteig!

Doch – dem Himmel sei Dank – dort standen sie, inmitten
einer Schar von „Engeln". Teilweise trugen diese Schwestern-
häubchen, teils grüne oder blaue Käppis. Überhaupt schienen die himmlischen Heerscharen zur Zeit hauptsächlich beim
Roten Kreuz, dem Bundesgrenzschutz sowie bei der Bahnhofsmission eingesetzt zu sein! Tausend Dank allen guten Gei-
stern! Wir konnten uns unbeschadet in die Arme schließen.

„Ma-ma Mamaaa!" jubelte Sohnemann und preßte seine
braune Schokoladenschnute liebevoll in mein schneeweißes

Perlon-Sommerkleid. Die lieben Schutzengel hatten also auch süßen Trost gespendet! Sogar an Mütterleins Nasenspitze haftete er, und die kam mir nun fast bedrohlich näher: „Mensch, Maichen, mach sowas nich nochema!", so schnaufte es an meinem Ohr, als wir uns in die Arme fielen. „Wenn de Bahne nune nach drühmne jefahrn wäre?"

Mamusch schüttelte erschauernd ihren Kopf mit dem silberweißem Haar, und auch ich wagte nicht, mir auszumalen, was gewesen wäre wenn, ja wenn ...!

Seither jedoch stelle ich mich auf Bahnsteigen blind und taub, wenn ältere Damen schwer bepackt auf einen heranrollenden Zug zustreben. Dieses Abenteuer nämlich mochte ich um keinen Preis der Welt noch einmal erleben, wenngleich es doch eigentlich recht glücklich ausging und ich einmal im Leben einen „Großen Bahnhof" hatte!

Schön, daß „Omuschka"
da ist! Meine Mutter
und mein Söhnchen auf
unserer Terrasse in
Hannover. Es war
ihr erster Besuch im
„goldenen Westen".

(Weitere ZEITGUT-Beiträge dieser Autorin sind am Buchende vermerkt.)

[Dattenfeld/Sieg im Bergischen Land – Berlin;
Sommer 1968]

Wolfgang Weiffen

Berlin, für mich

Bewußt kam ich zum ersten Mal mit Berlin in Kontakt im
Sommer 1968, als meine Klasse eine zehntägige Fahrt dorthin plante. Diese Reise als Achtzehnjähriger war für mich
das Schlüsselerlebnis, dessen Auswirkungen bis zum heutigen Tage Bedeutung haben.

Die Vorbereitung der Fahrt erschöpfte sich nicht nur in
der Erarbeitung der historischen, kulturellen und wirt-
schaftlichen Bedeutung der Stadt, sondern vor allem in den
Auswirkungen, die sich aus der Teilung ergaben. Abgesehen von der Fülle der Einzelheiten, die ich irgendwann wieder vergaß, war es die emotionale Einstellung, die ich an-
nahm. Ich begann Gefühle zu entwickeln für eine Stadt,
die ich nicht kannte. Ich empfand Angst und Unsicherheit,
ohne es zu wissen.

Unser Lehrer wies uns mehrmals nachdrücklich daraufhin, keine Gepäckteile mit Zeitungspapier einzuwickeln, um
die Grenzbeamten nicht auf westliche Nachrichten aufmerksam zu machen. Welche Information hätte jemand dem
Anzeigenteil eines Lokalblattes aus dem Bergischen Land
entnehmen können?

Es gab eben Einreisebestimmungen, deren Sinn mir unklar blieb, aber sie erzeugten Unsicherheit. Obwohl ich erst
später lernte, was absurd war, diese Begebenheit war es.
Allein das Überprüfen des Gepäcks am Abreisetag, das Miß-

trauen unter den Schülern, ob nicht doch jemand auch nur eine Schuhwichsbüchse falsch eingepackt haben könnte, erzeugte einerseits Gereiztheit, andererseits übertriebene Vorsicht, nichts Gesetzwidriges zu tun. Ich wußte, daß stundenlange Überprüfungen von Gepäck und Fahrzeugen, politische Vorträge zur Rechtfertigung der Verhältnisse, Befragungen, Schikanen, Verhaftungen alltäglich waren. Die subtilen Ausflüsse des Antikommunismus, demzufolge alles Böse und nur Böses aus dem Osten kam, zeigten Wirkung.

Ein weiterer, vielleicht nachhaltigerer Punkt war die genaue Einübung unbedenklichen Verhaltens bei dem Besuch in Ost-Berlin, der wegen notwendiger Zuschüsse obligatorischer Teil der Reise war. Die Erläuterung des Tagesablaufes nahm dabei den geringsten Raum ein, vielmehr waren es die Hinweise, nicht aufzufallen, niemanden anzusprechen, sich in Gaststätten abseits zu setzen, von jedem auch noch so unbedeutenden gekauften Gegenstand eine Quittung mitzubringen, falls bei der Rückkehr unsere Geldbeträge geprüft würden, vor allem aber, und das schien das Schlimmste zu sein, keine Tauschgeschäfte, auch wenn es sich nur um einen Kugelschreiber handeln würde. Überhaupt sollte die Gruppe möglichst zusammenbleiben.

Grenzkontrolle

Die Hinweisschilder auf den Grenzübergang ließen den Busfahrer ein letztes Mal einen Parkplatz ansteuern, damit alle die Toilette aufsuchen konnten. Wie lange die Einreiseformalitäten dauern würden, wußte ja niemand. Jedenfalls durfte der Bus im Grenzgebiet nicht verlassen werden.

Nach letzten Ermahnungen des Lehrers fuhr der Bus der Grenze zu. Die Verkehrszeichen mehrten sich, das Tempo mußte verlangsamt werden, hin und wieder ein kurzer Stau; mit längeren Wartezeiten sei zu rechnen. Von der letzten Anhöhe der Autobahn war die Kontrollstelle Dreilinden zu sehen; der weite Bogen bis dorthin: Hunderte von Autos und

Bussen, die sich stockend bewegten. Die vorher abzweigende Busspur enttäuscht bald die Hoffnung, die Personenwagen umfahren zu können. Wir standen!

Irgendwann kamen zwei Grenzbeamte auf den Bus zu, verlangten vom Fahrer Ausweise und Wagenpapiere und verschwanden in einer recht heruntergekommenen Holzbaracke. Wir fuhren wieder fünfzig Meter, dann standen wir erneut. Was wir noch nicht wußten: Es sollte drei Stunden dauern, die wir bei heißem Sommerwetter warten mußten ohne aussteigen zu dürfen. Nicht einmal den Platz verlassen konnten wir, da die Nummern der Sitze zusammen mit den Namen in die Reiseliste eingetragen waren.

In den ebenfalls mit Schülern besetzten Bus vor uns stiegen zwei andere Grenzbeamte ein, um die üblichen Kontrollen durchzuführen. Wir konnten recht gut sehen, was dort vor sich ging: Einige Schüler mußten ihr Handgepäck vorzeigen, die Beamten wühlten darin herum, zogen dies und jenes heraus, betrachteten es sorgfältig und mißtrauisch und ließen es liegen. Bei einem Schüler auf der Rückbank dauerte es länger, er mußte sich in den Gang stellen, beide Beamte redeten auf ihn ein. Der Junge mußte aussteigen, mit ihm der Busfahrer, der die Klappe des Gepäckraumes öffnete und seinen Koffer suchte. Die einzelnen Kleidungsstücke und Gegenstände legte er getrennt auf den Grasstreifen am Rande der Fahrbahn. Zum Schluß kam ein Stoffbeutel mit Schuhen. Ein Kontrolleur kippte ihn aus: Zwei Paar Schuhe, in Zeitungspapier eingewickelt, fielen heraus. Der andere hob es eilig auf, brachte es in eine Baracke und kam mit drei anderen Uniformierten wieder heraus. Die Sachen auf dem Gras blieben liegen. Alle im Bus folgten den kurzen, deutlichen Befehlen eines Höherdekorierten in die Baracke.

In unserem Bus wagte niemand, sich auch nur die Nase zu putzen. Mit stummen Blicken fragten wir einander, ob uns das auch passieren könne.

Eine unbestimmte Zeit lang geschah nichts, was für uns Bedeutung gehabt hätte. Der Verkehr auf den Spuren für Personenwagen lief langsam, aber ohne zu stocken. Die hohen Temperaturen des Tages schienen alle in Mitleidenschaft zu ziehen. Die Wartezeit zog sich endlos in die Länge.

Angespannt und ängstlich beobachteten wir alles, was geschah: Die Tür der Baracke öffnete sich, die Einzelnen kamen wortlos heraus, gingen ohne zu zögern und sich umzudrehen zum Bus. Auch ohne schuldig sein zu müssen, blickte niemand zurück, um nicht die Aufmerksamkeit vermeintlicher Verfolger zu erregen.

Der Bus fuhr langsam weiter, wir rückten vor, und zwei bewaffnete Grenzbeamte stiegen ein. Entsprechend unserer Namenslisten, die ihnen in mehrfacher Ausführung vorlagen, saßen wir alphabetisch angeordnet. Diese eher unauffällige, aber unwandelbare Art des Umgangs erregte Angst in mir. Die beiden Personen mit ihren versteinerten Gesichtern, in denen sich die Macht und Gewalt ihres Staates manifestierten, die ein Gefühl des absoluten Ausgeliefertseins vermittelten, beherrschten den Bus. Sie begannen ihre Kontrolle und riefen jeden mit Namen auf. Sie wußten, welcher Name mit welchem Platz zu verbinden war. Das gelang natürlich ganz einfach, weil sie alles aus den Listen ersehen konnten; aber die ganze Art ihres Auftretens und Verhaltens löste bei jedem von uns das Gefühl des Ertapptseins aus: Woher weiß jemand meinen Namen, wenn ich mich ihm gar nicht vorgestellt habe?

Die Kontrolle verlief reibungslos; niemand gab Anlaß zu genaueren Nachforschungen, wir wurden gefügig durch Einschüchterung. Dann war sie endlich vorbei! Die Grenzanlagen blieben hinter uns; der Gedanke, die Prozedur einmal alleine durchstehen zu müssen, war bedrückend. Hier fing die Gruppe die schlimmen Ängste auf; ich war geradezu gelassen, als ich in den Gesichtern der anderen meine augenblickliche Stimmungslage wiederfand.

Allmählich kamen wieder Gespräche auf; hin und wieder
ein Kraftausdruck oder ein Witz über die Kontrollen; die Ver-
drängung der Beklommenheit gelang schließlich. Einer Sache war ich hier schon gewiß: Der sicherlich geschickt einge-
bläute Antikommunismus aus dem Geschichtsunterricht
würde sich nach diesen Erlebnissen zu einer Verhaltenswei-
se verfestigen, die irgendwann Bedeutung erlangen sollte.

Durch diese Brille sah ich auch die Fahrt zu unserem Ju-
gend-Gästehaus irgendwo in Lichtenrade. Wie mußte eine
Stadt aussehen, die frei ist, die man aber nur auf diese Weise
betreten konnte? Wer muß sich hier vor wem schützen und
warum? Vor allem, wie konnten Menschen unter diesen Bedingungen leben? Empfindet man das Dasein in einem Gefängnis nach Jahren der Gewohnheit als Freiheit? Aber wer
waren und wie lebten überhaupt die Menschen jenseits der
Mauer und des Stacheldrahtes?

An die Straßen, die wir durchfuhren, kann ich mich nicht
mehr erinnern. Ich weiß nur noch, daß die Stadt erheblich
unaufgeräumter war als heute: Kriegsschäden, Ruinen, Trüm-
merberge, Lücken in Häuserzeilen. Jahre später, nach mehreren Berlin-Besuchen, wurde mir klar, in welche Nähe zum
Ende des Zweiten Weltkrieges wir hier gekommen waren. Gut
zwanzig Jahre war die Kapitulation vorbei, die Erstürmung
des Reichstages durch die Rote Armee, der Höhepunkt menschlicher Leidensfähigkeit war erreicht. Doch neues Leid gesellte sich hinzu in Form einer geteilten Stadt, die im Brennpunkt
des Kalten Krieges zwischen Ost und West stand. Hier verlor
ich die Unschuld eines wohlbehüteten Gymnasiasten, der in
dörflicher Abgeschiedenheit sein Leben begonnen hatte. Geschichte vollzog sich also nicht nur auf Landkarten und in
Büchern, sondern an Menschen, deren Krücken auf dem Kopfsteinpflaster klappern, an Gasleitungen, die aus Wänden her-
ausragen, an Einschußlöchern in Mietskasernen im Wedding
und an den leblosen Gesichtern der Grenzpolizisten am Brandenburger Tor.

Ein Tag in Ost-Berlin

Das Heim, in dem wir wohnten, die meisten Programmpunkte der Reise und persönliche Erlebnisse sind in Vergessenheit geraten, dafür ist mir der Tagesbesuch in Ost-Berlin besser in Erinnerung geblieben. Der Krieg schien hier erheblich schlimmer gewütet zu haben; die Stadt war grauer, verwahrloster, leblos, erdrückend, abstoßend.

Wir hatten Anweisung, uns in Gruppen von mehreren Schülern zu bewegen. Die wichtigsten Regeln wurden wieder abgespult. Bei Verstößen war ein Strafenkatalog von Ermahnung durch die Volkspolizei bis zur Verhaftung zu erwarten. Übertriebene Vorsicht war am besten geeignet, um in eine dieser Fallen zu tappen.

Dennoch begann der Tag dort in eher gelassener Stimmung. Die S-Bahnfahrt nach Treptow zum russischen Ehrenmal, das so kurz hinter der Mauer sibirische Weite ahnen ließ; der Pergamonaltar, der in Broschüren vorgestellt wurde, deren Papier noch die Holzfasern sehen ließ, aus denen es hergestellt war; „Mann für Mann" im Theater am Schiffbauerdamm, in dessen Nähe die westlichen Modelle blitzender Funktionärslimousinen streng bewacht wurden. Eindrücke eines wenige Kilometer entfernten Landes, dessen Widersprüche offen lagen. Gesprochen wurde nicht darüber; verkniffene Duldermienen, deren Blicke wissen ließen, der Sozialismus sei noch nicht so weit.

Zum Mittagessen trafen wir uns im Bahnhofsrestaurant Friedrichstraße. Als Gruppe erhielten wir, ohne zu warten, reservierte Plätze, deftiges Essen zu additionsfeindlichen Preisen. Ein Kellner, der vom Eingang aus Tische und Stühle zuwies, sorgte für Ruhe in der mittäglichen Betriebsamkeit. Während wir aßen, vernahmen wir ein geradezu babylonisches Sprachengewirr, hauptsächlich aus Slawischem bestehend. Auffallend war der gedämpfte Gesprächston. Offensichtlich verfehlten die wenigen Uniformierten nicht ihre Wirkung.

Am anderen Tischende ließ sich eine Gruppe junger Leute
aus irgendeiner Stadt der DDR nieder. Sie waren etwa so alt
wie wir. Nichts, was Argwohn hätte erregen können, ging von
ihnen aus. Die einzelnen bestellten etwas, unterhielten sich
am Tisch, rauchten, tranken Bier, aßen, genau wie wir. Jetzt
war Gelegenheit für Blickkontakte, aber verschämte Blicke
auf beiden Seiten ließen keine Steigerung zu. Die Mauer trennte nicht nur Berlin in zwei Hälften; sie verlief durch diesen
Tisch, durch unsere Herzen. Sicherlich hätte ein belangloses
Geplauder nichts Staatsfeindliches an sich gehabt. Dennoch:
Diese Jugendlichen waren andere, weil das System, in dem
sie lebten anders, feindlich war. Das hatten wir gelernt, so
waren wir informiert. Das Andere mußte also etwas Versteck-
tes, geradezu Geheimnisvolles sein; etwas Unbestimmbares,
das da war und wirkte und deshalb gefährlich war.

Mit gesättigtem Unbehagen, dem der Kellner mit seiner
devoten Freude über drei oder vier Pfennige Trinkgeld noch
die Krone aufsetzte, verließen wir das Lokal.

Und doch in die Fallen getappt

Da wir zum Abendessen nicht in unserem Heim sein würden, hatte man uns ein Paket mit belegten Broten, Apfelsinen und Bananen zusammengestellt. Ein Klassenkamerad
und ich transportierten unsere Ration abwechselnd in einem
durchsichtigen Plastikbeutel. Bis zum gemeinsamen Besuch
im Pergamon-Museum hatten wir noch Zeit und schlenderten durch Seitenstraßen, um einige Eindrücke vom inoffizi-
ellen Ost-Berlin einzufangen. In eine kleine Straße einbie-
gend, merkten wir, daß uns eiligen Schrittes eine junge Frau
folgte. Wir kamen erst gar nicht dazu, eine andere Richtung
zu nehmen, da sprach sie uns schon an und zog ein Portemonnaie aus ihrer Jackentasche. Ihr Ton war ruhig und fast
übertrieben freundlich. Sie könne sehen, daß wir aus dem
Westen kämen; ob wir ihr unser Obst verkaufen könnten;
ihre Kinder hätten schon lange kein frisches mehr bekom-

men; wenn es ausnahmsweise mal welches gäbe, sei es sofort ausverkauft oder viel zu teuer.

Ich weiß nicht mehr, wieviel sie uns geben wollte, als sie anfing, in ihrer Geldbörse nach den stumpf klingenden Leichtmetallmünzen herumzukramen. Allen Warnungen zum Trotz gaben wir ihr kurzerhand den Plastikbeutel mit einer Bemerkung, wir könnten uns ja jederzeit neues Obst kaufen, auf die Brote konnten wir ebenfalls verzichten. Die Frau nahm alles an, bedankte sich überschwenglich und ging. Später ist mir unsere Antwort wieder eingefallen; offensichtlich liegen Mitleid und Schadenfreude eng beieinander. War es nicht doch imponierend, angebettelt zu werden und sagen zu können: „Nehmen Sie alles, arme Frau, wir haben genug davon"? War es das, was ich an unserem System zu schätzen angehalten worden war? War ich nicht unterschwellig sein Vertreter, der auf Apfelsinenbasis der Frau aus der „Zone" zeigen konnte, wie weit sie noch vom westlichen Standard entfernt war?

Kurz darauf gaben wir einem älteren Herren nach, der Ost- gegen Westgeld eintauschen wollte, um im „Intershop" „richtigen" Bohnenkaffee zu kaufen. Hier waren wir zu weit gegangen. Wir hätten nicht belegen können, wie wir dieses Geld erhalten haben, selbst wenn wir es ausgegeben hätten. Wie hätten wir das fehlende Westgeld erklären sollen?

Der Klassenlehrer schlug vor, geringe Beträge an Klassenkameraden zu verleihen, die uns den Betrag nach der Rückkehr in D-Mark wiedergeben könnten. Wir müßten dann am Grenzübergang im Zweifelsfalle angeben, es verloren zu haben. Das hieße, uns bei der Kontrolle möglichst weit entfernt voneinander in zwei Schlangen anzustellen. Sollten wir dennoch erwischt werden, könne er erst aus West-Berlin etwas unternehmen, um die Gruppe nicht zu gefährden.

Allmählich wurde mir bewußt, in welcher Situation ich mich befand. Wenn schon ein Zeitungsblatt aus dem Immo-

bilienteil stundenlange Verhöre nach sich zog, womit mußte
ich dann bei einen Devisenvergehen rechnen?
Es gelang mir nicht, meine Angst zu überspielen. Ich fühlte mich von allen Seiten mit grellen Lampen angestrahlt.
Warum hatten sich die Widerwärtigkeiten der Geschichte
ausgerechnet in mir ein Opfer suchen müssen?
An den Rest des Tages kann ich mich kaum noch erinnern;
die Brecht-Aufführung soll gut gewesen sein. Der Grenzübertritt verlief reibungslos; vor Angst war ich so stumpf und gelähmt, daß ich die Einzelheiten als entfernt wahrnahm. Im
Heim reichte eine unter der Matratze versteckte Flasche Bier,
um meiner Erschöpfung den Rest zu geben.
Die letzten Tage der Reise vergingen. Einige offizielle
Pflichtveranstaltungen folgten noch. Dann fuhren wir nach
Hause ins Bergische Land.

Lange Zeit blieben die Eindrücke in mir verborgen, ich
sprach selten darüber und auch nur über die positiven oder
besser: die, die mir damals positiv erschienen. Die anderen
versanken zunächst. Erst nach weiteren zwanzig Jahren kam
ich auf diese ersten Tage in Berlin zurück. Ich wußte damals
nicht, daß die Fahrt vom Kontrollpunkt Dreilinden nach Lichtenrade der Anfang einer Entwicklung in mir war, deren Ende
noch lange nicht abzusehen ist. Heute sehe ich viel klarer,
daß sich zu meiner damaligen Einstellung Mitleid gesellte,
denn nach einigen Tagen, nachdem wir Kontakt zu Berli-
nern bekommen hatten, nahm ich einen ungeheuren Lebens-
willen und eine auf teilweise derbe Art vermittelte Daseins-
freude wahr, die ich noch heute bewundere, die aber nicht
mehr überall zu finden ist. In jenen Tagen wurde die Idee
geboren, hier einmal leben und arbeiten zu wollen. Die Verbindung von Angst, Unsicherheit und Mitleid haben sich zu
einer Art psychischer Abhängigkeit gesteigert, die 1980 mit
der Übersiedlung hierher ihre ersten Anzeichen meiner Ber-
lin-Sucht zeitigte.

[West-Berlin – Ost-Berlin;
Ostern 1972]

Lothar Böttcher

In meiner Stadt

In meiner Stadt ist alles anders als in anderen Städten. Wir haben Wiesen, Wälder, Flüsse und Seen – und eine Mauer, die die Stadt teilt, trennt – in Ost und West. Eine Mauer aus Beton, Eisen und Blut. Sonntags spaziere ich an der Mauer entlang, da ist es windgeschützt und die Frühjahrssonne warm. Freundlicher, friedfertiger Huflattich blüht an dem grauen Riesenwurm aus Beton, Eisen und Blut. Die Mauer ist hoch – unüberwindbar. Manchmal höre ich Motorengeräusche und das wilde Gebell der Kettenhunde. Dann wieder Totenstille, bis ein Schwarm Rabenvögel, von drüben kommend, sich krächzend, in unseren Kiefern niederläßt.

Die Männer von der Politik haben es erreicht, daß wir auch in diesem Jahr nach drüben dürfen.

In meiner Stadt ist alles anders als in anderen Städten. Der Mann hat die Frau, die Mutter die Kinder und der Bruder die Schwester drüben. Wir gehören eigentlich zusammen, sind die Bürger einer Stadt, aber eine Mauer trennt uns, eine Mauer aus Beton, Eisen und Blut.

Zu Ostern öffnet sich die Mauer, eine Mauer die Welten trennt. Wir dürfen nach drüben, wir dürfen nach drüben!

Die S-Bahn hat viele Waggons angehängt. Züge so lang wie vor dem Mauerbau. Die gestorbenen Bahnhöfe sind auferstanden. Lautsprecherdurchsagen, Hinweisschilder – die

S-Bahn lebt. Frauen schleppen Blumensträuße, Männer schwere Taschen. Kinder stehen im Osterputz: Wir fahren rüber, wir fahren rüber! Ostern ist das Fest der Auferstehung. Wir sind auferstanden und haben die Mauer überwunden. Die Wiedersehenstage verrinnen schnell wie Wasser im Sand. Die Mauer schließt sich wieder. In meiner Stadt sind zwei Städte und darinnen leben wir. Das Leben in unserer Stadt ist nicht schlecht. Wir haben Wiesen, Wälder, Felder, Flüsse und Seen – und dann die Mauer, die uns von den Eltern, Geschwistern und Freunden trennt. Eine Mauer aus Beton, Eisen und Blut – unüberwindbar. Schade, daß Ostern so kurz ist. Wir müßten öfter Ostern haben.

(Weitere **ZEITGUT**-*Beiträge dieses Autors sind im Autorenverzeichnis am Ende des Buches vermerkt.)*

Fotos links: Nach den Passierscheinabkommen wurde die Mauer jeweils für kurze Zeit geöffnet, erstmals zu Weihnachten 1963, 28 Monate nach der Teilung der Stadt. Die Passierscheinabkommen, die mit Billigung der CDU-geführten Bundesregierung und der Westmächte zustande kamen, waren Ausgangspunkt einer neuen Deutschlandpolitik.

Die Aufnahmen vom Oktober 1964 zeigen die Abfertigung der West-Berliner Besucher an den aufgestellten Abfertigungshäuschen am Grenzübergang Bahnhof Friedrichstraße.

Die Passierscheinabkommen waren Vereinbarungen zwischen dem Senat von Berlin (West) und der Regierung der DDR. Sie regelten den Besuch von West-Berlinern im Ostteil der geteilten Stadt Berlin in den Jahren zwischen dem Mauerbau am 13. August 1961 und dem Viermächteabkommen über Berlin am 3. September 1971.

[Gelsenkirchen, Ruhrgebiet;
Anfang der 70er Jahre]

Marga Kleebaum

Besuch für eine Nacht

Meine Nachbarin gegenüber erwartete einen Gast aus der
DDR. Ihre Cousine wollte zu einem Kurzbesuch nach Gelsenkirchen kommen. Die junge Frau freute sich so sehr darüber; den ganzen Tag über brutzelte und backte sie. Überall
im Haus duftete es nach frischem Kuchen. Sie war glücklich, nach Jahren wieder jemanden aus der Heimat zu sehen. Ihr Ehemann hatte nach der Schicht noch ein paar Flaschen Wein gekauft, eine Ausgabe, die sicher wieder irgendwo eingespart werden mußte. Er war jedoch der Meinung,
daß der Besuch und seine Frau sich so viel zu erzählen hätten, daß es mit trockenem Mund nicht ginge.

Nach 18 Uhr standen sie dann in Gelsenkirchen auf dem
Bahnhof und warteten auf den Zug aus Leipzig, der eine
Strecke über Erfurt, Gotha, Bebra und Kassel zurückzule-
gen hatte. Als er glücklich mit zwanzig Minuten Verspätung
eintraf, begannen meine Nachbarn, die Cousine unter den
aussteigenden Personen zu suchen. Sie trennten sich. Der
eine ging in Richtung Lokomotive, die andere zum Zugende.
Würden sie sich erkennen nach den Jahren der Trennung?

Es dauerte nicht lange, und die Cousinen lagen sich in den
Armen. Sie hatten sich verändert; ja, älter waren sie geworden, nicht schöner.

Nachdem alle drei den Bahnhof verlassen hatten, stiegen
sie gemeinsam in die Straßenbahn der Linie 1, die von Gel-

senkirchen bis nach Essen fuhr. An der Haltestelle Ruhr-Zoo, die der Wohnung am nächsten lag, stiegen sie aus. Schon auf dem kurzen Heimweg erwartete meine Nachbarn die erste Enttäuschung, als sie verwundert die Cousine fragen hörten: „Ein Auto besitzt ihr nicht?"

Zu Hause angekommen, sollte das Essen auf den Tisch gebracht werden; die Kinder warteten schon darauf, sie hatten immer Hunger. Der Besuch winkte jedoch ab: „Ach, essen kann ich auch zu Hause. Ich dachte, wir würden ins Theater gehen, ihr sollt doch in Gelsenkirchen ein schönes, neues haben."

In das Theater – den Gastgebern verschlug es die Sprache! Sie hatten sich in den Jahren, in denen sie in der Bundesrepublik wohnten, noch keinen Theaterbesuch gegönnt; wenn sie ehrlich waren, auch keinen vermißt. Sie waren beide keine Kunstbanausen, aber bisher hatten sie weder das Geld dafür, noch eine Aufsicht für ihre Kinder gehabt. Bittend sah meine Nachbarin ihren Mann an, und der machte gute Miene zum bösen Spiel. Das Essen blieb stehen. Voller Wehmut dachte sie an die viele Zeit, die sie in der Küche verbracht hatte.

Dann machten sie sich fein und fuhren mit der Straßenbahn Richtung Theater. Der Mann sprach kein Wort; man merkte, er war empört und erbost. Am nächsten Morgen mußte er um 4.30 Uhr aufstehen, und er war jetzt schon müde. Die zwei Frauen redeten über diesen und jenen aus der Verwandtschaft. Grüße wurden übermittelt von Hinz und Kunz, darunter auch von Menschen, an die sich die junge Frau so schnell gar nicht mehr erinnern konnte.

Bald war das Theater erreicht. Voller Bewunderung stand die Cousine vor dem Gebäude aus Beton und Glas. Dann wurden die Besucher gemustert und deren Garderobe bewundert, während der Mann die Karten kaufte. Als sie glücklich Platz genommen hatten, erkundigte sich der Besuch wispernd, was denn eigentlich gespielt würde. Keiner wußte es. So starrten sie gespannt den noch geschlossenen Vorhang an. Was dann kam, war für die drei Ahnungslosen völlig belanglos. Zum ersten Mal während ihres kurzen Zusammenseins fanden sie einstimmig: Weltliteratur war das nicht!

So langweilten sie sich sehr. Die Cousine rutschte von einer Seite auf die andere; die stundenlange Bahnfahrt machte sich nun doch bemerkbar. Gott sei Dank endet jeder Theaterbesuch einmal. Beim Verlassen des Hauses bemerkten sie ein Plakat und stellten fest, daß das Stück „Die verlorene Hose" hieß. Der ulkige Titel konnte sie jedoch weder erheitern noch den mißratenen Abend retten, zumal es draußen in Strömen goß. Keine Straßenbahn der Linie 1 weit und breit! Nach einiger Zeit des Wartens im Regen, sie waren schon pudelnaß, rief der Mann meiner Nachbarin ein Taxi. Die Kleidung klebte schon allen am Körper; wütend betrachtete er seinen einzigen guten Anzug.

Zu Hause angekommen, wünschte er noch höflich Gute Nacht, und dann flüchtete der vom Theaterbesuch geschädigte Ehemann ins Bett, um noch ein paar Stunden zu schlafen. Auch die junge Frau mußte nach kurzer Zeit ihrem plötzlich wieder mobilen, gesprächigen Besuch mitteilen, daß für sie die Nacht um 4.30 Uhr zu Ende sei. Da hatte sie ihren Mann zu wecken und das gemeinsame Frühstück zuzubereiten. Anschließend, erläuterte sie, kämen die Vorbereitungen für das Mittagessen. Auch die Hausordnung müsse erledigt, die Kinder geweckt und für den Schulbesuch vorbereitet werden. Und dann sei es auch schon Zeit, mit dem Fahrrad zu ihrer Arbeitsstelle zu fahren – immerhin bis nach Schalke in die Uechtingstraße, also gut zwanzig Minuten!

Sie versicherte jedoch, pünktlich zur Abfahrt des Zuges am Bahnhof zu sein, denn die Cousine wollte nach Köln weiterfahren, zu einem anderen Familienmitglied. Den Schlüssel der Wohnung solle sie getrost in den Briefkasten werfen.

So verlief ein Kurzbesuch aus der DDR, der mit so viel Freude erwartet worden, jedoch tief enttäuschend verlaufen war – nicht nur wegen des Theaterstücks „Die verlorene Hose"!

[Cuxhaven/Nordsee, Niedersachsen – Grenzübergang
Gudow/Zarrentin – Schwerin, Mecklenburg-Vorpommern,
damals DDR;
Oktober 1975]

Gudrun Findeisen

Zwei Schwestern

In den Herbstferien 1975 beschlossen mein Mann und ich,
mit unseren beiden Töchtern, Susanne und Sabine, acht und
fünf Jahre alt, sowie mit meiner 79jährigen Mutter meine
Tante Erna und meine Cousine zweiten Grades in Schwerin
zu besuchen. Tante Erna war die ältere Schwester meiner
Mutter. Als einzige der vier Geschwister hatte es sie nach
der Ausweisung durch die Polen aus Schlawe, Hinterpommern, nach dem Krieg in die spätere DDR verschlagen. Zu
Hause als Geschäftsfrau ein komfortables Leben im eigenen,
großen Haus gewöhnt, mußte sie nun ein bescheidenes Dasein führen. Sorgen und Not waren groß, zumal sie seit 1949
Witwe war und ihre Enkelin Viola großzog. Tante Ernas Tochter war gestorben, der Vater des Kindes lebte in der Bundesrepublik. Im Westen hätte Tante Erna sicher eine stattliche
Rente bekommen, aber sie wollte verständlicherweise in der
Nähe ihres einzigen Sohnes und dessen Familie bleiben. Sie
besuchte aber regelmäßig meine Eltern und die anderen Verwandten in der BRD, anfangs mit ihrer Enkelin, später allein, da ab August 1961 junge Leute nicht mehr in den Westen fahren durften.

Seit einigen Jahren verhinderten Tante Ernas hohes Alter
und ihre Krankheit das Reisen ganz. Der Kontakt riß jedoch
nie ab. Briefe und Pakete gingen hin und her. Einige Male
fuhr meine Mutter mit dem Zug zu ihrer Schwester nach

Schwerin, bis die Betreuung meines kranken Vaters und eigene gesundheitliche Probleme dies nicht mehr gestatteten.

Tante Erna lebte seit einiger Zeit in einem Pflegeheim bei Schwerin. Meine Mutter hatte das große Glück, die letzten Jahre ihres Lebens in einer komfortablen Wohnung in ihrem eigenen Haus von uns, die wir im Parterre wohnten, umsorgt zu werden. Sie konnte voll am Familienleben teilnehmen und sich an ihren Enkelkindern erfreuen. Nun wollten wir den beiden Schwestern ein Wiedersehen ermöglichen. Das war leichter gesagt als getan! Was gab es vor einer Fahrt in die DDR nicht alles zu beachten!

Eine Broschüre von über 100 Seiten, herausgegeben vom Bundesministerium für innerdeutsche Beziehungen, sowie ein Merkblatt vom ADAC informierten darüber, was man zu tun oder zu lassen hatte, wenn man in die DDR reisen wollte. Spontane Besuche waren sowieso nicht möglich. Es genügte nicht, gültige Reisepässe und Kinderausweise zu haben, man benötigte auch eine Einreisegenehmigung der DDR-Behörden. Dieser „Berechtigungsschein zum Empfang eines Visums", das man gegen Entrichtung einer Gebühr an der Grenze erhielt, mußte spätestens vier Wochen vor Reiseantritt von den Gastgebern in der DDR beantragt werden. Man konnte von Glück reden, wenn das Papier pünktlich vor der geplanten Abreise ankam. Und dann ging es ans Kofferpakken. Welche Umstände! Wir mußten aufpassen, daß wir keine Bestimmung mißachteten. Unsere Gespräche, die wir beim Packen führten, hörten sich etwa so an: „Nein, ihr könnt die Schuhe auf keinen Fall in Zeitungspapier einwickeln! Zeitungen aus dem Westen sollen die Menschen drüben nicht lesen. Es ist verboten, welche mitzunehmen, egal wie."

„Sie wünschen sich eine Schallplatte von Bob Dylan oder Johnny Cash mit Country-Musik. Darf man die mitführen?"

„Was steht dazu im Heft?"

„Es muß sich hierbei um Werke des sogenannten Gegenwartsschaffens oder des klassischen Erbes handeln!"

Was zählte darunter? Wir schrieben auf die Geschenkeliste: „Klassisches Erbe amerikanischer Volksmusik" und hofften, damit bei der Kontrolle durchzukommen!

Alle Geschenke mußten genau aufgelistet werden, aber das waren wir ja vom Paketepacken gewohnt. Nur gut, daß wir für getragene Sachen nicht noch, wie es in der ersten Zeit nach Gründung der DDR vorgeschrieben war, Desinfektionsbescheinigungen beilegen mußten.

Erst gründlich informieren, dann reisen!
108 Seiten umfaßte die Broschüre „77 praktische Tips für Besuche in der DDR und aus der DDR und für andere Kontakte hier und dort", herausgegeben vom Bundesministerium für innerdeutsche Beziehungen, hier in der 2. Auflage des Nachdruckes von 1982.

Schließlich waren alle Vorbereitungen für diese Vier-Tage-Tour geschafft, und wir saßen am Morgen des 8. Oktober 1975 voller Vorfreude im Auto. Die Fröhlichkeit sollte uns aber bald vergehen, als wir hinter Hamburg, am Grenzübergang Zarrentin, in die versteinerten Gesichter der DDR-Grenzsoldaten sahen. Nach den langdauernden Paßformalitäten mit dem Erteilen des Visums auf DDR-Seite stand uns noch die Kontrolle unserer Erklärung über die Geschenke und über die mitgeführten Geldbeträge bevor. Oh je, hoffentlich würden sie nicht Omis Portemonnaie sehen wollen, das lag nämlich wohlverwahrt ganz unten im Koffer. Ob es wegen der Schallplatte Schwierigkeiten geben würde?

Das Einzige, was wir vorzeigen mußten, war die Schallplatte. Aber sie geriet in die Hände eines freundlichen, jungen Mannes, der sie lange hin und her drehte, ehe er sie zögernd, aber mit einem Lächeln, zurückgab. Sicher hätte er sie gern für sich selbst behalten! Keine Beanstandungen!

Wir konnten aufatmen.

Jetzt aber schnell weg von dem angsteinflößenden Ort! Zu erdrückend waren die Sperranlagen an der innerdeutschen Grenze: baumloses Niemandsland, hohe Stacheldrahtzäune, Wachtürme und bewaffnete Posten. Aber halt! Wer lauerte dort am Waldrand, gut versteckt und kaum zu bemerken? –

Die Polizei! Immer daran gedacht: Tempo 100 galt auf allen Autobahnen der DDR. Es war sowieso angebracht, nicht zu schnell zu fahren, denn von rechts kam ein Rudel Hirsche angesprungen, direkt auf die Fahrbahn zu. Fangzäune gab es nicht, die die Tiere davon abgehalten hätten.

Ohne Zwischenfälle erreichten wir Schwerin. Ein freundlicher Herr, den wir nach der Adresse unserer Verwandten fragten, lotste uns mit seinem Auto direkt vor die Haustür. Mit viel Herzlichkeit wurden wir von Tante Erna, Viola, Detlef und dem siebenjährigen Jan empfangen. Viola hatte ich zuletzt 1957 gesehen, als sie mit 13 Jahren bei uns zu Besuch war. Ihren Mann lernten wir erst jetzt kennen. Wir verstan-

Mit dem Schiff fuhren wir über den Pfaffenteich in Schwerin zur polizeilichen Anmeldung. Links neben mir Cousine Viola, neben mir meine Mutter, meine Töchter Sabine und Susanne und Jan.

den uns auf Anhieb und verlebten gemeinsam fröhliche Tage. Die Kinder spielten zusammen und machten auch bereitwillig unsere Ausflüge mit.

Bevor wir jedoch die Stadt und ihre Umgebung erkunden konnten, brauchten wir eine Aufenthaltsgenehmigung. Die bekamen wir beim Volkspolizei-Kreisamt, wo wir uns an- und abmelden mußten. Das kostete leider viel Zeit.

Unter Violas sachkundiger Führung schlenderten wir durch Schwerin, am Pfaffenteich, am See und am Schloß entlang, besahen uns aber auch die traurige Altstadt mit ihren halbverfallenen Häusern. Wir lernten die Umgebung mit den herrlichen, großen Seen sowie die Stadt Wismar kennen.

Während wir Jüngeren unterwegs waren, vergnügten sich die beiden Schwestern zu Hause. Tante Erna war für die Zeit

*Freudiges Wiedersehen der beiden Schwestern in Schwerin im Oktober
1975. Links meine Tante Erna, rechts meine Mutter, beide stammten
aus Wusterwitz, Kreis Schlawe, in Hinterpommern .*

unseres Besuches aus dem Heim geholt worden und war darüber sichtlich froh. Sie beklagte sich ja nicht, aber wir merkten ihr doch an, daß sie sich dort nicht besonders wohlfühl-
te. Wie sollte sie auch, wenn die Mitbewohnerinnen es ihr
zum Beispiel übelnahmen, daß sie nicht wie sie von morgens
bis abends eine Kittelschürze trug?

Tante Erna und meine Mutter schliefen bei Viola, während wir nachts bei anderen Verwandten untergebracht waren. So konnten die beiden alten Damen nach Herzenslust
plaudern und lachen, in Erinnerungen an ihre Kinder- und
Jugendzeit in Wusterwitz, Kreis Schlawe, schwelgen. Sie be-
reiteten sich ihr altes Lieblingsgericht, Buttermilchkartoffeln,
zu. Es war eine Freude, die beiden so glücklich zu sehen!

Die Zeit verging viel zu schnell. Wie gern hätten wir beim
Abschied gesagt: „Auf Wiedersehen demnächst bei uns!"

Nach so viel Gastfreundschaft bekamen wir auf der Rückreise doch noch eine kalte Dusche. Am Grenzübergang Zarrentin wurden Omi und die Kinder von einem Beamten unsanft aus dem Schlaf gerissen. Sie mußten aussteigen, weil meinem Mann befohlen worden war, den Rücksitz des Autos hochzuklappen. Das ging nur mit Hilfe eines Schraubenschlüssels und dauerte eine Weile. Anschließend winkte der Beamte mit dem Wort „geschenkt!" ab und warf nicht einmal mehr einen Blick in das Auto.

Ich war inzwischen aufgefordert worden mitzukommen! Durch eine riesige, menschenleere Halle, über endlose Gänge mußte ich hinter einem unfreundlichen Menschen herrennen. Ich gelangte in einen kleinen Raum, irgendwo in einem Hinterhof. Dort warteten zwei weitere Beamte, die mich barsch aufforderten, mein Portemonnaie vorzuzeigen. Oh Schreck, es war unerlaubterweise DDR-Geld darin, von dem ich nichts wußte! Offensichtlich hatte meine Cousine etwas in mein Portemonnaie gesteckt für den Fall, daß wir bis zur Grenze ein paar Mark brauchten. Ob ich das Kleingeld abgeben mußte und was man mich an diesem unseligen Ort alles fragte, weiß ich nicht mehr. Ich erinnere mich nur daran, wie froh ich war, als ich wieder gehen durfte.

Als wir alle wieder im Auto saßen und die DDR hinter uns gelassen hatten, atmeten wir erleichtert auf. Zu Hause angekommen, wurde meine Mutter schwerkrank. Sie hatte sich wohl an dem kalten Tag, als wir zur polizeilichen Anmeldung mußten und mit dem Schiff über den Pfaffenteich gefahren waren, erkältet. Es dauerte Wochen, bis sie sich einigermaßen erholt hatte. Trotzdem bereuten wir diese Reise nicht. Gerade meine Mutter war sehr froh darüber, ihre Schwester besucht zu haben. Es sollte das letzte Treffen der beiden gewesen sein, denn im Herbst darauf verstarb Tante Erna.

[Kraftsdorf und Hohenleuben, Kreis Gera, Thüringen;
damals DDR;
1969]

Gerhard Werner Zimmermann

Karls Plan wird kriminell

*Ich hatte wegen sogenannten versuchten Grenzdurchbruchs
zwei Jahre im Zuchthaus Torgau verbracht und dort auf einer
35-Mann-Zelle Karl kennengelernt oder besser, er mich. Zu dieser Zeit war Karl schon sieben Jahre in Haft wegen Spionage,
doch nachzuprüfen war das nicht. Er schlief in der großen Zelle im Bett unter mir und machte mir nach ein paar Monaten
ein Angebot, daß mir das Überleben in diesem harten Zuchthaus ermöglichte. Im Frühjahr 1969 fuhr ich gut getarnt nach
Torgau, um Karl abzuholen.*

Von einem Bekannten konnte ich bald nach meiner Entlassung eine neuere 350er „Jawa" auf Abzahlung erwerben. Jetzt
war ich beweglicher und nicht mehr auf die Busse angewiesen. Vor allem konnte ich Karl schnell in seinem Heimatort
Hohenleuben besuchen. Sein ihm zugewiesenes Zimmer war
nicht viel größer als eine normale Zelle in Torgau. Das Mobiliar beschränkte sich auf ein Bett, einen spindartigen Schrank,
einen Tisch und zwei Stühle. Toilette und Waschbecken waren draußen im Treppenhaus.
    „Ja, so lebt unsereiner als entlassener und wiedereinge-
gliederter Strafgefangener im Arbeiter- und Bauernstaat.
Eine Wohnung kann man vielleicht nach einigen Jahren erhalten. Aber was soll's, wir sind ja bald nicht mehr da", meinte Karl und holte eine Blechkassette aus einem Versteck unter

dem Bett. Er hatte dort mit einer Stichsäge die Fußboden-
dielen bearbeitet, aber das Ganze so raffiniert getarnt, daß
überhaupt nichts zu sehen war, als er es wieder verschloß.

„Ein gutes Versteck ist Gold wert", sagte Karl und entnahm
der geöffneten Kassette nicht weniger als zehn Sparkassenbücher; einige kleine Gummistempel blieben drin. „Den
Hauptteil der Arbeit habe ich schon erledigt. Bald ist es soweit, und du kannst auf den Plan treten. Ich muß mich nur
noch einmal mit dem Mann treffen, der uns die Pässe verschafft und die Ausreise organisiert. Jeder Paß kostet
15 000 Mark, aber die bringen wir leicht auf. Und keine Angst,
die richtigen Einreisestempel frisiere ich selbst hinein. Nur
unser Aussehen müssen wir entsprechend den Paßbildern etwas verändern, aber das ist auch kein Problem."

Jetzt zeigte er mir die Sparkassenbücher. Fünf davon waren auf den Namen eines Karl Schindler ausgestellt. Dazu
zauberte er einen Personalausweis mit einem ihm täuschend
ähnlichen Bild hervor. Donnerwetter, das war ja alles echt!

„Du wirst noch mehr staunen, hier, schau mal in deinen
Ausweis!"

Ich schlug den zweiten Personalausweis auf und erblickte
darin mein Konterfei!

Nur war der Paß auf den Namen eines Gerhard Wiedemann ausgestellt, der in Greiz wohnen sollte und ein Jahr
später geboren war als ich.

„Und was müssen wir jetzt noch tun?" fragte ich verblüfft.

„Guck erst mal in deine Sparbücher."

Wieder verschlug es mir die Sprache. In jedem meiner fünf
Sparbücher waren seit etwa zehn Jahren über 9000 Mark
eingezahlt worden, es sah wirklich alles ganz korrekt aus.

„Mensch, Karl, du bist ein Original. Wie hast du bloß die
Eintragungen hineinbekommen?"

„Für mich war das kein großes Problem. Meine Sparbücher hatte ich noch vor der zweiten Haft angelegt, und wie
erwartet, war das Versteck auch noch unversehrt. Nur deine

habe ich mit dem neuen Ausweis erst kürzlich eröffnet. Na, und dann übte ich die Unterschriften der jeweiligen Sparkassenangestellten und fertigte die entsprechenden Stempel an. Alles ganz einfach."

„Für dich vielleicht. Dann wirst du die Westpässe ja auch richtig echt anfertigen können?"

„Nur Geduld, das kommt schon noch. Zuerst brauchen wir das Geld dafür. Hier hast du eine Kopie deiner neuen Unterschrift als Gerhard Wiedemann. Die wirst du diese Woche üben, bis sie perfekt sitzt. Und dann heben wir bei verschiedenen Sparkassen an einem Montag, wenn es soweit ist, jeweils 3000 Mark ab. Abends frisiere ich die Bücher wieder um, und am Dienstag holen wir wieder 3000 Mark von jedem Buch. Dasselbe nochmal am Mittwoch, und spätestens am Freitag verschwinden wir für immer aus der Zone."

Mir kamen arge Bedenken: „Meinst du, das klappt alles so ohne weiteres?"

„Sicher wird das hinhauen, wenn wir keinen Fehler machen, etwa aus Nervosität oder aus Dummheit. Und so schätze ich dich ja nicht ein, sonst hätte ich mir einen anderen dafür ausgesucht. In Torgau hat ja auch alles vorzüglich geklappt, obwohl du dir bestimmt manchmal vor lauter Schiß bald die Hosen vollgemacht hast."

„Na ja, das hier ist doch etwas ganz anderes. Wenn das schiefgeht, muß ich nicht mehr aus politischen Gründen sitzen, sondern aus kriminellen, und das will ich auf gar keinen Fall!"

„Wenn du meine Anweisungen genau befolgst, kann überhaupt nichts schiefgehen. Frühestens am Freitag können die Kontoauszüge bei der Zentralbank in Ost-Berlin sein, und eher wird man es auf keinen Fall merken. Und dann läuft erst mal eine Fahndung nach Schindler und Wiedemann an. Aber wir sind dann längst im Westen und lachen uns eins!"

„Und du meinst, das wird im Westen nicht bestraft?"

„Ach, woher denn! Erstens brauchen wir das doch niemandem auf die Nase zu binden, und zweitens – der Zweck der

Flucht heiligt die Mittel. Keiner wird uns dort ein Haar krümmen, da kannst du sicher sein."

„Also gut, Karl, ich mache mit. Aber wenn wir drüben sind, will ich nichts mehr mit kriminellen Sachen zu tun haben, daß du es weißt!"

In dieser aufregenden Woche übte ich fleißig Unterschriften und die Beherrschung meiner Nervosität. Bald hatte ich mich soweit unter Kontrolle, daß ich gelassen und mit größter Selbstverständlichkeit hätte ans Werk gehen können. Mein Gewissen hatte ich auch entsprechend manipuliert, es plagte mich kaum noch. Wenn der Paß nur 15 000 Mark kosten sollte, dann blieben über 30 000 übrig, die wir im Westen umtauschen konnten. Das waren ja herrliche Aussichten! Und wen hätten wir dann schon betrogen? – Den roten Staat, na und?

Der konnte ja den Schaden der unrechtmäßigen Zuchthausstrafe sowieso mit Geld gar nicht wiedergutmachen. Ich nahm mir also nur einen winzigen Bruchteil dessen, was mir als Wiedergutmachung ohnehin zustehen würde, wenn sich die politischen Verhältnisse einmal ändern würden. Mit solchen Gedanken beruhigte ich mein Gewissen.

Eine Woche später traf ich mich wieder mit Karl.

„Es kann noch nicht losgehen, mit den Westpässen hat es noch nicht geklappt. Hör zu, Werner, es ist besser, wenn du dich hier nicht so oft sehen läßt, denn ich stehe noch unter Polizeiüberwachung. Wenn es wirklich losgeht oder irgend etwas Wichtiges passiert, rufe ich dich in deinem Betrieb an."

Diesmal fuhr ich unbefriedigt und unverrichteter Dinge wieder nach Hause. Zwei lange Wochen zogen dahin, und vor lauter Warten wurde ich wieder nervös. Ich traute mich auch kaum noch in die Kneipe, um keinen schweren Kopf zu haben, wenn Karl das Startzeichen geben sollte. Meine Mutter merkte mir an, daß mit mir nicht mehr alles stimmte. Sie sagte auch bald zu mir: „Du hast wieder etwas Dummes vor. Aber merke dir eins: Wenn du mal als Krimineller sitzt, dann besuche ich dich nicht wieder."

Am Dienstag der dritten Woche kam ein Anruf von Karl, der zum Telefon in unserer Werkstatt durchgestellt wurde. Die Verbindung war äußerst miserabel, und die Arbeitsgeräusche ließen Karls Stimme vollends unverständlich werden. Als es nach zwei Minuten immer noch nicht deutlicher wurde, legte ich kurzerhand auf und beschloß, gleich nach Feierabend zu Karl zu fahren, ob ihm das nun paßte oder nicht. Ich mußte endlich wissen, woran ich war.

Karl machte einen völlig aufgelösten Eindruck, als er mich sah. Sein winziges Zimmer glich einer Zelle in Torgau nach einer Polizeiübung.

„Mensch, Werner, ich habe dir doch gesagt, wir dürfen uns eine ganze Weile nicht mehr treffen. Die Polizei war hier, wie du ja deutlich siehst. Sie haben zwar keinen konkreten Verdacht geäußert und auch nichts gefunden, trotzdem müssen wir die Aktion auf unbestimmte Zeit verschieben."

„Und warum sollen wir die Sache nicht sofort starten?"

„Erzähl keinen Quatsch, das ist völlig ausgeschlossen. Der Kerl mit den Pässen muß hochgegangen sein, und ohne ihn kommen wir überhaupt nicht weg. Hau jetzt wieder ab! Ich melde mich, sobald die Luft rein ist und wir etwas unternehmen können."

Doch Karl ließ selbst nach Wochen nichts mehr von sich hören. Bei Nachforschungen meinerseits ließ er sich sogar verleugnen. Der Kontakt brach ab. Ich bekam aber heraus, daß er zu einer Frau mit Haus und Garten gezogen war und wieder zu heiraten beabsichtigte. Vielleicht hatte er sich selber etwas Geld abgehoben und wollte sich zur Ruhe setzen. Sehr verübeln konnte ich ihm das nicht, doch mir wurde jetzt klar, dieses Eisen war kaltgeworden. Nun, bald würde ich meinen Ausweis wiederbekommen, und dann konnte ich endlich eine Adresse in Ost-Berlin aufsuchen, die mir im Knast als Kontakt zu einem Fluchthelfer genannt worden war. Solange konnte ich es schon noch aushalten, meine Werkstatt hatte ich noch besser ausgerüstet, und an Schwarzarbeit war kein Mangel.

[Kraftsdorf bei Gera, Thüringen, damals DDR – Prag –
Karlsbad – Eger – Franzensbad – Marienbad, ČSSR*) –
Plauen, Vogtland,
Frühherbst 1973]

Gerhard Werner Zimmermann

Beinahe wieder eingesperrt

Ich hatte noch einige Tage Nachurlaub zu Hause nötig. An
einem schönen Herbstabend saß ich mit Rudolf auf dem Feld
am Lagerfeuer bei Bier und Aschebrätle. Ich wollte die Eva
vergessen, die mir den Laufpaß gegeben hatte, wozu Unmengen von Bier erforderlich schienen. Rudolf war ein Kumpel
aus meinem Dorf und half mir gelegentlich bei der Schwarzarbeit zu Hause in meiner Schlossereiwerkstatt. In dieser ster-
nenklaren Nacht am verglimmenden Lagerfeuer weckte er
mich aus meinen Träumereien vom verlorenen Glück.
„Weißt du was? Wir lassen die Arbeit ein paar Tage liegen
und fahren in die Tschechoslowakei", schlug er vor. „Ich war
da voriges Jahr schon in einem Hotel, in dem meistens Westdeutsche übernachten. Vielleicht können wir dort einen Kontakt knüpfen."
„Ja, aber wozu denn?"
„Du hast das Abhauen bestimmt noch nicht ganz aufgegeben, und vielleicht entwickelt sich etwas."
Ich griff den Vorschlag gerne auf, denn auf einer Reise
würde ich auch die Eva aus Bautzen schneller vergessen.

Einen Tag später fuhren wir mit dem Zug bei Bad Schandau
über die Grenze. In Prag tauschten wir zu den regulären

---

*) Karlovy Vary - Cheb - Františkovy Lázně – Mariánské Lázně, heute Tschechien

30 Mark pro Tag zusätzlich schwarz Kronen ein. Das war aber nicht leicht, denn die Leute nahmen viel lieber D-Mark als unsere kleinen Mähdrescherblüten (gemeint ist die Rückseite des 5 Mark-Scheins). Am Abend hatten wir ausreichend Kronen beisammen und leisteten uns ein Skoda-Taxi zum Hotel „International" am anderen Ende der Stadt. Wir bekamen dort auch sofort ein Zimmer, doch als wir später unsere Ausweise vorlegen mußten, nahm man uns die Schlüssel wieder ab und wies uns eine drittklassige Unterkunft in einem barackenähnlichen Nebengebäude zu, die allerdings auch billiger war. Im Hotel wurde gerade eine Busreisegesellschaft junger Leute aus der Bundesrepublik untergebracht. Der Unterschied zwischen dem Westgeld und unserer wertlosen Ostmark wurde uns auch hier deutlich vor Augen geführt. Wenigstens durften wir im gleichen Speisesaal zu Abend essen. Das war ja auch schon was, oder nicht?

Wohlweislich versahen wir uns mit zwanzig Flaschen des berühmten Budweiser Biers, und es dauerte gar nicht lange, da knüpften wir den gewünschten Kontakt. Zwei junge Gymnasiasten aus dem Odenwald luden uns zu fortgeschrittener Stunde auf ihr Zimmer ein, wo dann eifrig Ost-West-Politik erörtert wurde. Die Nacht war schon fast vorbei, da rückte der eine von ihnen mit einem Vorschlag heraus, von dem wir kaum zu träumen gewagt hatten: „Wißt ihr was? Wir lösen

Als wir in Prag DDR-Geld in Kronen umtauschen wollten, stießen wir mit unseren „Mähdrescherblüten" auf wenig Gegenliebe.

Das Foto zeigt meinen Freund Rudolf und mich, rechts, 1973 beim Holz-fällen in einem Wald am Hermsdorfer Kreuz.

euer Problem und nehmen euch mit nach drüben. Klar, wir müssen euch helfen."

„Und wie habt ihr euch das gedacht?" fragte Rudolf.

„Wir verstauen euch einfach im Gepäckraum des Busses. Das wird nie so genau kontrolliert."

Es war wohl klar, daß wir diesen grandiosen Vorschlag begeistert aufgriffen. „Und wann fahrt ihr wieder ab?" wollte ich wissen.

„Übermorgen nach dem Frühstück. Wir besprechen das vorher noch genauer."

„Mensch, Jungs! Das wird ein Ding! Ihr glaubt gar nicht, wie dankbar wir euch sein werden."

Rudolf schäumte richtig vor Begeisterung, als wir endlich, immer noch ziemlich aufgekratzt, in unserem Barackenhotel verschwanden. „Bald sind wir nicht mehr Menschen zweiter

Klasse! Und müssen auch nicht mehr in tausend Ängsten sein, wenn wir mal ins Ausland reisen wollen. Aber wissen möchte ich schon, wie wir überhaupt in den Bus gelangen sollen!"

„Ach, sieh nicht wieder so schwarz, das wird schon hinhauen!"

Doch schon am Mittag vor dem Abreisetag zeigten sich die ersten Schwierigkeiten. „Unser Reiseleiter spielt nicht mit", sagte einer der Odenwälder. „Er sollte uns besser nicht mehr zusammen sehen. Er ist jetzt schon so mißtrauisch, daß er bestimmt die ganze Nacht den Bus bewacht."

„Wie konntet ihr den auch einweihen?", fragte ich.

„Ach was, Genaueres weiß er sowieso nicht. Wir treffen uns heute nach dem Abendessen in eurer Bude. Wenn er uns bis dahin nicht mehr zusammen sieht, wird sich sein Misstrauen sicher gelegt haben. Also, tschüs bis heute abend! Bis dahin werden wir schon eine Lösung gefunden haben."

Wir verkrümelten uns bis zum Abend in der goldenen Stadt, für die die goldenen Zeiten allerdings schon lange vergangen waren, wie man auf Schritt und Tritt an den verstaubten, graubraunen Häuserfassaden sehen konnte. Überall bröckelte der Putz. Nur schmutzig-rote Fahnen und Spruchbänder, große rote Sterne und Leninplakate schmückten die einstmals prächtigen Straßen und Plätze. Oder sollte uns der Haß auf das System die Augen verdunkelt haben?

Nein, ganz gewiß nicht. Viele westliche Besucher fanden die Stadt gleichfalls schmutzig und heruntergekommen.

Als wir nach dem Abendbrot zu unserem Zimmer gingen, wartete der eine Odenwälder bereits vor der Tür auf uns: „Paßt auf! Ihr bezahlt nachher gleich euer Zimmer und sagt an der Rezeption, daß ihr morgen sehr früh abreist. Wir feiern noch mit dem Busfahrer und borgen uns den Schlüssel zum Gepäckraum, den wir dann offenlassen. Haltet euch einstweilen bereit. Wenn alles schläft und die Luft rein ist, klopfen wir bei euch und verstauen euch im Kofferraum in unseren Schlafsäcken. Also bis dann!"

Der Altstädter Ring mit der Theynkirche in der Prager Altstadt. Abseits der touristischen Sehenswürdigkeiten fielen uns die verstaubten, graubraunen Häuserfassaden auf. Hatte sich mit unserer Absicht, der DDR und dem Sozialismus den Rücken zu kehren, unser Blick verändert?

Nun, es hätte klappen können, wenn ... ja, wenn der Reiseleiter nicht so ein mißtrauischer Fuchs gewesen wäre! Er muß tatsächlich den Bus bewacht haben, denn als wir gerade im Begriff waren, in den Kofferraum zu klettern, ließ uns eine barsche Stimme hinter unserem Rücken zusammenfahren: „Was geht hier vor?"

Schweigen. Was sollten wir auch als Ausrede vorbringen?

„Sie brauchen nichts zu sagen, ich weiß Bescheid. Machen Sie bloß, daß Sie vom Bus wegkommen, sonst muß ich die

Polizei rufen, und das täte mir leid. Aber ich kann wegen euch nicht meinen Job verlieren und Gefängnis riskieren. Ist nichts zu machen, also haut ab!"

Wie zwei begossene Pudel schlichen wir in unser Hotel dritter Klasse zurück. „So ein Mistkerl!" schimpfte Rudolf.

Auch ich hatte damals wenig Verständnis für die sicher mißliche Lage des Reiseleiters, der offenbar keinen Sinn für die Märtyrerrolle eines überführten Fluchthelfers hatte.

„Komm, regen wir uns nicht auf", meinte Rudolf nach einer Weile. „Sobald es hell wird, hauen wir hier ab und versuchen, per Anhalter nach Karlsbad zu kommen."

„Aber was sollen wir denn dort? Ich wäre für die Heimfahrt."

„Ach was. Von Karlsbad fahren wir nach Eger oder Cheb, wie das auf Tschechisch heute heißt, und schauen mal, wie dort die Grenze nach Bayern aussieht."

Schon war ich versöhnlicher gestimmt. „Die Idee ist nicht schlecht. Aber am Montag müssen wir wieder zurück sein, falls auch dort nichts zu machen ist."

Am nächsten Morgen standen wir an der Autobahn. Rudolf winkte nur bei sich nähernden Westwagen, und schon bald hielt einer an. Der Fahrer des Ford Capri war allerdings ein sehr gut deutsch sprechender Tscheche, der uns die ersten hundert Kilometer mitnahm. Wir kamen schnell ins Gespräch.

„Der Einmarsch der Russen und der DDR-Volksarmee 1968 war ein großer Rückschlag für die Liberalisierung unseres Landes. Dabei sollte ja nur der Sozialismus etwas freier werden. Aber wir haben die Hoffnung noch nicht begraben", erklärte er uns.

Der Mann war Optimist. Er arbeitete im Außenhandel und hatte viel in Hamburg zu tun. So erfreute er sich einer relativen Freiheit, die jedoch den meisten seiner Landsleute versagt blieb. Den Rest der Strecke fuhren wir im zweitürigen Opel Rekord eines älteren Ehepaares aus der Bundesrepublik mit. Bei 100 km/h fuhr der Wagen so ruhig und leise dahin, daß es uns in Staunen versetzte. So eine Laufruhe bei höherer Geschwindigkeit waren wir von unseren Plastikpanzern natürlich nicht gewöhnt.

Karlsbad oder Karlovy Vary, wie es jetzt hieß, war ein sehr interessanter Ort für uns Mitteldeutsche. Landschaftlich äußerst reizvoll gelegen und mit exotischen Pflanzen auf der Kurpromenade vermittelte es uns einen Hauch südlicher Hemisphäre. Und was es in den vollen Läden alles zu kaufen gab!

Mir fiel aber auch ein Trupp Bauarbeiter in recht merkwürdiger Kleidung auf. Sie arbeiteten an einem häßlichen Hotelneubau, dessen Gelände von einem ungewöhnlich hohen und dichten Bauzaun umgeben war. Und ich entdeckte einen hölzernen Wachturm und patrouillierende Männer. Die Bewacher in ihren hellen Uniformen fielen anderen Besuchern kaum auf. Hier arbeiteten Gefangene, so gut getarnt, daß selbst Rudolf es nicht gleich bemerkte. Aber vielleicht hatte bloß ich ein Gespür entwickelt für alles, was irgendwie mit Gefangenschaft zu tun hatte.

„Schau dir das gut an! Dann weißt du, was uns blühen kann, wenn wir erwischt werden", sagte ich.

Unterwegs im Grenzgebiet

Am späten Nachmittag fuhren wir mit einem Bus nach Eger, wo wir ohne Schwierigkeiten ein Hotelzimmer bekamen. Hier spielte Rudolf leicht verrückt. „Heute Nacht haue ich ab", murmelte er andauernd.

„Weißt du überhaupt, in welche Richtung du marschieren mußt?"

„Das werde ich schon herausfinden. Weit kann es aber nicht mehr sein. Wenn du nicht mitkommst, gehe ich eben allein!"

„Laß uns erstmal etwas essen gehen, dann sehen wir weiter", beschwichtigte ich ihn.

Kurz vor der Dämmerung marschierten wir einige tausend Meter auf einer Straße, die in westlicher Richtung aus Eger herausführte. Kaum ein Wagen begegnete oder überholte uns. Unser Weg führte an einer Kaserne vorbei und bald sahen wir die ersten Wachtürme in der Ferne. Dort mußte die Grenze verlaufen. Plötzlich sagte Rudolf: „Du, in der Wachstube der Kaserne ist gerade einer zum Telefon gerannt. Ich habe es deutlich gesehen. Der meint bestimmt uns. Ich glaube, es ist besser, wenn wir jetzt umkehren. Sollte uns jemand anhalten, so sagen wir, da wir aus der Bundesrepublik kommen und nur ein bißchen spazieren gegangen sind."

Unsere verräterischen blauen DDR-Ausweise hatten wir vorsichtshalber im Hotel gelassen. Es vergingen keine fünf Minuten, da überholte uns ein Jeep und stoppte knapp vor uns. Wie bei einem Überfall sprangen drei uniformierte Männer heraus, die uns sofort umringten. Einer befahl etwas auf Tschechisch. Wir verstanden davon nur das Wort „Paßportdokument".

„Nix Paßport oder Dokumenta", kauderwelschte Rudolf, „wir kommen von Federal German Republik, nix demokratik nemezki."

„Paßport?" wiederholte der Soldat.

„Nix Paßport, ist im Hotel Cheb."

Nun deutete der Soldat in die Richtung, wo wir die Wachtürme gesehen hatten, und hielt dann beide Hände mit gespreizten Fingern vors Gesicht. Das war leicht zu verstehen, weiter in die Richtung zu gehen, hieß im Gefängnis landen.

„Ja, ist doch schon gut, wir sind ja schon umgekehrt!"

Zu unserem großen Glück ließ man uns laufen, ohne mit ins Hotel zu fahren und die Pässe zu kontrollieren.

„Mensch, wenn die uns mitgenommen hätten! Ein Arbeitskollege von mir mußte vier Wochen in einem tschechischen Gefängnis Holz hacken. Anschließend wurde er in die DDR abgeschoben und bekam dort vierzehn Monate wegen Republikflucht", sagte ich.

Aber Rudolf wollte sich immer noch nicht belehren lassen. Mit jugendlichem Leichtsinn wiederholte er: „Heute nacht versuche ich es noch einmal. Die Kaserne umgehe ich im Gelände, die Richtung weiß ich jetzt ja."

„Wie du willst, ich fahre jedenfalls morgen wieder nach Hause." Ich machte mir weiter keine Sorgen, denn ich wußte, wie er von seinem blödsinnigen Vorhaben abzubringen war. Nach einem reichlichen Schlaftrunk wiegte er sich bald in Morpheus Armen und sägte dabei einen ganzen hölzernen Wachturm um.

Am anderen Morgen fuhren wir nach Marienbad. Nach unserer Ankunft studierten wir erst einmal das Eisenbahnnetz auf der großen Karte an der Wand des Bahnhofes.

„Siehst du, der Karlex fährt doch über Marienbad nach Plauen." Bis zur Abfahrt des Zuges blieben noch fast drei Stunden Zeit. „Da können wir uns ja noch ein bißchen in Grenznähe umschauen. Vielleicht finden wir einen Aussichtsturm oder etwas ähnliches", schlug Rudolf vor.

Doch daraus sollte heute nichts mehr werden. Urplötzlich, wie aus dem Boden gestampft, stand ein bulliger Polizist neben uns und verlangte die „Dokumentas". Er warf nur einen kurzen Blick auf die Ausweise, dann zog er die Pistole und forderte uns auf, voranzugehen. Schließlich stieß er uns in einen Wachraum, wo er telefonierte, ohne uns aus den Augen zu lassen. Er war offenbar in dem Wahn, besonders gefährliche Verbrecher dingfest gemacht zu haben.

Im Bahnhof hatte sich, kurz bevor der Polizist aufgetaucht war, ein junger Landsmann zu uns gesellt und nach dem Zug gefragt. Trotz seines lautstarken Protestes war auch er abgeführt worden und wurde jetzt mit uns in einen Nebenraum gesperrt. „Was soll denn das? Ich habe doch nichts Verbotenes getan!" schimpfte er.

„Oh doch, du hast zu lange mit uns vor der Landkarte gestanden", klärte Rudolf ihn spöttisch auf. „Und jetzt wirst du auch mit uns eingesperrt!"

Der telefonisch herbeizitierte Dolmetscher verstand den

jungen FDJler, der nun fast weinerlich wiederholte: „Aber ich habe doch überhaupt nichts mit den anderen zu tun!"

Dabei zeigte er unverhohlen auf uns. Nachdem der den Dolmetscher begleitende Kommissar begriffen hatte, ließ er ihn laufen. Dann nahm er Rudolf mit ins Nebenzimmer zum Verhör. Dort brüllte er anfangs so laut, daß ich fast jedes Wort verstand. Der Dolmetscher übersetzte die erste Anschuldigung. „An welcher Stelle wollten Sie über die Grenze nach Westdeutschland?"

Ich hörte, wie Rudolf laut lachend sagte: „Wie in aller Welt kommen Sie denn auf so eine absurde Idee?"

„Was wollten Sie in der ČSSR?"

„Wir sind nur Touristen. Oder ist das etwa verboten?"

Das Verhör wurde leiser, und ich war beruhigt. Aus Rudolf würde man schon nichts herausbekommen. Und was auch?

Bis jetzt waren nur unsere Gedanken mit einer Flucht beschäftigt gewesen, das konnte doch nicht auf der Stirn zu lesen sein!

Dann war ich an der Reihe und ließ fast dieselben dummen Fragen über mich ergehen. Schließlich stellte der Kommissar fest: „Wenn Sie nichts zugeben wollen, dann bringen wir Sie erst mal ins Gefängnis!"

Jetzt lachte ich. Doch wenn ich ehrlich bin, war mir nicht nach lachen zumute, denn die brachten es durchaus fertig, uns tatsächlich einzusperren.

Zunächst mußten wir unsere Reisetaschen aus dem Schließfach holen, man wollte sie durchsuchen. Oh Schreck! Mir fiel die gestern gekaufte Wanderkarte ein, auf der Rudolf dummerweise schon mögliche Fluchtwege eingezeichnet hatte. Bestimmt würde man die Kreuze und Punkte so deuten! Wenn sie die Karte fänden, dann wäre es tatsächlich aus. Zum Glück durfte ich meine Tasche selber auspacken und konnte heilfroh sein, daß die gut versteckte Karte nicht entdeckt wurde. Dann mußten wir draußen vor dem Bahnhof in den schwarzen Wolga einsteigen, der gerade vorgefahren war.

„Wo sollen wir denn hin? Unser Zug fährt doch bald hier ab, und Rückfahrkarten haben wir bereits", wandte ich mich an den Dolmetscher.

„Wo es hingeht? Natürlich ins Gefängnis, oder was dachten Sie? Besser, Sie geben gleich zu, daß Sie über die Grenze wollten, dann wird es nicht so schlimm. Wir kehren wieder um, und Sie können mit dem Zug nach Hause fahren!"

Was sollten wir darauf antworten?

Jetzt war es besser zu schweigen. Seltsam, das Gefängnis schien ziemlich weit weg zu sein. Längst hatten wir die Stadt verlassen und fuhren in Richtung Plauen, wie ich auf einem Straßenschild erkannte. Rudolf stieß mich an und blickte zur linken Seite aus dem Fenster des Wagens. Was wir da zu sehen bekamen, war ja hochinteressant: Nicht weit von der Straße stand auf einem Hügel ein Wachturm, und dicht dahinter zog sich ein hoher Drahtzaun hin. Das mußte die Grenze sein! Doch diese Erkenntnis half uns jetzt wenig, da wir ja unter strenger Bewachung und mit hoher Geschwindigkeit daran vorbeifuhren.

Der Dolmetscher unterbrach das Schweigen: „Wir bringen Sie zu Ihrer Grenze nach Plauen, dann kommen Sie dort ins Gefängnis."

Diesmal wagte ich nicht mehr daran zu zweifeln. Wenn wir erst in der berüchtigten U-Haft Plauen verhört wurden, dann war es wirklich für eine Weile aus. Die Anklage konnte leicht konstruiert werden, denn schon die Vorbereitung zur Republikflucht war genauso strafbar wie der Versuch. Und zur Vorbereitung konnte man in der DDR alles zählen, selbst unausgesprochene Gedanken.

Rudolf legte einen fröhlichen Optimismus an den Tag; mir war jedoch ziemlich mulmig zumute, denn die schon etwas verblaßten Erinnerungen an Torgau begannen wieder Farbe anzunehmen. Hier hatte ich vor vier Jahren wegen versuchten Grenzdurchbruchs eingesessen. Nicht lange darauf bog der Fahrer zu meiner Überraschung von der Staatsstraße zur DDR-Grenze ab und fuhr in Richtung Franzensbad weiter. Dort stoppte der Wagen vor dem kleinen Bahnhof.

„Hier aussteigen!"

Mir fielen gleich mehrere Steine vom Herzen, nur Rudolf schaute etwas dumm drein.

„Sie werden den Bahnhofsbereich nicht verlassen, bis der Zug kommt. Dann fahren Sie ab, aber schnell!"

Der Kommissar und seine uniformierten Begleiter fuhren davon, und die Luft war plötzlich wieder sauber.

Wieder vor der Karte des Eisenbahnnetzes stehend, staunte Rudolf: „Mensch, was sind die blöd! Das Nest hier liegt doch noch viel näher an der Grenze als Eger! Das hast du unterwegs doch deutlich gesehen?"

Unwirsch winkte ich ab. Zweimal innerhalb dreier Tage dem drohenden Gefängnis entkommen zu sein, das reichte mir für eine Weile.

Mit dem Expreßzug „Karlex" passierten wir ohne nennenswerte Vorkommnisse die Grenze. Nur bekamen wir in Plauen keinen Anschluß mehr, der nächste Zug fuhr erst am anderen Morgen sehr früh. In einem überfüllten Hotelrestaurant, das allerdings um Mitternacht schloß, ergatterten wir mit Müh und Not einen Platz. Das hatte ich vorausgesehen und vorher noch vier Flaschen „Balkanfeuer" – bulgarischen Rotwein – bestellt, die wir jetzt mitnahmen. Wir zogen in den Warteraum des Bahnhofs, doch alsbald wurden wir von der Trapo, der Transportpolizei, weggejagt und mußten uns schließlich in einiger Entfernung auf einer Parkbank niederlassen. Noch ahnte ich nicht, was ein halbes Jahr später geschah. Von einer Reise nach Bratislava zurückkommend, wurde ich in Bad Schandau „zur Klärung eines Sachverhaltes" festgenommen. Es sollte lange Zeit dauern, bis ich mein Zuhause wiedersah ...

Aus dem noch unveröffentlichten Manuskript von Gerhard Werner Zimmermann „Solange hinter dem Todeszaun die Freiheit winkt".

[Schwarze Pumpe (heute zu Spremberg) bei Cottbus, Niederlausitz – Chemnitz (damals Karl-Marx-Stadt), Sachsen, DDR; Ende Januar / 13. Februar 1975]

Gerhard Werner Zimmermann

Der Tag, den ich nie vergessen werde

Der unvergeßlichste Tag in meiner zweiten Gefangenschaft begann mit einem Traum, der Wirklichkeit war. Ich wachte auf, weil ich glaubte, meinen Namen im Lautsprecher gehört zu haben. Ich richtete mich auf. Heute war Donnerstag. Gespannt wartete ich auf die Wiederholung der Durchsage. Jetzt!

„Achtung! Folgende Strafgefangene sofort zur Aufsicht ...!"

Es folgten sechs Namen, und tatsächlich – darunter auch meiner! Zimmermann vom Baukommando III.

Ich flog regelrecht aus dem Bett und rüttelte Helmut wach. „Steh auf! Es geht los!"

„Spinnst du schon wieder? Laß mich in Ruhe!" brummte er verärgert und drehte sich auf die andere Seite. Ich zog ihm kurzerhand die Decke weg. Endlich stieg er vom Bett. Angezogen waren wir ja bereits, weil die Frühzählung längst vorbei war.

„Mensch, Helmut, ich träume nicht und spinne auch nicht. Ich komme heute weg. Und ich werde drüben etwas für dich tun, verlaß dich drauf!"

Verdutzt reichte er mir die Hand und schaute mir kopfschüttelnd nach.

Draußen rannte mir ein Berliner entgegen, der als gelernter Kaufmann in der Gefängnisverwaltung arbeitete und daher die Vorgänge bestens kannte.

„Gut, daß du schon auf bist. Ich wollte dich gerade wekken. Ich wußte es seit gestern, doch die Schweigepflicht! Jetzt kann ich es dir sagen. Du gehst heute auf Transport nach Chemnitz. Von dort geht es in den Westen! Ich mußte nämlich gestern deine Papiere fertigmachen. Du hast es geschafft!"

„Wie lange wird es in Chemnitz noch dauern?"

„Das weiß ich auch nicht genau. Vielleicht zwei bis drei Wochen. Du wirst es schon noch aushalten. Ich wünsche dir alles erdenklich Gute. Mach's gut, alter Junge!"

Jetzt mußte ich selber schlucken.

„Und nun hau ab! Sonst fahren sie ohne dich!"

Wie ein Schlafwandler taumelte ich durch die noch sternenklare Nacht zur Aufsichtsbaracke. Die beiden Sanitäter begrüßten uns mit neidvollen Blicken und versuchten, uns noch Angst einzujagen: „Ha, ihr könnt euch auf was gefaßt machen. Ihr kommt nämlich nach Sibirien zum Bau der neuen Eisenbahnlinie!" Aber einer zwinkerte dabei. Mein Sibirien lag rund 300 Kilometer westlich von hier.

Als ich zurück in unsere Baracke kam, waren die anderen schon zur Arbeit ausgerückt. Schade! Gerade jetzt hätte ich gern Gesellschaft gehabt. Ich fühlte mich plötzlich sehr einsam in der leeren Zelle. Schnell zog ich mein Bett ab und räumte mein Fach aus und wartete.

Endlich, es waren sicherlich schon zwei Stunden vergangen, tönte es wieder aus dem Lautsprecher: „Folgende Strafgefangene sofort zur Verwaltung ...!"

Ich nahm mein Bündel und lief zum Barackenausgang. Er war verschlossen. Die Gittertür war auch verriegelt. So etwas! Nervös ging ich in die Zelle zurück und wartete. Es mußte doch endlich mal einer kommen und aufschließen!

Aber es kam niemand, dafür aber ein zweiter Aufruf, in dem nur mein Name genannt wurde. Jetzt hielt ich es nicht mehr aus. Wenn die nun ohne mich abfuhren?

Das war nicht auszudenken!

Ich lief in eine Zelle zur Fensterseite der Baracke, warf das Bündel durch ein wegen Feuergefahr unvergittertes Fenster und sprang hinterher. Dann warf ich den Deckensack über

1	2	3	4	5	6	7	8	9	10	11	12	13	14	15	16	17	18	19	20

BStU

000002

Übersichtsbogen zur operativen Personenkontrolle

Name, Vorname   Z i m m e r m a n n ,Gerhard

geboren am, in   2.8.1946 in Kraftsdorf/Gera   1974
                                                                  (Aufnahmejahr)

wohnhaft   6501 Kraftsdorf/Gera, Str. der Einheit 62

beschäftigt   zuletzt Schweißer - z.Zt. in Haft nach § 213 StGB

1. Entscheidung über das Einleiten

         Ultn. Grätz   4. 12. 74

     (vorschlagender Mitarbeiter)   (Datum)   (Leiter)

2. Gründe für das Einleiten

        Die Entwicklung der Persönlichkeit des Z. sowie sein Verhalten
        in der Zugangsstation des StVK Schwarze Pumpe weisen auf Ver-
        dachtsmomente hin, die eine Verletzung des § 106 STGB Zi. 1 Abs. 3
        beinhalten.
        Aus der Mitteilung eines SG geht hervor, daß der Z. in der Auf-
        nahmestation ständig und mit einer gewissen Intensität die Gesell-
        schaftsordnung der DDR verleumdet und diskriminiert.

3. Ziel der operativen Personenkontrolle
        Prüfung des Tatbestandsmerkmals des § 106 STGB.

KOPIE BStU

4. Eingesetzte IM/GMS

                                                        Koordiniert mit

IM   *IMS "Klaus Gertz"*   GMS   Nowack   OKS
     IMV "Monika"

*Im „Eröffnungsbericht zur Vorlaufakte-Operativ" wird als Delikt angelastet:
„Verdacht der mündlichen staatsfeindlichen Hetze gemäß § 106 StGB, Ziffer
1, Abs. 3 durch die Person Zimmermann."
Kopie aus meiner Stasi-Akte, die nur zum Teil erhalten ist.*

Abteilung VII   Cottbus, den 7.2.1975

Abschlußbericht zum Operativen Material ZIMMERMANN,Gerhard
==

Im Sept. 1974 wurde bekannt, daß der Strafgefangene Z. im Ver-
wahrraum hetzerische Reden führt und andere Strafgef. beeinflußt,
ihre Ausweisung in die BRD zu beantragen.
Da von Seiten der Abt. IX der BV Cottbus eine Bearbeitung in
einer VA-Operativ abgelehnt wurde, war die Einleitung einer OPK
geplant, die jedoch nicht erfolgte, da bekannt wurde, daß Z.
im Feb. 1975 für eine Ausweisung aus der DDR vorgesehen sei.
Zimmermann trat während der Strafverbüßung negativ in Erscheinung
und beeinflußte andere SG, indem er sie für die "westliche Lebens
weise" zu begeistern versuchte.
Einzuschätzen ist, daß ihm dieses Vorhaben bei einigen SG gelang,
die gegenwärtig durch unsere DE unter op. Kontrolle gehalten
werden.
Zur evtl. Klärung von Rückverbindungen des Z. zu in der DDR le-
benden Verwandten:

                   Mutter   ZIMMERMANN, Ruth
                               wh.

                   Schwester   ULRICH, Jutta
                               wh.

                   Cousine   ROßMANN, Erna
                               wh.

wird das op. Material der KD Gera übersandt.

*In der Begründung des Tatbestandes wird die schriftliche Meldung eines
Mithäftlings im Strafgefangenenlager „Schwarze Pumpe" vom 7. September 1974 zitiert: „Z. behauptet, die DDR ist ein KZ-Staat, er erkennt die
DDR nicht an und bringt zum Ausdruck, daß er nicht mehr gewillt ist,
in der ,Ostzone' zu bleiben, er plädiert für ein ,Gesamtes Deutschland'
nach dem Muster der BRD; bezeichnet die SG (Strafgefangenen) als billi-
ge Arbeitskräfte der DDR."*

den Stacheldraht hinter dem geharkten Sicherheitsstreifen und kletterte selbst hinüber. Das war normalerweise eines der schlimmsten Vergehen hier, und die Posten konnten schießen, wenn sie etwas Verdächtiges bemerkten. Aber ich mußte zur Verwaltung, koste es, was es wolle!

Auf der anderen Seite angekommen, nahm ich das Bündel auf und spurtete los. Schon nach wenigen Schritten begegnete mir ein Schließer.

„Wie sind Sie denn überhaupt rausgekommen?"

„Durchs Fenster und über den Zaun."

Doch der Wachtmeister winkte ab. „Das macht heute nichts mehr. Los, kommen Sie schnell!"

Trotzdem dauerte es aber im Verwaltungsgebäude noch ziemlich lange, bis die Effekten (beweglicher Besitz) fein säuberlich abgehakt und verpackt waren. Bei den Sachen fehlte auch nicht das kleinste Taschentuch, dafür waren sämtliche Ausweise und anderen Papiere verschwunden, die sich im Laufe der Haftzeit angesammelt hatten und bei den Effekten aufbewahrt wurden.

Auf dem Platz vor dem Gebäude stand ein geschlossener „Barkas". Die weiße Karosse trug die Aufschrift: „Einmal in der Woche frischen Fisch!" Wenn die ahnungslosen Leute draußen wüßten, was für Fische in dem Wagen transportiert wurden!

Drei von uns sechs Gefangenen schauten angstvoll drein wie Karpfen kurz vor der Schlachtung. Ich hätte sie gerne aufgeklärt, aber der in dem völlig geschlossenen Raum mitfahrende schweigende Hüne mit den verdächtig braunen Schuhen ließ keine Unterhaltung zu. Durch die schmale Gittertür konnte ich in den Fahrerraum und weiter auf die Straße blicken. Aber kurz vor dem Halt auf einer Tankstelle wurde auch diese einzige noch verbliebene Sichtschneise verdunkelt. Man sah nur noch ab und zu die Zigarette des wie ein orientalischer Buddha dasitzenden Stasimannes aufglimmen. Ich stieß meinen Nachbarn, der vorher so angstvoll um sich geblickt hatte, an und flüsterte: „Du, es geht nach Chemnitz! Und dann in dem Westen!" Doch der mit seiner rechten Hand an meine linke angeschlossene Mann antwortete nicht.

Nach etwa drei Stunden rumpelte der „Barkas" über Kopfsteinpflaster einer wahrscheinlich größeren Stadt, stoppte mehrere Male und fuhr knatternd und nach Benzin stinkend wieder an. Wir schienen am Ziel zu sein. Die Tür wurde aufgeschlossen, wir kletterten nacheinander hinaus und standen in der Halle eines altertümlichen Gefängnisses.

„Los, alles ausziehen und hier auf einen Haufen werfen!", zischte ein kleiner Mann mit einem Buckel leise, aber scharf. Sein Dialekt war für mich unverkennbar. Wir waren in Chemnitz, es konnte gar nicht anders sein.

Uns wurden neue Sachen zugeteilt, graue Hosen und Jakken mit grünen Streifen. Das war schon eine Beförderung. Über eine Treppe ging es zum Zellentrakt. Zu viert wurden wir in eine kleine Zelle geschoben. Alles verlief schweigend oder höchstens flüsternd. Erst als die Tür schon längere Zeit hinter uns vier Männern verschlossen war, beendete ich das Schweigen: „Jetzt wollen wir erst einmal feststellen, wie lange wir noch hierbleiben müssen!"

Ich suchte die Wände nach Aufzeichnungen ab. Mehr als 21 zusammenhängende Striche konnte ich nirgends entdekken, und einige dieser Kalender hatten sogar nur 12 bis 14 Striche. „Na, das geht ja noch. Länger als drei Wochen hat in letzter Zeit niemand in dieser Zelle gesessen."

Man kann es kaum glauben, aber an die folgenden Tage, die ich zweifellos an der Wand sorgfältig abhakte, habe ich nur noch vage Erinnerungen. Sogar die Namen der drei anderen Mithäftlinge prägten sich mir nicht ein. All das schien mir nicht mehr wichtig, dagegen waren meine Erinnerungen an die Zeit vor der Stasihaft noch recht frisch.

In diesem ungewöhnlichen Chemnitzer Gefängnis gab es keine Zählung, keinen Zellendurchgang, und man brauchte weder aufzustehen noch eine Meldung zu machen. Irgendwann früh am Morgen ging die Klappe in der Tür hoch, und wenn das Frühstück nicht schnell genug entgegengenommen wurde, ging sie wieder zu, und wir schliefen einfach weiter. Und irgendwann vor oder nach dem Mittagessen wurden wir zur Freistunde geführt, nur wir vier Mann in eine schmutzige Betonzelle in einem Hinterhof des Gefängniskomplexes. Während des Hinuntergehens und auch nach der Freistunde beim Raufgehen sah man keinen einzigen anderen Gefangenen. Wenn ich nicht manchmal gedämpfte Rufe vernommen oder einmal sogar eine helle Mädchenstimme lachen gehört hätte, ich hätte beinahe geglaubt, wir wären die einzigen Gefangenen hier. Als wir uns eines Tages in der Zelle etwas lauter unterhielten, zischte ein Leutnant in graubrauner Stasiuniform zur Klappe herein: „Wenn Sie nicht bald ruhig sind, dann bleiben Sie noch vier Wochen hier!"

An eines erinnere ich mich ein wenig deutlicher: Hinter einem Schreibtisch in einem kleinen Zimmer mit großem Honecker-Bild saß der kleine, bucklige Stasimensch mit den hochhackigen braunen Schuhen. Es ging um den Einkauf.

„Sie haben noch 85 Mark Rücklage. Davon gehen aber 30 Mark für eine Reisetasche ab, die wir Ihnen kaufen. Ah, und hier sehe ich, da ist noch eine Rechnung von 56 Mark Gerichtskosten offen!"

Ich sah bereits den heißersehnten Einkauf entschwinden und konterte daher sofort: „Das kann gar nicht sein. Wenn das stimmte, hätte man es sicher sofort abgebucht!"

„Nun, ist ja auch egal jetzt", sagte der kleine Mann. „Aber denken Sie nicht, daß Sie das nicht noch bezahlen müßten. Dann kommt eben im Westen der Gerichtsvollzieher!"

Ich sagte darauf nichts. Daß der Westen für jeden Häftling sowieso eine enorme Summe aufbringen mußte und somit alles pauschal bezahlte, wußte ich damals noch nicht. Ein Bundesbeamter, der im Bus mitfuhr, gab mir später auf meine Nachfragen die lakonische Antwort „Das brauchen Sie nicht zu wissen. Seien Sie froh, daß Sie endlich raus sind!" Damals war ich das auch und forschte nicht weiter nach.

Zurück zum Stasiladen. Die kursierenden Geheimgerüchte waren doch nicht ganz ohne Wahrheitsgehalt. Zumindest konnte man tatsächlich West-Zigaretten, die Schachtel zu sieben Mark, kaufen, aber ich vermutete schon lange, daß die selbst in Dresden auf Lizenz hergestellt wurden, denn sie schmeckten nicht besonders. Von den Keksen und Bonbons, die auch zu kaufen waren, bekam ich fürchterliches Sodbrennen. Dagegen gab mir eine Frau Sanitätsoffizier täglich eine „Simagel"-Tablette mit Aluminiumspänen zum Aufsaugen der überschüssigen Magensäure. Das ist mir noch sehr deutlich in Erinnerung, weil ich niemals wieder solche Tabletten eingenommen habe.

Mit Schlafen, Träumen und Schachspielen vertrieben wir uns die Zeit. Einen Tag vor der großen Reise bekam ich eine Urkunde über die „Entlassung aus der Staatsbürgerschaft der DDR" ausgehändigt. Und ein Schreiben des Gerichts wurde mir verlesen, wonach mir der Rest meiner Strafe wegen guter Führung erlassen worden sei. Also doch!

„Morgen werden Sie über die Grenze in die Bundesrepublik gebracht. Lassen Sie sich in den nächsten zwei Jahren nicht wieder in der Deutschen Demokratischen Republik blicken!"

Diesmal nickte ich zustimmend, denn diese Auflage würde ich gern erfüllen. Der letzte Tag der langen Gefangenschaft brach an. Wir konnten heute schon unsere Zivilsachen aus den Effekten anziehen. Sogar meine Brieftasche und das Portemonnaie hatte ich wieder. Doch bis auf einen kleinen Schlüssel waren alle Fächer leer. Ein Entlassungsschein von der Größe einer Paketkarte mit Namen, Geburtsort und Datum war alles, was ich in der Brieftasche verstauen konnte. Die Urkunde legte ich in die neue rotblaue, aber sonst leere Reisetasche. Nun könnte es aber endlich losgehen!

Doch der Abend verging und die Nacht brach an. Es sollte die letzte in Unfreiheit sein! Ich glaube, daß keiner von uns in dieser Nacht noch ruhig schlafen konnte.

In einem unauffälligen Reisebus saßen etwa dreißig Leute unterschiedlichen Alters. Auffällig war nur das Schweigen im Bus, der jetzt mehrere Schleusen durchfuhr und das große Gefängnis der Staatssicherheit hinter sich ließ. Die meisten der recht blassen Passagiere hatten dieses graue Gebäude wohl noch nie von außen gesehen, doch keiner blickte zurück, denn für sie würde heute der Traum ihres Lebens in Erfüllung gehen.

Während der langsamen Fahrt durch die regennasse Stadt drängte es mich, den zur Arbeit hastenden Menschen draußen zuzuwinken, doch die verschlossenen Gesichter der mitfahrenden Männer mit den braunen Schuhen hinderten mich daran. Die ahnungslosen Einwohner Karl-Marx-Stadt's würden uns ohnehin höchstens für eine sowjetische Reisedelegation halten, denn mit unseren kurz geschorenen Haaren und den aus bleichen Gesichtern nach draußen wie auf ein Wunder starrenden Blicken sahen wir auch nicht viel anders aus.

Dann bog der Bus in den Autobahnzubringer nach Eisenach über Gera ein. Noch ein allerletztes Mal zog die plötzlich nicht mehr sehr heimatlich anmutende Landschaft vorüber. Kurz nach der Teufelstalbrücke, der höchsten Autobahnbrücke Mitteldeutschlands, wurde eine Rast angekündigt. Vielleicht würde ich auf dem Rastplatz noch einen Bekannten treffen?

Aber weit und breit war dort kein normaler Sterblicher zu erblicken. Der Parkplatz war vermutlich von den in zwei „Wolga"-Limousinen vorausfahrenden Stasileuten schon lange zuvor abgeschirmt worden. Sie standen noch immer vor der Einfahrt. Während der Rast wurde Verpflegung ausgeteilt, die aber von fast allen verschmäht wurde. Auch von mir. Von meinen Peinigern wollte ich kein Brot mehr annehmen. Sie hatten sowieso nicht viel mehr zu bieten.

Der Bus verzögerte die sowieso schon langsame Fahrt noch mehr, so daß wir erst nach Einbruch der Dunkelheit, kurz vor dem hellerleuchteten Grenzkontrollpunkt, in einen finsteren

Waldweg einbogen. Nirgends war ein Grenzzaun zu entdek-ken. Und doch war alles perfekt überwacht, aber genauso per-fekt getarnt. Auf einer nur von einer Straßenlaterne notdürf-tig erleuchteten Waldlichtung hielt der Bus an, ein Mann in einer hellbraunen Schafpelzjacke stieg zu und stellte sich als Rechtsanwalt Vogel vor. Er hielt eine kurze Ansprache, von der ich nur die Worte behielt: „Sie können jetzt in den an-deren Bus hinüber wechseln!"

In den neben uns stehenden supermodernen Reisebus stie-gen nur noch zwanzig Männer und zwei Frauen. Also waren mindestens acht der anderen Mitreisenden Stasileute gewe-sen. Als sich das freigekaufte Häuflein auf die Sitze verteilt hatte, hielt einer der beiden neu hinzugekommenen Herren eine kurze Rede: „Meine Damen und Herren! Im Namen der Bundesregierung möchte ich Sie sehr herzlich im freien Teil Deutschlands willkommen heißen! Sie können sich jetzt frei unterhalten, die Genossen von der anderen Seite sind be-reits weg und haben hier nichts mehr zu suchen."

Wie aus einem bösen Traum erwachten die Reisenden zwi-schen den Welten, und ein befreites „Hurra!" war die einstim-mige Antwort. Der Bus fuhr leise an, und bei den Klängen des Liedes „So ein Tag ..." blieb kein Auge mehr trocken. Auch ich konnte zum ersten Mal seit unendlich langer Zeit wieder rich-tig weinen. Ich brauchte mich deswegen nicht zu schämen. Und so ließ ich den Tränen freien Lauf. Ich war endlich frei!

Einer Hölle entronnen! Fast acht Jahre nach dem ersten, gescheiterten Fluchtversuch in ein ganz neues Leben entlas-sen! Es war Donnerstag, der 13. Februar 1975, als ich end-lich, nach fast einem Lebensdrittel politischer Versklavung, die persönliche Freiheit erhielt, die es wirklich wert war, täg-lich neu erkämpft zu werden.

Auszug aus dem noch unveröffentlichten Manuskript des Autors
„Solange hinter dem Todeszaun die Freiheit winkt".

[Saßnitz/Insel Rügen – Bonn/Rhein;
1976 – 1988]

Iris Bleeck

Ein Pfund Tomaten

An einem warmen Sommertag Ende Juni 1976 fing alles an. Ich war im fünften Monat mit meinem zweiten Kind schwanger und die Gier nach sonnengereiften Tomaten quälte mich schon den ganzen Tag. Als DDR-Bürgerin war mir bewußt, wie aussichtslos mein Verlangen war. Weder im Konsum noch in dem kleinen Laden um die Ecke würde ich diese schier unerreichbaren Früchte kaufen können. Obst und Gemüse waren nicht nur in diesem Frühsommer Mangelware, aber in meinem Zustand schmerzte es mich besonders. Ich beschloß, in dem neuen Gemüsegeschäft in der Hafenstraße ein Pfund Sauerkraut zu kaufen. Auf dem Weg dorthin überlegte ich, was das wohl für ein Kind sei, daß da in meinem Bauch heranwuchs und mir täglich seine Vorlieben für unerreichbare Sachen diktierte?

Bei diesem Gedanken lachte ich laut und merke jetzt erst, daß ich bereits im Laden stand. Die junge Verkäuferin, die gelangweilt zwischen Sellerie, Möhren und Kartoffeln kramte, fragte nebenbei: „Ist das Angebot so zum Lachen?"

„Das auch, aber das Kind in mir verlangt nach Dingen, die ich nicht herbeizaubern kann, nämlich Tomaten."

Dabei zeigte ich stolz auf meinen Minibauch.

Sie lachte. „Schwanger?" fragte sie, „ich ebenfalls, im vierten Monat. Anfang Dezember ist es soweit, der Kindesvater ist Schornsteinfeger. Immer hoch hinaus, der Kerl."

„Na, toll", antwortete ich, „meiner ist ein 'Klassenfeind', aus dem Westen, und das Kind in mir scheint jetzt schon Westallüren zu haben. Glaubt, daß es alles bekommen kann, worauf es gerade Appetit hat."

„Da sitzen wir im selben Boot", stellte die junge Frau fest, „ich bin gierig auf Schokolade. Wahrscheinlich wird das Kleine eine Naschkatze."

Bereits in diesem Augenblick entstand zwischen uns herzliche Sympathie, verband uns das Lachen, das mir gut tat. Ich kaufte das Sauerkraut, gab ihr meine Adresse, falls es doch noch eine unverhoffte Obstlieferung geben sollte. Sie versprach mir, etwas für mich unter dem Ladentisch abzweigen zu wollen.

Am Abend des gleichen Tages klingelte es an meiner Tür. Als ich öffnete, stand die nette Verkäuferin vor mir und wedelte mit einer braunen Papiertüte vor meinem Gesicht, öffnete sie dann, und der Duft von frisch geernteten Tomaten stieg in meine Nase. Ich bat sie in meine Wohnung. Auf dem Weg zum Balkon verriet sie mir, daß ihren Eltern eine Gärtnerei gehöre. Sie sei nach Geschäftsschluß schnell hingefahren, denn ich habe ihr mit meinen unstillbaren Gelüsten einfach leid getan.

Während wir nun auf meinem Balkon saßen und den heimkehrenden Fischkuttern beim Einlaufen in den Hafen zusahen, griffen wir abwechselnd in die Tüte, bis auch die letzte Frucht gegessen war. Selten in meinem Leben empfand ich ein so wohliges Gefühl, gepaart mit tiefer, dankbarer Zufriedenheit, wie in diesem Augenblick. Solch wunderbare Tomaten!

Danach holte ich aus meiner Küche all die Schätze aus den Westpaketen meines künftigen Mannes: Schokolade und Pralinen, gefüllt mit exotischen Dingen, deren Namen ich noch nie gehört hatte. Mit diesem Tag begann ein perfekter Tauschhandel zwischen Marianne und mir. Gleichzeitig war das der Anfang einer lebenslangen Freundschaft.

Die Ausreise

Endlich, zwei Jahre später, wurde mir 1977 die Ausreise in die Bundesrepublik genehmigt. Unsere Kinder, Mariannes Tochter und mein Sohn, waren bisher wie Geschwister aufgewachsen, weil wir viel Zeit miteinander verbracht hatten. Mit meinem kleinen Tomatenfreak unter dem Arm fiel uns der Abschied zum Heulen schwer. Woher sollten wir damals wissen, wann und ob wir uns überhaupt noch einmal wiedersehen würden?

Trotz der Freude, daß ich jetzt mit meinem Mann und meinen beiden Kindern als Familie zusammenleben durfte, weinte ich von Saßnitz bis nach Stralsund. Dort startete der Interzonenzug. Ich war nach der Flucht aus dem Sudetenland 1946 in einem kleinen Dorf auf Rügen in der ganzen Armseligkeit der Nachkriegszeit aufgewachsen, aber in meinem Herzen habe ich diese wunderbare Landschaft immer als Entschädigung für vieles gesehen. Nicht reisen zu dürfen, war deshalb kein großer Verlust für mich. Es gab schwerwiegendere Defizite: das Fehlen so vieler Impulse zur Bildung einer eigenen Meinung, zensierte Literatur, kein Kontakt mit fremden Kulturen und überhaupt die immer wieder spürbare Verweigerung, an der ganzen Fülle und Vielfältigkeit des Lebens teilhaben zu dürfen.

Die Krankheit

Nachdem ich für den Deutschlandfunk einige Kommentare geschrieben hatte, straften mich die DDR-Behörden 1980 mit einem Einreiseverbot. In dieser Zeit schickte ich, wenn es mir finanziell möglich war, viele Pakete nach Rügen zu Marianne. Sie revanchierte sich und nahm jedes Jahr meinen Sohn im Sommer für einige Wochen zu sich, damit er den Kontakt zu seinen Wurzeln nicht verlöre.

1987 erkrankte Mariannes Mann an einem bösartigen Hodentumor. Verzweifelt rief sie mich an, um mir mitzuteilen,

URKUNDE

Iris Tonn geb. Viereckl

geboren am 28. o4. 1944 in Wurzmes

wohnhaft in Saßnitz, Kr. Rügen

Ringstraße 4

wird gemäß § 10 des Gesetzes vom 20. Februar 1967 über die Staatsbürgerschaft der Deutschen Demokratischen Republik (GBl. I S. 3) aus der Staatsbürgerschaft der Deutschen Demokratischen Republik entlassen. Die Entlassung erstreckt sich auf folgende kraft elterlichen Erziehungsrechts vertretene Kinder:

Jens Tonn

geboren am o6. o7. 1966 in Saßnitz

Bastian Tonn

geboren am 24. 11. 1976 in Stralsund

geboren am _____ in _____

Die Entlassung aus der Staatsbürgerschaft der Deutschen Demokratischen Republik wird gemäß § 15 Abs. 3 des Staatsbürgerschaftsgesetzes mit der Aushändigung dieser Urkunde wirksam.

Rostock

den 18. o7. 1977

Ausgehändigt am o9. o8. 77

„Die Entlassung aus der Staatsbürgerschaft der Deutschen Demokratischen Republik wird gemäß § 15 Abs. 3 des Staatsbürgerschaftsgesetzes mit dieser Urkunde wirksam ..."

daß ihr Mann zum Sterben nach Hause geschickt worden sei. Laut Aussage der Ärzte gäbe es keine Hoffnung mehr.

Ich hatte mich inzwischen als Heilpraktikerin niedergelassen und fragte sofort eine renommierte Krebsärztin aus Bonn um Rat. Sie empfahl mir, den damaligen Chefarzt der

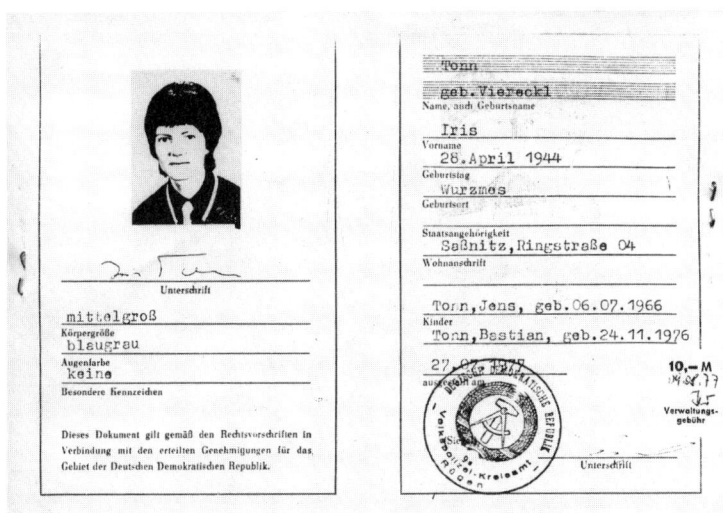

Meine Identitätsbescheinigung für die Ausreise in den Westen, ausgestellt am 27. Juli 1977.

Janker Klinik in Bonn aufzusuchen. Von ihm erfuhr ich, daß es eine gute Prognose bei dieser Tumorform gäbe. Allerdings dürfe der Patient nicht in der DDR behandelt werden, also keine Chemotherapie oder Bestrahlung. Ich konnte erst einmal beruhigt sein, weil die Ärzte in der DDR nichts dergleichen angeboten hatten. Wie aber konnte Mariannes Mann zur Behandlung in die Bundesrepublik gelangen?

Nach einigem Nachdenken erinnerte ich mich, daß sich die DDR im Abkommen von Helsinki 1975 mit einer Vereinbarung einverstanden erklärt hatte, die in diesem Fall helfen konnte: Wenn für einen Patienten in der DDR alle ärztlichen Behandlungsmöglichkeiten erschöpft waren, durfte er die Chance wahrnehmen, sich in der Bundesrepublik behandeln zu lassen! Nachdem ich überall erfolglos bei Staatssekretären herumtelefoniert hatte, ging ich zu Frau von Weizsäcker, der Frau des damaligen Bundespräsidenten. Sie nahm sich sehr menschlich der Sache an.

Für Marianne begann daraufhin ein Spießrutenlauf. Plötzlich gab es Therapieangebote, die ihr Mann nicht annehmen durfte, da ich ihr abgerungen hatte, hart zu bleiben, was auch immer man ihnen anbieten würde. Wir telefonierten täglich, und meine Aufgabe war es, sie mit meiner Hoffnung zu unterstützen. Der Bonner Chefarzt hatte mir ausdrücklich gesagt, Mariannes Mann dürfe sich keinesfalls in der DDR behandeln lassen, weil es dann kaum noch Aussicht gäbe, daß die hiesige Therapie greifen würde. In den nächsten Wochen gab ich Durchhalteparolen in Richtung Rügen: „Nicht aufgeben, wir schaffen es, Klaus hierherzuholen!"

Es folgte ein unvorstellbarer Psychokrieg für uns alle. Ich wußte nicht wirklich, ob es gelingen würde, und Marianne und Klaus bekamen plötzlich Versprechungen, denen zu erliegen ziemlich verlockend war. Mich rief ein Herr X aus dem unmittelbaren Umfeld des damaligen Bundespräsidenten an: Ich solle nicht mehr mit dem Ehepaar telefonieren, da sich die staatlichen Organe der DDR durch mich gestört fühlten und keine Verhandlungen mehr führen würden, wenn ich nicht endlich meinen Mund hielte. Ich habe diesem bundesdeutschen Beamten gesagt, daß ich mich nicht einschüchtern ließe, diese Familie brauche mich; und ich sagte ihm auch, er habe keine Ahnung, wie die staatlichen Behörden der DDR tickten.

Als Marianne endlich einen Anruf erhielt, die Pässe bei der Volkspolizei abzuholen, jubelten wir. Kurze Zeit später rief sie mich unter Tränen an. Auf der Dienststelle in Bergen auf Rügen war behauptet worden, niemand hätte sie angerufen. Höhnisch hatte man ihr empfohlen, einen Psychiater in Anspruch zu nehmen. Daraufhin rief ich ins Telefon, alles an die Presse zu geben, wenn dem Ehepaar nicht morgen seine Ausreise bewilligt würde. Am nächsten Tag bekam Klaus die Genehmigung, sich in Bonn behandeln zu lassen. Marianne durfte als Begleitperson ihres kranken Mannes mitfahren.

Ich brachte beide zum Chefarzt in die Janker Klink. Die Ärzte in der DDR hatten dem Patienten keine Befunde oder Unterlagen mitgegeben, worauf der Chefarzt Klaus versicherte: „Na, dann werden wir denen mal zeigen, was eine Harke ist. Wir machen sie gesund."

Ich glaube fest daran, daß dieser Satz der Beginn einer wundersamen Heilung war. Meine Familie und ich kümmerten uns jedes Wochenende um Klaus und holten ihn aus der Klinik zu uns nach Hause, bis er wieder nach Rügen zurückkehren durfte. Er hat diesen Krebs überlebt, starb aber vor einigen Jahren an einer anderen Erkrankung.

Der Autounfall

Den 18. Oktober 1988, einen sonnigen Tag, werde ich nicht vergessen. Seit acht Jahren bereits hatten mir die staatlichen Organe der DDR die Einreise verweigert. Zunächst, weil ich im Deutschlandfunk Kommentare zu politischen und gesellschaftlichen Zuständen in der DDR gegeben hatte. Nun wurde ich noch mehr zu ihrem erklärten Feind wegen meines Einsatzes für die Krebsbehandlung von Klaus in Bonn und die der DDR daraus entstandenen Krankenhauskosten, die in Valuta hatten bezahlt werden müssen. Trotzdem bekam ich ein Jahr später eine Einreisegenehmigung. Eine ehemalige Freundin aus Warnemünde, die offensichtlich Stasi-Kontakte besaß, hatte sich angeboten, mir durch Beziehungen eine Besuchserlaubnis zu besorgen, und sie hatte tatsächlich Erfolg. Bereits nach einer Woche hatte ich die Einreisepapiere*).

Meine Ausreise lag bereits elf Jahre zurück und mich zerriß die Sehnsucht, endlich einmal wieder nach Hause auf die Insel Rügen fahren zu können. Nach so langen Jahren als Bundesbürgerin war ich nicht mehr wachsam genug. Mein Verstand und meine Intuition für Gefahr waren bereits dem Konsum erlegen, sonst hätte ich mich erinnern müssen, daß es unmöglich war, sich als Privatperson in der DDR für eine Frau wie mich einzusetzen, die generell keinerlei Besuchserlaubnis erhielt – gesperrt war, wie das hieß. Ich folgte nur meinem so lange unerfüllten Traum. Euphorisch vor Glück packte ich den Kofferraum meines Autos voller Geschenke und startete aus dem Rheinland in Richtung Lübeck. Auf der Höhe von Buchholz bei Hamburg scherte ein Mercedes-Fahrer aus, der mich nicht auf der Überholspur gesehen hatte. Ich überschlug mich bei einem Ausweichmanöver mehrfach, schlitterte über den Asphalt und schoß auf eine Böschung zu. Während das passierte, dachte ich: „Mein Gott, jetzt komme ich wieder nicht nach Hause."

Nach meiner Bergung lag ich mit diversen Verletzungen drei Wochen im Krankenhaus. Irgendwie wurde ich das Gefühl nicht los, daß der Unfall herbeigeführt worden war, daß es ein Stasi-Angriff gewesen sein könnte. Zu dubios war das Beschaffen meiner Besuchserlaubnis gewesen.

---

*) Der sogenannte Berechtigungsschein mußte dann an der Grenze zusammen mit der privaten Einladung vorgewiesen werden, worauf man das Visum erhielt.

Was in den Akten stand

Ein Jahr später, nach der Grenzöffnung, beantragte ich Einsicht in meine Stasi-Akten. Nach einer Wartezeit von zwei Jahren konnte ich es Schwarz auf Weiß lesen: Ich hatte mit Hilfe der falschen Freundin in eine Falle gelockt werden sollen. Hinter dem Grenzübergang hätte ein Verhaftungskommando auf mich gewartet. Nicht nach Rügen wäre ich gekommen, dafür aber ins Zuchthaus. Die Stasi hatte kein Verständnis für meinen Akt der Nächstenliebe entwickeln können. Der Mann, der mich von der Fahrbahn gedrängt hatte, war ein netter Handelsvertreter, der nur einen kurzen Moment unaufmerksam gewesen war und mir dadurch unbewußt eine Haftstrafe in einem berüchtigten DDR-Gefängnis erspart hat.

Als ich aus den Akten die Wahrheit erfuhr, war Mariannes Ehe gescheitert, und so konnte ich ihr mitteilen, daß auch ihr Mann Klaus IM, das heißt Informeller Mitarbeiter, gewesen war. Aus Bonn geheilt zurückgekehrt, hatte er sich einschüchtern lassen und bei der nächsten Nachuntersuchung in Bonn Informationen über unsere Familien gesammelt. Den Behörden in der DDR erschien es offenbar unheimlich, daß eine Frau wie ich ohne weiteres mit Frau von Weizsäcker Kontakt aufnehmen konnte.

Die Freundschaft von Marianne und mir hat das alles überdauert. Heute habe ich ein Paket von ihr bekommen. Beim Öffnen bekam ich eine Vorstellung davon, wie Marianne sich in all den Jahren mit meinen Paketen gefühlt haben muß. Auf meinem Tisch stapeln sich Halloren-Kugeln, Rostocker Salami mit und ohne Knoblauch, Mecklenburger Lachsschinken und Räucheraal. Das Highlight aber ist eine wunderschöne italienische Handtasche aus feinstem Leder. Marianne hat sich ein eigenes Schuhgeschäft aufgebaut, und kauft auf Messen oft etwas Exquisites für mich. Sie sagt, das sei ihr Dankeschön für meine vielen Westpakete.

Carmen J. Köppen

Ein Torero im Gemüseladen

Seit 1977 wohnte ich mit Mann und Tochter in Eisenhütten-
stadt. Alljährlich zu Weihnachten kam meine Mutter aus dem
Westen für eine Woche zu uns zu Besuch.

Wenn sie darauf bestand, mich zwischen den Feiertagen
auf einem meiner üblichen Einkaufswege zu begleiten, endete das regelmäßig mit einem Fiasko. Mutter war eine sehr
temperamentvolle, bewegliche kleine Dame. Immer gepflegt,
selbstsicher und elegant, war sie es nicht gewohnt, ihre Meinung zu verbergen. Ungeniert und nicht gerade leise verkündete sie jedem, was sie von ihm hielt. Als wir meinen
Gemüseladen betraten, fragte sie ungehalten: „Was stinkt
hier denn so impertinent? Das ist ja unerhört, wie kannst du
nur in einem solchen Laden einkaufen?"

Hinter vorgehaltener Hand flüsterte ich ihr zu, daß es die
Kartoffeln seien, die in einem riesigen Behälter in der Mitte
des Ladens vor sich hinfaulten. Außer uns stand nur noch
eine einzige Kundin im Laden, die sich mit der Verkäuferin
ausführlich über Eheprobleme und Kochrezepte unterhielt.
Die Frau hinter dem Ladentisch sah durch uns hindurch.
Wir waren Luft für sie, nicht anwesend. Inzwischen steuerte
Mutti auf einen großen Karton zu, sah wie gebannt hinein
und befragte mich weiter in vorwurfsvollem Ton: „Was sind
denn das für schwarze Dinger? Die kann man ja gar nicht
anfassen, so dreckig sind die!"

Langsam brach mir der Schweiß aus, ein böser Blick der Verkäuferin traf mich strafend.

„Das sind Möhren, die sehen nun mal bei uns so aus", antwortete ich leise.

Gegen den Zustand von Weißkohl, Rotkohl und Äpfeln, die um diese Jahreszeit als einzige Vitaminspender angeboten wurden, hatte Mutti nichts einzuwenden.

Weitere zehn Minuten verstrichen. Noch immer waren wir für die Verkäuferin Luft, und ich befürchtete schon eine mütterliche Explosion, als sich die beiden Freundinnen endlich entschlossen, ihr Privatgespräch zu beenden. Rasch holte die Verkäuferin noch eine gefüllte braune Tüte unter dem Ladentisch hervor, drückte sie ihrer Kundin in die Hand und wünschte guten Appetit, bevor man sich mit Küßchen verabschiedete.

„Bitte?", wurde ich nun endlich gefragt. Ein Kilo Äpfel und ein Weißkohl flogen unsanft vor mir auf die Verkaufstheke, während uns die bösen Blicke der Gemüsehändlerin durchbohrten. Schnell holte ich meine Börse heraus, um zu zahlen, hatte dabei aber nicht an Muttis Racheplan für Nichtbeachtung, Unfreundlichkeit und Frechheit gedacht.

„Ich möchte auch solch eine braune Tüte", flötete sie zukkersüß. Dabei blitzten ihre Augen kampflustig.

„Welche Tüte?", fragte die Frau hinter dem Ladentisch und setzte noch boshaft eins obendrauf: „Hier gibt es keine braunen Tüten!"

Jetzt war sie da, die Katastrophe!

Die sich anschließende Diskussion zwischen den beiden Frauen war nicht laut, eher leise, voller Giftpfeile und sehr böse. Die Verkäuferin kannte nicht das hervorragende rhetorische Talent meiner Mutter und wurde treffsicher mattgesetzt. Höchst zufrieden stopfte Mutti in meinen Einkaufskorb die erbeutete braune Tüte, von deren Inhalt wir beide keine Ahnung hatten. Wie ein kleiner Torero nach dem Sieg in der Arena stöckelte sie siegreich aus dem Laden. Mir

war völlig klar, daß ich meine bisherige Gemüseverkaufs-
stelle wechseln mußte, die Frau hinter dem Ladentisch würde mir die Szene niemals verzeihen.

Als wir zu Hause die vertrackte Tüte herausholten und
öffneten, sahen uns vier kleine grünlich-gelbe Orangen aus
Kuba traurig an.

„Wegen dieser blöden Dinger machst du ein derartiges
Theater", konnte ich mir nicht verkneifen. Aber Mutti war
glücklich und zufrieden, der Sieg über die Verkäuferin zeigte seine positive Wirkung.

Grundsätzlich war sie der festen Ansicht, daß bei uns in
der DDR sowieso alles auf dem Kopf stehe: Dienstleistende
Berufsgruppen hatten sich zu Gönnern qualifiziert, während
Kunden oder Gäste als Bittsteller fungierten, abhängig und,
wenn möglich, demütig.

Am Ende dieser sich jedes Jahr wiederholenden Besuchs-
woche sollten dann noch die zwangsumgetauschten DDR-
Mark ausgegeben werden, ebenfalls ein regelmäßiges Ärger-
nis. Eine Vase aus Kristall erwies sich als für den Export
verboten, ebenso ein kleines Opernglas, selbst wollene Un-
terwäsche und warme Hausschuhe fielen unter die Rubrik
„Ausfuhr nicht erlaubt".

So endete jeder Westmutti-Besuch alljährlich in einem Lokal, wo sie das Ostgeld in Kaffee, Kuchen und Likör für Familie und Freunde investierte. Ebenso regelmäßig legte sie
sich bei dieser Gelegenheit mit dem, wie sie meinte, unver-
schämten Servierpersonal an. In vielen Lokalen der DDR
mußte der Gast respektvoll an der Eingangstür so lange
warten, bis er von größtenteils unfreundlichen Kellnerinnen
oder Kellnern platziert wurde. Und wehe dem frechen Gast,
der es wagte, ohne Erlaubnis einen Platz einzunehmen, selbst
wenn die Gaststätte nur halb besetzt war!

Darüber ärgerte sich Mutti bei ihren Besuchen maßlos.
Aber einmal hatte sie am Silvesterabend festgestellt, uns gin-

ge es doch wirklich blendend. – Kein Wunder, schließlich hatte ich in die Vorbereitung der Feiertage wochen- oder vielmehr monatelang viel Zeit, Geduld und Beziehungen investiert. – Als wir aber dann bei ihrer Abschiedseinladung endlich in der Gaststätte eingelassen worden waren und unter den ungnädigen Blicken der Kellner am Tisch saßen, nahm sie spätestens beim dünnen Abschiedskaffee für ihr (zwangsumgetauschtes) Westgeld, wie sie lachend spottete, ihre unbedachte Bemerkung reuevoll zurück. Diese Worte wären ihr vorschnell aus dem Mund gerutscht, gestand sie.

Trotz mancher kleinen Unstimmigkeit freuten wir uns jedes Jahr auf ihren Besuch.

[Neustadt/Aisch, Bayern – Berlin – Dresden, Sachsen;
1975 und 1981]

Luise Beyerlein

Kontrolliert und plaziert – Reisen in den Osten

Anläßlich eines Besuches in West-Berlin wollte ich mich mit
meiner Freundin aus Weimar in Ost-Berlin treffen. Ich fuhr
mit der U-Bahn bis Friedrichstraße und fand mich beim Aussteigen in einer Menschenmenge wieder, die treppab zu den
Kontrollräumen der Volkspolizei stieg. Stufe für Stufe ging's
voran. Endlich war ich von dem Menschenpulk vor einen Schalter geschoben worden, hinter dem zwei Polizisten saßen. Sie
nahmen mir meinen Reisepaß ab, und ich bekam einen Zettel
mit einer Nummer. In einem fensterlosen, beleuchteten Raum
stand ich nun mit vielen anderen und wartete ...
Außer zwei Stühlen gab es keine Sitzgelegenheiten. Ich kam
mir vor, als sei ich in einem rechtsfreien Raum – so ohne jeden
Ausweis. Aus einem Lautsprecher wurden Zahlen aufgerufen,
das waren die Nummern auf den Zetteln. Der Aufruf erfolgte
nicht nach einer arithmetischen Reihe, sondern durcheinander. Trotz der vielen Menschen herrschte eine angespannte Stille. War die eigene Nummer aufgerufen, konnte man durch eine
Tür den Raum verlassen und stand erneut vor einem Schalter.
Wieder saßen dahinter zwei Polizisten. Sie gaben mir meinen
Reisepaß zurück. Wann und wo ich das „Eintrittsgeld" für einen halben Tag in Ost-Berlin zahlte, weiß ich nicht mehr.
In die DDR „entlassen", traf ich erneut auf eine große
Menschenmenge. Diesmal waren es die Wartenden, die ih-
ren Besuch empfangen wollten. Natürlich brachte der Be-

Der Tränenpalast, die ehemalige Ausreisehalle, war in der Zeit der Berliner Mauer Teil des Grenzübergangs Bahnhof Friedrichstraße. Er wurde zu einer Dokumentations- und Veranstaltungsstätte ausgebaut und zeigt ab September 2011 die Dauerausstellung „Teilung und Grenze im Alltag der Deutschen".

such etwas mit aus dem „goldenen Westen". In einem Netz, sichtbar für jedermann, hatte ich ein Buch von der amerikanischen Schriftstellerin Pearl S. Bück dabei. Wäre ich darauf angesprochen worden, hätte ich es als meine Reiselektüre ausgegeben. Meine wartende Freundin war glückselig über die Literatur aus dem Westen. Als ich Monate später, bei einem Besuch in Weimar, das Buch wiedersah, war es vollkommen „zerlesen"; durch viele, viele Hände war die verbotene Literatur gegangen.

Am Abend führte mich mein Weg wieder eine lange Strecke zurück, durch den „Palast der Tränen" – so genannt, weil hier stets tränenreich Abschied genommen wurde –, vorbei an Kontrollschaltern, bis zum U-Bahnsteig des Bahnhofs Friedrichstraße. Aufatmend ließen sich die Rückkehrer auf die Sitze der U-Bahn fallen – es ging zurück in die Freiheit!

Diesen Weg über den „Tränenpalast" ging ich ein anderes Mal, um einen Fernreisezug zu besteigen. Auf der ganzen Länge des Zuges hatten vor jedem Wagenzugang Grenzsoldaten Aufstellung genommen. Sie standen unbeweglich – wie Wachsfiguren. Die Beine waren gegrätscht, die beiden Arme abgewinkelt am Koppel, der Blick starr in die Ferne gerichtet. Für sie existierten wir nicht. Über Lautsprecher erhielten wir unsere Anweisungen. Hinter einer weißen Linie hatten wir zu warten, bis alle Kontrollmaßnahmen mit Hunden, Taschenlampen und Leitern abgeschlossen waren. Erst als die Soldaten nach einem Befehl in geschlossener Formation abmarschiert waren, durften wir im Wagen Platz nehmen.

Um auch etwas von den Sehenswürdigkeiten Ost-Berlins zu erfahren, schloß ich mich der Stadtführung eines West-Berliner Busunternehmens an. Meine Bekannte aus Spandau wollte mich begleiten. Aber schon beim Einsteigen wurde sie zurückgeschickt: In diesem Bus durften nur Bürger der Bundesrepublik einsteigen. West-Berliner, die einen besonderen Ausweis und einen anderen Grenzübergang hatten, mußten einen eigenen Bus benutzen!

Also fuhr ich allein. Der Reiseleiter sammelte unsere Ausweise ein. Am Grenzübergang für Bürger der Bundesrepublik ließen uns Grenzpolizisten aussteigen und neben dem Bus aufstellen. Wenn der Name aus dem Ausweis vorgelesen wurde, mußte man laut „Hier!" rufen. Teilnehmer und Ausweise wurden abgezählt. Für die Führung durch Ost-Berlin stieg ein eigener Reiseleiter zu. Wie zu erwarten, waren die Informationen teilweise recht einseitig. So erfuhren wir, daß es erst seit DDR-Zeiten Toiletten in den Wohnungen gäbe – vorher seien sie im Treppenhaus gewesen!

Das Hauptziel war das Sowjetische Ehrenmal in Treptow. Zu einem kurzen Spaziergang verließen wir dort den Bus, nicht ohne beim Aussteigen und Einsteigen erneut kontrolliert und gezählt zu werden. Am Grenzübergang zurück nach West-Berlin verließ uns der Stadtbilderklärer. Nach abermaliger Kontrolle durften wir unsere Ausweise wieder in Empfang nehmen, den Sowjetsektor verlassen und in den amerikanischen Sektor einreisen. In späteren Jahren fuhr ich mit meiner Familie bei Besuchen in der DDR einfach gleich nach Ost-Berlin und konnte die dortigen Kunstschätze ausführlich betrachten.

Sie werden plaziert!

Bei unserem ersten Besuch in Dresden 1981 zeigten uns unsere Gastgeber die Sehenswürdigkeiten der Stadt: den Zwinger, das Grüne Gewölbe, die Brühlsche Terrasse, die Prager Straße. Gegen 11 Uhr verließ uns Frau Sch., um sich am Restaurant des Kulturpalastes zum Essen anzustellen. Wir anderen trafen dann zu Mittag dort ein. Vor dem Restaurant

Der Dresdener Zwinger ist eine der vielbesuchten Attraktionen der Elbmetropole.

stand eine lange Schlange Wartender. Wir konnten nicht einfach eintreten und uns einen Platz suchen, ein Ober holte uns ab. Er fragte die zuvorderst Anstehenden, diesmal uns, „wieviele Plätze?" und geleitete uns dann gravitätisch an einen freien Tisch. Dieser Vorgang wiederholte sich. Immer schritt der Ober wie ein Zeremonienmeister vor kleinen Gruppen einher und brachte die Gäste an einen von ihm gewählten Platz. Geduldig standen die Menschen und warteten, bis sie abgeholt wurden. Das Lokal war groß und längst nicht alle Tische waren besetzt. Nach dem Essen konnte ich es mir nicht verkneifen, die Bedienung zu fragen: „Warum kann denn nicht jeder einfach seinen Platz selbst suchen?"

Daraufhin bekam ich zur Antwort: „Wir erwarten eine Delegation." – Wir blieben noch zum Kaffeetrinken – von einer Delegation war weit und breit nichts zu sehen.

Das gleiche Ritual erlebten wir im Restaurant an der Ba-

Wir reisten lieber privat in die DDR und genossen die Schönheit der Landschaft – trotz mancher Schikanen.

stei in der Sächsischen Schweiz. Allerdings hatten wir dort schon einige Zeit vor dem Mittagessen Rast zu einer Tasse Kaffee gemacht – da durften wir selbst Platz nehmen. Als wir sahen, daß sich Wartende anstellten, blieben wir gleich zum Mittagessen sitzen – sozusagen ohne Geleit! Auch hier war das Lokal groß und viele Tische waren frei.

Beim Kaffeetrinken am „Weißen Hirsch" durften wir uns ebenfalls nicht einfach an einem freien Tisch niederlassen. Wir landeten schließlich direkt neben der ungemütlichen Besteckausgabe, während noch Fensterplätze leer waren. Wieder konnte ich das nicht schweigend hinnehmen. Prompt wurden wir ans Fenster komplimentiert und hatten dann dort einen herrlichen Blick auf die Stadt und die Elbe. Obwohl wir als einfache Reisende uns äußerlich scheinbar nicht von den Bürgern der DDR unterschieden, wurden wir immer sofort als Westdeutsche erkannt. Ich vermute, das lag an dem selbstbewußten Auftreten der freien Bürger eines freien Landes.

Wir reisten weiter nach Prag. Iim Kaufhaus Prior, kam im Restaurant ein junges Paar an unseren Tisch. Sie sprachen deutsch. Ich fragte: „Sie sind Deutsche?"

Die junge Frau antwortete: „Ja, aber Sie kommen von der besseren Seite." Im weiteren Gespräch meinte ich, daß es auch auf „dieser Seite" genug Probleme gäbe, daraufhin sie: „Aber Sie bekommen jederzeit Wasserleitungshähne."

Dem hatte ich nichts entgegenzusetzen.

In Prag erlebten wir auch, daß zwischen Reisegruppen aus Westdeutschland und Tschechien eine Reihe von leeren Stühlen aufgestellt wurde. Als Devisenbringer waren sie willkommen, Kontakt war aber offensichtlich nicht erwünscht. Da hatten wir es als Einzelreisende besser, fast immer hatten wir an unserem Tisch Gesprächspartner, nicht nur Landsleute aus dem „anderen Deutschland", auch deutschsprachige Tschechen unterhielten sich gern.

*(Weitere **ZEITGUT**-Beiträge der Autorin sind am Buchende vermerkt.)*

[Herrnhut – Löbau, sächsische Oberlausitz;
1982/83]

Marianne Doerfel

Die weißen Magnolien

In den späten siebziger Jahren konnten westdeutsche Wis-
senschaftler erstmalig Anträge auf die Benutzung von Archi-
ven in der DDR stellen. Bis dahin waren die Archive nur Aus-
ländern zugänglich, und westdeutsche Forscher mußten sich
damit begnügen, in englischen oder französischen Veröffentlichungen nachzulesen, was die Autoren an deutschen historischen Quellen gefunden und ausgewertet hatten. Nun schienen sich die Türen also auch für uns Westdeutsche gelegentlich zu öffnen, und ich konnte endlich die erste Reise nach
Herrnhut beantragen, um dort im Archiv der Evangelischen
Brüderunität meine Forschung aufzunehmen. Auch nachfolgende Anträge wurden genehmigt.

Zur Anmeldung bei der Volkspolizei mußte ich am Tag nach
der Ankunft in die Kreisstadt Löbau fahren. Beim zweiten
Besuch fielen mir zwei riesige, herrlich blühende Magnolienbäume vor einer alten Villa auf. Die müßte man ja eigentlich
fotografieren, dachte ich. Aber für diese Straße gab es ein Hal-
teverbot, und natürlich wäre der Volkspolizei ein Wagen mit
westlichem Kennzeichen niemals entgangen. Überhaupt mußte ich mich vor jeder Gesetzesübertretung hüten, denn meine
Aufenthaltsgenehmigung für Herrnhut, mit einem „Dienst-
visum", war von der Kirche beantragt worden. Was immer
mir irgendwann und irgendwo zur Last gelegt werden konnte, würde den nächsten Antrag auf Aufenthaltsgenehmigung

*Zwei riesige, herr-
lich blühende
Magnolienbäume
vor einer alten Villa
erregten meine Auf-
merksamkeit, als
ich zur polizeilichen
Anmeldung nach
Löbau fuhr.*

womöglich erschweren. Jedesmal, wenn ich mich am Morgen nach der Ankunft im Archiv meldete, bat mich die Ar-
chivleiterin in ihr Büro; nicht nur, um meine Literatur-
Wunschliste zu notieren. Sie wollte auch hören, ob es Schwierigkeiten beim Grenzübergang gegeben hätte. Sorgsam wurden vorher die Fenster geschlossen, denn sie wußte, daß ich
mit meiner Meinung über die Schikanen an der Grenze nicht
zurückhielt. Halb war sie auf meiner Seite, halb folgte sie
nervös meinem Bericht – schließlich war sie es, die sich bei
Rückfragen als erste gegenüber der Kirchenleitung und den
staatlichen Behörden zu verantworten hätte, wenn ich bei
der Grenzkontrolle aufgefallen wäre.

Also fügte ich mich in alles. Fand mich auch damit ab, in
ein kleines Zimmer verbannt zu werden, als mir bei einem

Besuch gesagt wurde, ich könne nicht im Benutzerraum arbeiten. Dort hielt sich eine junge Frau auf, deren Mann im DDR-Innenministerium beschäftigt war. Sie hatte darum gebeten, den Raum nicht mit einer Westdeutschen teilen zu müssen. Beim Essen im Gästeheim wurden die Stimmen leiser, wenn ich den Raum betrat – Kleidung und Schuhe verrieten sofort die Herkunft. Immerhin aber wurde mir zuweilen ein Platz an einem Tisch mit Ostdeutschen angewiesen, wenn ich der einzige westdeutsche Essensgast war. Das Personal hätte mich ja auch allein an einen einzelnen Tisch setzen können – aber soweit sollte die politische Quarantäne in einem kirchlich geführten Gästeheim doch nicht getrieben werden.

Die Tischgespräche waren stets aufschlußreich. Als Urlaubsort war Herrnhut begehrt, es unterschied sich wohltuend von den FDGB-Ferienorten, das wurde mir immer wieder erklärt.

„Sie kennen das natürlich nicht, Sie können sich aussuchen, wo Sie Urlaub machen wollen, aber wir haben ja keine Wahl ..." Man buchte meist noch bei der Abreise für das nächste Jahr, denn die Plätze waren beschränkt.

Bald erkundigte ich mich nach dem Haus mit den Magnolien. Ich beschrieb die Straße, die Umgebung.

„Oh, da bleiben Sie besser nicht stehen, dort sitzt die Stasi."

„Was? In einem so schönen Haus?"

„Na ja, das ist nun einmal so bei uns, die besseren Häuser sind nicht für uns da."

Niemand kannte es von innen. „Darauf verzichten wir gerne!"

Nach der Heimreise ließen andere Eindrücke die trüben Bilder aus der DDR in den Hintergrund treten.

Im folgenden Frühjahr, 1983, stellte ich wieder einen Antrag auf Einreise zu Forschungszwecken. Alles ging glatt, ich fuhr durch Löbau, die Magnolien blühten prachtvoller denn je. Zwei Tage später beschloß ich, ein paar Einkäufe zu erledigen. Ich hatte bei einer Bekannten einen winzigen

Wecker gesehen, halb so groß wie eine Streichholzschachtel – das war gerade richtig für meine Zwecke. Der kleine Wecker aus Ruhla würde auf meinem stets mit Akten vollgepackten Arbeitstisch noch Platz finden und mich daran erinnern, nicht zu viel Zeit auf eine besonders spannende Lektüre zu verwenden. Schon im ersten Uhrengeschäft erhielt ich den Wecker, das war ein angenehmes Erlebnis. Keine Fragen, freundliche Bedienung – ich wanderte beschwingt durch die Straßen.

Plötzlich fand ich mich vor dem Haus mit den Magnolien wieder. Die Straße war menschenleer. Also diesmal mußte nun endlich fotografiert werden. Ich hatte es mir jedesmal vorgenommen und inzwischen längst vergessen, wer das Haus bewohnte. Ein alter schmiedeeiserner Gartenzaun auf einem Mäuerchen zog sich rund um den großen, alten Garten. Die Magnolien standen an der Rückseite des Hauses, rechts und links vor einer großen Glastür, dem Ausgang zum Garten. Einige breite Stufen davor wirkten schon etwas verwittert, Unkraut wucherte hier und da; aber das weiße Blütenmeer tauchte alles in ein romantisches Licht. Ich hielt den Fotoapparat an die Gitterstäbe – nein, ein paar Schritte nach rechts schien günstiger zu sein. Es sollte schließlich alles auf das Bild: Magnolien, Stufen, Tür. Gartenfotos aus England standen vor meinem inneren Auge, teils gekauft, teils selbst aufgenommen. Solche großen alten Magnolien hatte ich aber auch in England noch nicht entdeckt. Die Sonne stand genau richtig, in meinem Rücken. Das Objektiv paßte gerade zwischen die engen Stäbe, großartig. Einstellen, Blick durch den Sucher – abdrücken. Im gleichen Moment legte sich eine Hand auf meine Schulter.

„Was machen Sie denn hier?", fragte eine männliche Stimme.

Blick nach hinten: ein Offizier der Grenztruppen!

„Ich fotografiere die Magnolien!"

„So, wissen Sie nicht, daß das verboten ist?"

„Nein, seit wann darf man denn blühende Bäume nicht fotografieren?"

„Das werden Sie gleich erfahren. Kommen Sie mit."

Wortlos dirigierte mich der Mann zum Eingang an einer anderen Seite des Hauses. An der Gartentür stand ein Posten und öffnete sie. Wir gingen den Gang hinunter zum Hauseingang mit einem weiteren Wachtposten. Er klingelte. Aus einer Sprechanlage wurde irgend etwas gefragt. Die Antwort wurde so leise gegeben, daß ich nichts verstehen konnte. Dann wendete mein Bewacher sich mir zu: „Ihren Ausweis und die Kamera geben Sie jetzt mir und warten hier."

Brav lieferte ich beides ab. Die Tür öffnete sich, ein Uniformierter kam heraus, mein Bewacher ging hinein, schloß die Haustür. Der Uniformierte musterte mich kurz, blieb dann neben mir stehen. Schweigend warteten wir beide vor der Tür. Nach etwa zehn Minuten schnarrte die Sprechanlage, dann folgte der Summer für das Türschloß. Der Uniformierte drückte die Tür auf. „Kommen Sie mit!"

Wir betraten die Vorhalle. Eine gediegene Bürgervilla, hier war offenbar die Garderobe gewesen, wo man ablegte. Jetzt saß hier ein weiterer Uniformierter an einem kleinen Tisch, sah nur flüchtig auf und widmete sich weiter irgendwelchen Papieren. Mein Bewacher verschwand. Nach einigen Minuten wies der Uniformierte auf einen einfachen Holzstuhl.

„Sie können sich setzen."

Der Raum war völlig leer. An der Wand ein Bild vom Staatsratsvorsitzenden, zwei Fahnen der DDR, im Hintergrund eine weitere verglaste, zweiflügelige Tür. Sonst gab es nichts zu betrachten und ich begann ungeduldig zu werden. Ich wollte ja längst wieder auf meinem Platz im Archiv sitzen, meine Zeit war begrenzt. Schließlich fragte ich etwas gereizt den Uniformierten: „Wie lange muß ich denn hier noch warten?"

„Das werden Sie schon sehen", knurrte er unfreundlich.

Aus dem Innern des Hauses war nichts zu hören, keine Stimmen, kein Türenschlagen, kein Telefon.

Endlich öffnete sich die Glastür im Hintergrund. Ein Mann in Zivil forderte mich auf mitzukommen. Der nächste Raum war wieder eine Vorhalle, diesmal etwas größer, aber dunkler, mit drei geschlossenen Türen. Die führten offenbar zu den ehemaligen Wohnräumen. Ein paar Stühle standen an der Wand, ein leeres Regal, der Fußboden blank, fleckenlos. Der Zivilist war verschwunden, nachdem er auf einen Stuhl gedeutet hatte. Wieder Warten. Diesmal dauerte es aber nicht lange. Ein weiterer Mann ohne Uniform erschien, um mich in einen großen Raum mit einem langen Eßtisch im Stil der zwanziger Jahre zu bringen. Solides Holz, eine schwere, blanke Tischplatte. Ringsherum hohe Stühle, Sitze und Rücken mit Leder bezogen. Die Decke über mir hatte eine hübsche Stuckverzierung; hohe Fenster mit breiten Fensterbänken verrieten einstigen Wohlstand. Mit passenden Gardinen, Pflanzen, einem gedeckten Tisch, Teppichen und ein paar Bildern an den Wänden mochte der großzügig geschnittene Raum die Gäste wohl einst beeindruckt haben – jetzt wirkte er zwar leer, hatte aber immer noch einen Rest von privater Atmosphäre. Der spiegelblank polierte Parkettfußboden unterschied sich wohltuend von den trüben grauen Kunststoffbelägen in anderen DDR-Büros, in denen es stets penetrant nach heimischer „Plaste" roch.

Der Mann, der mich hereingeführt hatte, setzte sich ans Kopfende des langen Tisches. Er hatte meinen Paß in der Hand und wies mir einen Platz neben sich an, drehte sich mir höflich zu. Seine Haltung war entspannt, der Blick aufmerksam, aber eher ermunternd; etwa so wie bei einem Vorstellungsgespräch. Nun begann mein Verhör. Ich mußte berichten, aus welchem Grund ich in der DDR war, meine Forschung begründen. Geschichte der Elitenbildung und -erziehung, Wertevermittlung.

Interessant. Hatte ich Pädagogik studiert?

Nein, Politische Wissenschaft.

Soso, in Westdeutschland?

Nein, in West-Berlin, am Otto-Suhr-Institut.

Ein prüfender Blick, nachdenkliche Pause. Das Otto-Suhr-Institut galt als Agenten-Hochburg, das war mir wohl bekannt. Doch diesen Aspekt berührte mein Vernehmer nicht. Er wollte vielmehr wissen, wie ich zu dem jetzigen Thema gekommen sei. Also wies ich auf das Thema meiner Dissertation über Kurt Tucholsky und die nachfolgende Beschäftigung mit der literarischen linken Intelligenz in der Weimarer Republik hin. Einige Fragen ließen erkennen, daß mein Gesprächspartner in der deutschen Geistesgeschichte nicht unbewandert war; er deutete auch an, daß er ein Studium absolviert hatte – wir gerieten fast in ein wissenschaftliches Gespräch. Keine Polemik, kein Versuch, eine Stellungnahme zu provozieren. Dann blickte er auf seine Uhr und wechselte das Thema.

Weswegen ich hier säße, sei mir inzwischen gewiß klar? Über die Gesetze der DDR sei ich doch wohl informiert? Darüber, daß man öffentliche Gebäude nicht fotografieren dürfe?

An sich ja, aber ich hätte nirgendwo ein Schild gesehen.

Oh, das sei aber doch kaum zu übersehen.

„Ja, wo ist es denn?"

„Nun, gleich beim Eingang."

„Da bin ich aber nicht gewesen. Ich habe mich auf die Magnolien konzentriert und die sind doch offenbar hinten."

Darauf ging mein Vernehmer nicht weiter ein. Was ich denn sonst noch so fotografiert hätte, wollte er wissen. Hier in der DDR nichts weiter, die anderen Aufnahmen auf dem Film hätte ich zu Hause gemacht – soweit ich mich erinnern könne, seien es auch Blumen. Nun, das werde man ja sehen, der Film müsse in jedem Fall herausgenommen und geprüft werden.

„Bei Ihnen gelten doch ganz ähnliche Gesetze, oder etwa nicht?"

Nein, das konnte ich nicht bestätigen. Ich hatte auch Gartenanlagen des Verteidigungsministeriums in Bonn fotografiert, weil sie ein so hübsches Bild boten. „Bei uns kann man alles fotografieren, auch in Bonn."

Die Villa Sanssouci in der Löbauer Hartmannstraße hat eine wechselvolle Geschichte: 1889 vom Baumeister Bruno Berthold im Auftrag des Löbauer Textilfabrikanten Eduard Rönsch erbaut, wurde sie 1908 vom Textilfabrikanten Julius Müller erworben und ging 1945 durch Enteignung an die sowjetische Militärkommandantur. Von 1960 bis 1990 nutzte die Staatssicherheit der DDR das Gebäude, äußerlich sichtbar nur an den Antennenmasten. Von 1990 bis 1993 war das städtische Standesamt in der Villa untergebracht. Seit 1998 ist die Villa wieder in Privatbesitz.

Nun, das bezweifelte mein Gegenüber, verfolgte das Thema aber nicht weiter.

Vielleicht hatte ich die eine oder andere verfängliche Frage nicht bemerkt, vielleicht die psychologische Verhörtechnik nicht durchschaut – wie auch immer, ich empfand die Atmosphäre nicht als unangenehm. Mein Gesprächspartner lächelte zuweilen freundlich, zeigte sich gelassen, blieb immer höflich. Der Offizier, der mich verhaftet hatte, war nach einiger Zeit hereingekommen, hatte dem Kollegen etwas zugeflüstert und sich dann schweigend zu uns gesetzt. Erst jetzt wurde mir bewußt, daß es keine Zeugen unseres bisherigen Gesprächs gegeben hatte. Oder war irgendwo ein Tonband versteckt?

Als die Belehrung zu Ende war, wurde mir mitgeteilt, daß ich jetzt meine Kamera zurückbekäme, ohne Film. Der würde in den nächsten Tagen entwickelt und dann könne ich ihn abholen, bei der Wache im Eingang. Mein Vernehmer hatte den Ton gewechselt. Warnend – oder drohend? – schloß er mit der Empfehlung, mich in Zukunft genau an die Gesetze der DDR zu halten. Meinen Ausweis, den er während des Gesprächs in der Hand gehabt hatte, reichte er mir zurück, ebenso meine Kamera, die inzwischen von einem weiteren Mitarbeiter hereingebracht worden war. Ein kurzes Kopfnicken, dann verschwand er.

In der halbdunklen Vorhalle erwartete mich bereits ein weiterer Mann in Zivil, der mich zur Glastür brachte. Meine Frage, wem denn das Haus früher gehört habe und wie alt es wohl sei, wurde überhört. Die Wache in der Garderobe begleitete mich zur Haustür, öffnete sie und schloß sie hinter mir. Der Posten vor dem Eingang brachte mich zur Gartenpforte, der Summer ertönte, er zog die Tür auf, ließ mich durchgehen und dann schnappte die Tür wieder ein. Etwas benommen wanderte ich die sonnenhelle Straße hinab, warf noch einen letzten Blick auf die Magnolien und suchte verwirrt nach meinem Auto.

Am Abend erzählte ich einem westdeutschen Kollegen, gleichfalls zu Forschungsarbeiten im Archiv, von meinem eigenartigen Abenteuer. Er hörte nachdenklich zu und meinte dann, ich verdanke die glimpfliche Behandlung wohl Franz-Josef Strauß. Der habe gerade der DDR einen Kredit von drei Millionen DM verschafft, „da zieht dann selbst die Stasi etwas andere Seiten auf. Aber vermutlich nicht lange."

Der Archivarin stattete ich Bericht ab. Sie sah mich entsetzt an. „Das Stasi-Gebäude haben Sie fotografiert? Wußten Sie denn nicht, daß in dem Haus die Stasi sitzt?"

Kleinlaut gestand ich, daß ich das vergessen hatte.

„Wie kann man so etwas vergessen?"

Pause. Dann mußte ich noch einmal alles wiederholen, Wort für Wort.

„Und Sie mußten kein Protokoll unterschreiben?"

„Nein, nur quittieren, daß ich die Kamera zurückerhalten habe."

„Na, da können Sie ja von Glück sagen, daß die Kamera nicht einbehalten wurde. Aber Ihr Name ist jetzt dort erfaßt; hoffentlich gibt es keine Schwierigkeiten, wenn Sie noch mal herkommen wollen. Die werden Sie jetzt nicht mehr aus dem Auge lassen."

Mit einigem Unbehagen wanderte ich drei Tage später wieder zur Staatssicherheit. Wieder Warten vor dem Eingang. Doch es dauerte nicht lange, bis jemand erschien und mir meinen Film zurückgab. „Wir haben ihn entwickelt und einige Fotos herausgenommen."

Damit war ich bereits entlassen. Wieder brachte mich die Wache zur Gartenpforte, drückte auf den Summer, öffnete die Tür, schloß sie hinter mir.

Nach der Rückkehr in meinen Heimatort ließ ich Abzüge von dem restlichen Film machen. Vier oder fünf Negative waren belichtet. Sie zeigten meine prachtvolle Amaryllis in voller Blüte. Aber was für schaurige Farben!

In geisterhaftem Grün und bleichem Bonbonrosa schienen die Kelche in der Nahaufnahme eher einem makabren Röntgenbild zu gleichen. Ich hatte mit der Aufnahme gewartet, bis die Sonne tief genug stand, um die großen Blütenblätter im Gegenlicht leuchten zu lassen. Der Topf stand auf der Fensterbank, unter einem dunkelblauen, in Blei gefaßten Fensterbild, das durch das einfallende Licht eine zauberhafte Tiefe erhielt und die Transparenz der weitaufspringenden, lilienförmigen Blüten noch unterstrichen hatte. Stumm starrte ich auf meine tristen Fotoskelette.

„Die haben drüben keinen Entwickler für unsere Farbfilme", tröstete der Fotohändler, „der, den sie haben, eignet sich nur für Ostfilme."

Ich hörte ihn kaum. Je länger ich die Fotos betrachtete, desto mehr hatte ich das unheimliche Gefühl, auf eine dicke Eisfläche zu blicken, unter der alles Leben eingefroren war. Schemenhaft tauchte vor meinem inneren Auge das stille Haus mit den Magnolien auf, die schweigenden Posten, der Mann neben mir im Salon. Es kam mir vor, als ob auch sie hinter einer Wand aus Eis lebten.

[Celle/Aller, Niedersachsen – Grenzübergang Bergen/
Dumme – Gardelegen, Altmark, damals DDR;
1982]

Hans Werner Krafft

„...und für Claudia noch eine Sammeltasse!"

Es schien, als bewegten sich die schwarzen Zeiger auf dem
angerosteten Zifferblatt der großen Uhr, die die graue Hofsei-
te der Kontrollstelle Bergen/Dumme an der Grenze zwischen
der Bundesrepublik und der DDR verunzierte, kaum; die Zeit
schien zu stehen. Ein Volkspolizist, ein Grenzer, hatte unser
Auto an diesem Oktobertag 1982 auf einen Stellplatz gegenüber dem Hauptgebäude dirigiert, uns kurz und ruppig angewiesen, zu warten und war mit unserem Super-Acht-Film-
projektor aus dem Kofferraum sowie zwei Filmrollen eilends,
wie ein Dieb mit kostbarer Beute, im Kontrollgebäude verschwunden. Die kleinen Filmspulen hatte Helga sorgsam zu
zwei 120-Meter-Rollen gecuttert. Sie zeigten Urlaubsszenen,
Gartentage, Ausflüge und allerlei Privates mehr und waren
für uns eine Art Tagebuch des Jahres.

Nun warteten wir. Merkwürdig ruhig war es auf dem weit-
läufigen, überdachten Kontrollgelände geworden, Autos
stauten sich, sämtliche Tore, alle Schlagbäume, waren geschlossen, kein Grenzer war zu sehen. Gelassen, beherrscht,
nachsichtig, so kannte ich Helga seit Jahrzehnten, doch
jetzt, nach vierzig Minuten, war ihre Geduld am Ende. „Ich
gehe nachsehen!"

Entschlossen und selbstsicher, aber doch eleganten Schrittes, die braune Wildledertasche locker über der linken Schulter, schritt sie auf des Löwen volkseigene Höhle, das Kon-

trollgebäude, zu, ließ uns, Töchterchen Claudia, zehnjährig, und mich, besorgt im Auto zurück. Nach wenigen Minuten, überraschte sie uns bei ihrer Rückkehr mit beinahe fröhlichem Lächeln: „Etwa zehn Volkspolizisten hocken in dem kleinen Raum auf Stühlen, Schreibtischen und Fensterbänken, rauchen, und sehen sich unseren Film an!"

Minuten dauerte es nur noch, dann kam unser Grenzer, tatsächlich ein wenig verlegen, übergab mir Projektor und Filme, murmelte Unverständliches. Und dann geschah kaum Glaubhaftes: „Gute Reise, Sie können weiterfahren!"

Der Volkspolizist hatte tatsächlich auf die noch ausstehenden weiteren Kontrollen verzichtet.

Vor Wochen hatten wir anläßlich eines Familienfestes bei Verwandten in der DDR ein paar fröhliche Szenen auf Schmalfilm festgehalten – Videorecorder waren noch nicht erfunden. Gestrenge Grenzhüter hatten bei der Ausreise versichert, daß wir Filme und Vorführgerät, als Reisegepäck deklariert, problemlos ein- und am Abend wieder ausführen dürften. Nun, problemlos ging's ja auch, wenngleich mit langer Wartezeit!

Wir lebten damals „grenznah", wie die Gewaltigen der DDR unseren Landkreis nannten und durften sechsmal im Quartal jeweils für einen Tag mit vorher zu beantragender Erlaubnis in einen genau umschriebenen Kreis der DDR mit dem PKW reisen; Fahrten, die uns immer aufs Neue Unvorhersehbares, ja, Abenteuerliches erleben ließen. Gestaltete sich die Einreise noch halbwegs problemlos, Kofferraum- und Motorraumkontrolle, Durchsicht der Papiere, Prüfung der deklarierten Mitbringsel, Zwangsumtausch eines festen Betrages Deutscher Mark in die Währung der DDR, so war die Kontrolle bei der Ausreise eine schlimme Geduldsprobe. Alles, was ausgeführt wurde, selbst das kleinste Geschenk, war aufzulisten, Geschenke und Verzeichnis wurden verglichen, Koffer- und Motorraum peinlich genau durchgesehen. Rück-

bank und -lehne mußten gelockert und angehoben werden,
der Inhalt von Hand- und Brieftasche, von Koffern und Reisetaschen, wurde kontrolliert, ein auf kleinen Rollen fahr-
barer Spiegel im Aktentaschenformat wurde an langer Deich-
sel von allen Seiten unter das Fahrzeug geschoben.

Doch manchmal „menschelte" es auch bei gestrengen
Grenzern. Da waren jene köstlichen Maronen, Speisepilze
mit schokoladenbrauner Kappe, die liebe Verwandte beim
gemeinsamen Waldspaziergang an schönem Spätsommer-
Sonntag gesammelt und in einem flachen Karton trotz unseres Protestes in unseren Kofferraum gelegt hatten – die
Leute in der DDR waren sich unsere Ängste bei Grenzkon-
trollen wahrscheinlich nicht bewußt.

Wabernde Nebelschwaden begleiteten uns auf der abendli-
chen Rückfahrt. Das scheußlich grelle Licht der Grenzkontrolle war von weither schon zu sehen. Claudia, unsere Jüng-
ste, schluckte vernehmlich, sie hatte immer Angst vor der
Grenze.

Ein älterer, wirklich freundlicher Grenzer ließ den weißen
Schein seiner Stablampe über den Inhalt des Kofferraumes tan-
zen. Auf den Pilzen hielt der Lichtstrahl inne: „Was ist das?"

„Maronen, Speisepilze!"

Nervöses Blättern in abgegriffenem Handbuch – Maronen
waren offenbar nicht zu finden: „Legen Sie mal schnell die
Jacke drauf!"

Ließ die Zeit es zu, kauften wir einige Bücher in der DDR.
Wir wählten möglichst gerade aktuelle DDR-Autoren, aber
auch Dostojewski oder Tolstoi – Literatur, die gestrenge Vopo
bei der Ausreise-Kontrolle oftmals gnädig stimmte!

Keine Gnade aber kannte jene grüngewandete Grenzbe-
amtin, die Claudias Sammeltasse fand. Weite, kelchförmige
Tassen mit Untertasse und Dessertteller, kunstvoll gestal-
tet mit Blumen- oder Blattmotiven, Sammeltassen, wie man
sagte, waren damals sehr beliebt. Ein Pfingstsonnabend war

es, ein schöner Tag in Gardelegen, der kleinen Kreisstadt in der DDR. Fröhlich war der Gartentag mit lieben Verwandten, nun sollte es heimwärts gehen, wiederum durch die verhaßte Grenzkontrolle. Alle Papiere waren sorgsam ausgefüllt, wir saßen schon im Wagen, als eine Tante das Päckchen hereinreichte: „Und für Claudia noch eine Sammeltasse!"

Helga hatte fast alle Bestimmungen im Kopf, öffnete die Verpackung, drehte die Tasse um, sah auf die Porzellanmarke: „Nein, das ist aus der Manufaktur Graf Henneberg, das dürfen wir nicht ausführen!"

Tränen, gutes Zureden durch die Tante – schließlich ergänzte Helga das Ausfuhrprotokoll, natürlich ohne Herstellerangabe, reichte die wieder verpackte Tasse nach hinten zu unserer Kleinen. Die stieg an der Grenzkontrolle Bergen/Dumme mit uns aus dem Auto, angstgeweitet die braunen Augen, das Päckchen mit der Tasse fest an sich gedrückt.

„Was ist das?" fragte die Grenzerin, offenbar schon mißtrauisch und keineswegs zuvorkommend.

„Eine Tasse, ein Geschenk von unseren Verwandten an die Kleine", antwortete Helga so beiläufig wie möglich.

„Auspacken!", so das barsche Kommando. „Das ist Graf Henneberg, das dürfen Sie nicht ausführen!" –

Helga verstand es, meisterlich zu diskutieren, ihre lieben, mir so bekannten Gesichtszüge verrieten Entschlossenheit zu harter Debatte: „Aber das ist ein Geschenk an die Kleine, unsere Tochter liebt die Tasse bereits, die können Sie ihr doch nicht wieder wegnehmen."

„Ich kann noch viel mehr! Vielleicht stecken in den Türverkleidungen Ihres Autos noch weitere kostbare Porzellane. Wollen Sie alle Türverkleidungen abbauen?"

Was blieb meiner Frau, als betreten den Kopf zu schütteln?

„Na also! Die Tasse ist beschlagnahmt, geben Sie mir fünf Deutsche Mark West, dann schicken wir sie an ihre Verwandten zurück."

Tasse und Teller standen nun auf einem Blechtisch, Claudia weinte, in Helgas Gesicht zuckte es. Sie nahm das kostbare Delikt am Henkel, schaukelte es zwischen den Kuppen von Daumen und Zeigefinger.

„Und wenn das gute Stück mir nun hier auf den Steinboden fällt und zerschellt?"

Ein unangenehmes Grinsen strich über das Gesicht der Grenzerin: „Dann beschädigen Sie wissentlich Eigentum der Deutschen Demokratischen Republik. Das ist strafbar. Ich müßte Sie vorläufig festnehmen, eine Entscheidung könnte erst Montag, also übermorgen, fallen. Ihr Mann und Ihre Tochter hätten unser Land zu verlassen. Die Aufenthaltsgenehmigung gilt nur für heute."

Ich legte ein Fünf-DM-Stück auf den blechernen Tisch, schob Helga zum Auto. Beinahe eine Stunde dauerte dann die weitere Kontrolle. Immerhin – die Türverkleidungen brauchten wir nicht zu demontieren.

Jahre, Jahrzehnte, gingen ins Land. Der Grenzstreifen, der Todesstreifen, wurde in weiten Teilen zum Natur-Erlebnispfad. Helga und ich, nein, wir werden ihn nicht durchwandern. Wir haben unsere eigenen Grenzerlebnisse, unsere Erfahrungen, die an ein Stück deutscher Geschichte gemahnen, aber auch – und das ist positiv – Erinnerungen an nachhaltiges gemeinsames Erleben!

*(Weitere **ZEITGUT**-Beiträge dieses Autors sind im Autorenverzeichnis am Ende des Buches vermerkt.)*

[Oelsnitz – Plauen, Vogtland, damals DDR;
1983 – 1985]

Mario Goldstein

Das Ende der Kindheit

Als ich 14 Jahre alt war, wurde meine Kindheitsidylle 1983
abrupt beendet. Wie jeder Junge lechzte ich nach Abenteuern. Meine Freunde und ich bildeten eine eingeschworene
Gemeinschaft; wir trafen uns jeden Tag im Garten, wo wir in
einem alten Wohnwagen ohne Räder zusammensaßen. Dort
träumten wir von einer anderen Welt, dort hatte ich meinen
ersten Sex, und dort wurde ich langsam erwachsen. Eines der
vielversprechendsten Abenteuer bot sich, als mein Freund
Volker von nächtlichen Spritztouren erzählte, die er hin und
wieder mit dem LKW seines Vaters unternahm. Heimlich natürlich. Für mich gab es nur eines, ich mußte dabeisein! Also
drängelte ich Volker so lange, bis er endlich nachgab.
    In einer dunklen Winternacht war es dann so weit. Wir bei-
de und zwei andere Freunde schlichen zum LKW und holten
den Schlüssel unter dem Radkasten hervor. Volker, drei Jahre
älter als ich, schwang sich hinter das Lenkrad und startete
den LKW. Ich hatte mich aus Platzmangel in die Schlafkabine
zurückgezogen. Eine größere Tour über mehrere Dörfer war
geplant. Langsam erwärmte sich der Motor des alten Kamaz-
Trucks; nur noch die Bremse am Hänger lösen – dann fuhren
wir an, und es war aufregend, über den Schnee zu rollen, der
im Mondlicht glitzerte. Ein echtes Erlebnis!
    In unserer Begeisterung merkten wir nicht, daß wir den
Anhänger mit blockierten Rädern hinter uns her zerrten.

Als wir an die nächst Kreuzung kamen, blieben wir stehen. Es war unmöglich, den Hänger über die salztrockene Straße zu ziehen, denn seine Druckluftbremse war nicht richtig geöffnet. Mist!

Eigentlich war alles völlig menschenleer, aber ausgerechnet direkt neben uns in einer kleinen Seitenstraße stand ein Streifenwagen der Polizei. Die Polizisten verfolgten das Prozedere mißtrauisch. Während wir aufgeregt durcheinander zischelten, was nun zu tun sei, entschieden unsere beiden Freunde, lieber die Flucht zu ergreifen. Nun kamen die Uniformierten in unsere Richtung; schon wurde die Fahrertür aufgerissen und unsere Gesichter mit grellem Licht geblendet. Unser Ausflug war beendet, noch bevor er richtig begonnen hatte.

Wir wurden alle vier verurteilt, allerdings wurde die Strafe zur Bewährung ausgesetzt. Zudem hatten wir diverse Stunden gemeinnütziger Arbeit abzuleisten, was für uns coole Jungs, die wir sein wollten, die wohl schlimmste Strafe darstellte. Wir empfanden es als entwürdigend, den Marktplatz zu kehren oder Straßengräben zu reinigen. Noch dazu am hellichten Tag im Sommer!

Nach einem kräftigen Disput mit unserer Aufsichtsperson verweigerten wir schließlich die Arbeit bei Tage, verrichteten sie aber nachts, wenn uns niemand beobachten konnte. Schließlich wollten wir unsere Bewährung nicht gefährden und schon mit vierzehn ein Jahr im Gefängnis verbringen. Bravere Bürger wurden wir durch diese Erziehungsmaßnahme nicht, doch unserer Kameradschaft taten die gemeinsam verbüßten Stunden gut und ließen uns näher zusammenrücken.

Nach getaner Strafarbeit schlugen wir uns die Nächte mit Alkohol, Frauen und Westmusik um die Ohren. Bob Dylan, Neil Young und Jonny Cash ließen uns den Duft der großen weiten Welt schnuppern, und es dauerte nicht lange, bis wir den sehnlichen Wunsch verspürten, sie auch zu sehen. Wie toll mußte es sein, gehen zu können, wohin man wollte!

*Das Foto vom 1. Mai 1988 zeigt von links nach rechts mich selbst, meinen
Freund Jens Papenfuß und meinen Bruder René Goldstein. Wir sitzen auf
dem Rand des Springbrunnens auf dem Marktplatz in Oelsnitz im Vogtland. Mit Jens versuchte ich später, über die ČSSR zu flüchten. Wir wurden
nach der Haft zusammen in die Bundesrepublik abgeschoben.*

Ich begann, von großen Abenteuern zu träumen und mit
meinen Freunden die ersten Fluchtpläne zu schmieden. Immer häufiger spielten wir in Gedanken die verschiedenen
Möglichkeiten durch, wohl wissend, daß das Regime mit aller Härte zuschlagen würde, wenn sie uns erwischten. Wir
zogen einige Fluchtmöglichkeiten in Betracht, ein Agrarflugzeug schien uns am sichersten, ich habe mir Bücher dazu in
der Bibliothek ausgeliehen. Aber auch die Flucht per Fuß
über die deutsch-deutsche Grenze war eine Möglichkeit.
Grundsätzlich diskutierten wir allerlei Fluchtmöglichleiten,
schwimmen durch Flüsse, paddeln über die Ostsee bis hin

zum Verstecken in Transitzügen. Noch war ja nichts passiert und wir fühlten uns sicher. Allerdings trog der Schein und unsere kindliche Naivität sollte uns nicht schützen.

Die Fluchtgedanken verflogen schlagartig, als ich mich verliebte. Sie war bereits 18 Jahre alt und Krankenschwester. Sie war lieb und es war aufregend. Obwohl ich erst 15 Jahre alt war, verstanden wir uns gut und trafen uns regelmäßig. Ich dachte in jeder freien Minute nur noch an sie und alles andere war weit weg.

Doch plötzlich geschah es! Aus heiterem Himmel schnappte die Falle zu: Zwei Polizisten kamen in die Schule und holten mich Anfang November 1984 mitten aus dem Unterricht. Zusammen mit zwei Freunden wurde ich auf die örtliche Polizeidirektion gebracht und lange verhört. Man befragte mich gezielt nach den Plänen und Vorbereitungen, die wir zur Republikflucht getroffen hatten. Irgendwer hatte uns verpfiffen. Ich war mir keiner Schuld bewußt, gestand zwar die Fluchtgedanken, erklärte sie aber gleichzeitig für überholt, da jetzt doch alles anders sei durch meine neue Liebe. Bester Stimmung verkündete ich diese Wahrheit und glaubte, damit sei alles vergessen und erledigt. Doch ich hatte meine Rechnung ohne die Polizei gemacht. Nachts, gegen 22 Uhr, begriff ich den Ernst der Lage, als die Handschellen klickten und zum ersten Mal in meinem Leben dieses kalte, harte Metall meine Handgelenke umschloß. Mein Herz zog sich zusammen; ich konnte kaum atmen, als ich in den Polizeitransporter stieg. Ins Untersuchungsgefängnis nach Plauen gebracht, sollte ich am nächsten Tag dem Haftrichter vorgeführt werden. Angesichts dieser Tatsache sackte ich weinend in mich zusammen. Ich wurde meiner geliebten Freiheit beraubt und gewaltsam von meiner neuen Liebe getrennt!

In dieser Minute war meine unbeschwerte Kindheit zu Ende. Ich sollte lange Zeit brauchen, um mich von diesem Schock zu erholen.

Im Untersuchungsgefängnis wurden uns alle persönlichen Sachen abgenommen. Ich kam in eine Einzelzelle und war mit meinen Gedanken allein. Die Schule abgebrochen, keine Lehrstelle, keine Freunde, keine Liebe – nichts!

Ohnmächtige Wut stieg in mir auf, mein Leben war außer Kontrolle geraten. Mit Händen und Füßen schlug ich erst auf die Tür, später auf die Wand ein. Es war sinnlos, doch es gelang mir nicht, meine Gedanken zu ordnen. Mit dieser Situation war ich, ein fünfzehnjähriger Junge, einfach überfordert. Nach einer endlosen Nacht wurde ich am nächsten Tag mit zwei anderen Gefangenen in eine Zelle gesteckt. Es dauerte nicht lange, bis sie mich schikanierten, es gab sogar tätliche Auseinandersetzungen. Die Wärter beobachteten die Situation und verlegten mich daraufhin in eine Zweierzelle. Mein neuer Zellengenosse war ein junger Kerl. Bereits seit einem Jahr in Untersuchungshaft, war er krank und hatte Raucherbeine, von denen er sich regelmäßig die Haut schälte. Ein Urteil hatte er bis dato noch nicht erhalten.

Diese Begegnung nahm mir jegliche Hoffnung, hier bald wieder herauszukommen. Niemand konnte mir helfen, ich war von allem abgeschnitten. Mein Leben war gelaufen!

Immer schneller drehten sich die Gedanken im Kreis. Erlösung, doch welche?

Ich wollte sterben. Die Frage war nur, wie?

Ich dachte daran, mir die Pulsadern aufzuschneiden. Immer wieder spielte ich den Ablauf im Geist durch; und mein Verlangen, es auch wirklich zu tun, wurde von Tag zu Tag größer. Selbstmord ist einfach, wenn man keinen anderen Ausweg mehr sieht, keine helfende Hand hat und keinen Funken Licht. Es ist wie ein Strudel, dem man alleine nicht entkommen kann. Hunderte Male spielte ich den Gedanken durch, dann entkam auch ich dem Sog nicht mehr und schritt zur Tat ...

Daß man mich rechtzeitig entdeckte, verdankte ich nur der Wache, die mich häufig kontrollierte, wohl weil ich mental nicht gerade den stabilsten Eindruck machte. Alles war in Aufruhr, und ich wurde in eine dunkle Arrestzelle gesteckt. Hier sollte nun alles besser werden, der Untersuchungshäftling sich besinnen und den richtigen Weg erkennen. Kalte Natursteinwände umgaben die Zelle, die durch mehrere Gitter unterteilt war. In der Mitte des Raumes stand ein eisernes Bettgestell mit Matratzen. Darauf zwang man mich und dann – dann wurde ich angekettet!

Linkes Bein – linker Pfosten, rechtes Bein – rechter Pfosten. Danach die Hände. Sie warfen mir eine kratzige Roßhaardecke über und gingen.

Da lag ich dann im Dunkeln. Allein. Ich fühlte mich kein Stück besser als vorher, im Gegenteil, es war bedrückender als je zuvor. Wild zerrte ich an den Fesseln und schrie meine Wut hinaus, doch obwohl ich mir beinahe die Hände abriß, war der Erfolg gleich Null. Mit der Zeit wurde ich müde und apathisch. Es ist wie beim Stierkampf, erst wenn man nicht mehr kann und Ruhe gibt, wird zum Todesstoß angesetzt.

Aber man wollte mich lebend. Ein toter Jugendlicher im Untersuchungsgefängnis hätte wohl zu großes Aufsehen erregt. Alle paar Minuten schaute ein Wärter durch den Spion. Ich hatte jeglichen Widerstand aufgegeben, kämpfte nur noch mit der Decke, um mich vor dem kalten Luftzug, der zwischen die Ritzen meiner Matratzen blies, zu schützen. Mit den Zähnen oder mit den Zehen zog ich sie Zentimeter um Zentimeter zurecht. Doch wenn es einigermaßen paßte, mußte ich zur Toilette oder es gab Essen – die einzigen Gelegenheiten, bei denen ich abgekettet wurde. Danach begann alles wieder von vorn.

Nach zwei langen qualvollen und sehr nachdenklichen Tagen wurde ich herausgebracht, dieses Mal in eine Viermannzelle. Dort fand ich so etwas wie Geborgenheit. Ein Familienvater, der aus welchem Grund auch immer einsaß, nahm sich meiner an, und es gelang mir von Tag zu Tag besser, die außergewöhnliche Situation zu ertragen.

| EINGANG | chiffriert | **TELEGRAMM** (Nichtzutreffendes streichen) | offen | BStU 000056 | AUSGANG |

Dringlichkeit _____   Fu/FS-Nr.: ___*16*___

Absender: ____BV KMSt., KD Oelsnitz____

Empfänger: ____BV Magdeburg, BKG____

_____Oelsnitz_____, den _08.08._ 19_88_

Betr.: Ihr Schreiben vom 22.07.88, Tgb.Nr. 2509/88
       "Ikarus"

Der entsprechend Ihrer ZPDB-Recherche für unsere DE erfaßte

GOLDSTEIN, Mario
        geb. am 23.09.69

plante 1984 gemeinsam mit weiteren 2 Schülern einen ungesetzlichen Grenzübertritt im Raum Bad Elster. Sie führten im August
1984 Erkundungen in diesem Raum durch, nahmen dann jedoch von
ihrem Vorhaben Abstand. Im Monat November 1984 zogen sie einen
Grenzübertritt mittels Agrarflugzeug theoretisch in Erwägung.
Hierzu sahen sie Bücher über Flugzeugtechnik in der Bücherei
Oelsnitz ein. Von diesem Vorhaben nahmen dann alle drei Schüler
wieder Abstand.

Körner
Oberstleutnant

*Anfang November 1984 war ich, 15 Jahre alt, von zwei Polizisten mitten
aus dem Unterricht zum Verhör geholt und ins Untersuchungsgefängnis
nach Plauen gebracht worden. Der Vorwurf: Fluchtpläne.
Kopie aus meiner Stasi-Akte. Bei meiner Untersuchungshaft 1988 wurden
diese Informationen über mich unter dem Codewort „Ikarus" angefordert.*

Der Wortlaut des Telegramms vom 8. August 1988:

„Betr. Ihr Schreiben vom 22.07.88, Tgb.Nr. 2509/88

Der entsprechend Ihrer ZPDB-Recherche für unsere DE erfaßte
GOLDSTEIN, Mario, geb. am 23.09.69
plante 1984 gemeinsam mit 2 weiteren Schülern einen ungesetztlichen Grenzübertritt im Raum Bad Elster. Sie führten im August 1984 Erkundungen in diesem Raum durch, nahmen dann jedoch von ihrem Vorhaben Abstand. Im Monat November 1984 zogen sie einen Grenzübertritt mittels Agrarflugzeug theoretisch in Erwägung. Hierzu sahen sie Bücher über Flugzeugtechnik in der Bücherei Oelsnitz an. Von diesem Vorhaben nahmen dann alle drei Schüler wieder Abstand. "

Immer wieder wurde ich zu Verhören gezerrt. Mein Anwalt rechnete, da ich ja noch unter Bewährung stand, mit 15 Monaten Gefängnis. Mein Freund stritt alles ab, und für mich waren die Fluchtgedanken längst ad acta gelegt. So drehte sich alles im Kreis und man kam nicht weiter. Es wurde dann Anklage wegen Mißbrauch von Kindern erhoben, weil ich vor einiger Zeit – ich war noch 14 gewesen – mit einer Dreizehnjährigen geschlafen hatte. Woher die das wußten war mir unklar, überhaupt wußten die alles. So kam es mir zumindestens vor. Alles wurde auf den Tisch gepackt. Ich hätte mir wohl besser eine Vierzigjährige suchen sollen.

In den zehn Wochen, die ich im Untersuchungsgefängnis verbrachte, durfte mich meine Mutter nur ein einziges Mal besuchen, und so fielen das Weihnachtsfest 1984 und der Jahreswechsel ins Jahr 1985 für mich sehr nachdenklich aus, auch wenn mich meine neue Liebe durch Briefe und gute Worte immer wieder aufbaute.

Am 18. Januar besuchte mich mein Anwalt und teilte mir freudestrahlend mit, daß ich am nächsten Tag nach Hause dürfe. Es gab keinerlei Erklärungen, weder ein Warum noch ein Weshalb. Es war wie ein Wunder, und ich nahm es als solches hin, ohne lange zu fragen.

An einem sonnigen Samstag öffneten sich die Gefängnistore für mich. Alleine ging ich die Straße hinab, während die Sonne durch die blattlosen Baumkronen auf mich herab strahlte. Gierig zog ich die frische, kalte Luft tief in meine Lungen und fühlte die Freiheit, die ich so vermißt hatte. In diesem Moment schwor ich mir, sie nie mehr herzugeben. Während mein Körper vor Glück bebte und mein Herz meinen Brustkorb beinahe platzen ließ, war ich eins mit der Welt. Ich war frei. Ein wahrlich großer und glücklicher Augenblick, den ich in meinem Leben sicher nicht vergesse.

Zwei Tage später saß ich wieder in meiner Klasse und alles sollte so sein wie früher. Doch meine Unbekümmertheit war dahin und ich hatte jegliches Vertrauen in Alles und Jeden verloren. Ich glaube, zu dieser Zeit bin ich gewaltsam erwachsen geworden.

Ausschnitt aus dem Buch „Der Freiträumer" von Mario Goldstein, Projekte Verlag Halle 2004.

[Eisenhüttenstadt/Oder, Brandenburg, damals DDR –
Herne, Ruhrgebiet, BRD – Venlo, Holland;
1985]

Carmen J. Köppen

Drei Ostfrauen im Westen

Für bevorzugte Menschen, sogenannte Reisekader, hatte es
in der DDR immer die Möglichkeit gegeben, in westliche
Länder zu fahren. Aber für die kleinen, unbedeutenden Bürger des Landes war das, sofern noch nicht im Rentenalter,
bis in die frühen achtziger Jahre unmöglich gewesen. Und
auch danach hatte für sie das Gesetz nur einige winzige Guck-
löcher bereit, die einen flüchtigen Blick über Mauern und
Grenzen erlaubten. Um in dieser Zeit in den Westen reisen
zu dürfen, mußten folgende Bedingungen erfüllt werden:
Der zu besuchende BRD-Bürger sollte ein Familienmitglied ersten Grades sein, also Kinder, Eltern oder Geschwister. Je weiter das letzte DDR-Jahrzehnt voranschritt, desto
optimistischer durfte auch auf Reisen zu Onkeln, Tanten oder
Großeltern gehofft werden. Letztendlich jedoch war die Entscheidung stets willkürlich. Weiterhin gehörten Angaben
über den Anlaß des Besuches auf einen Reiseantrag, die natürlich belegt werden mußten. Geburtstag des zu Besuchen-
den, möglichst ein bedeutender oder ein hoher Geburtstag,
Hochzeit oder andere wichtige Festivitäten der Verwandten,
aber auch eine Beerdigung konnten als Anlaß gelten.
1985 feierte meine Mutter in Herne ihren 65. Geburtstag;
und so versuchte auch ich mein Glück bei der zuständigen
Behörde, denn die gestellten Bedingungen erschienen mir
als erfüllt. In unserem Fall durfte leider nur ich allein als

Angehörige ersten Grades die Hoffnung auf eine Reisegenehmigung hegen. Offenbar hatte die Staatssicherheit nicht
sehr viel Vertrauen in die grenzenlose Staatstreue meiner
Familie!

Reisevorbereitungen

Erste Aktivitäten begannen mit der Beschaffung unbedingt
notwendiger Papiere: einer Geburtsurkunde meiner Mutter,
die ihren 65. Geburtstag bewies, und einer Geburtsurkunde
von mir, die belegte, daß ich tatsächlich ihre Tochter bin.
Mit diesen Papieren suchte ich das Amt für Inneres auf, um
vier Wochen vor dem Wunsch-Reisetermin meinen ordnungs-
gemäßen Antrag zu stellen. Unter Vorbehalt nahm man dort
meine vielen ausgefüllten Formulare in Empfang, keineswegs
mit dem Versprechen, meiner Bitte stattzugeben. Erst einen
Tag vor der geplanten Abreise sollte ich wieder vorbeikom-
men, dann würde man schon sehen.

Nun folgten vier Wochen entnervender Unruhe. Der Antrag konnte jederzeit ohne Begründung abgelehnt werden; mit
fortschreitender Zeit erreichten unsere Zweifel ein unerträg-
liches Maß. Sollte ich nun eine Platzkarte oder Fahrkarte für
die über elf Stunden andauernde Reise reservieren lassen oder
nicht? Sollte ich den Koffer packen oder es lieber unterlassen?
War ich überhaupt würdig, eine Genehmigung für die Reise
in den ideologisch gefährlichen Westen zu bekommen?

Kurzum, bevor das Gummiband der Anspannung platzte,
entschloß ich mich eine Woche vor Genehmigung oder Ablehnung, nun doch mutig alle notwendigen Vorbereitungen
zu treffen. Ich suchte einen teuren Exquisit-Laden auf, um
mir eine attraktiven Reisebekleidung anzuschaffen. Zur Ab-
schöpfung der Kaufkraft der Bürger hatte die Regierung ganz
besondere Handelseinrichtungen kreiert: 1962 die Exquisit-
Läden für Kleidung und Schuhe und 1976 die Delikat-Ver-
kaufsstellen für Lebensmittel. Beide führten Waren, die in
dieser Qualität nirgendwo sonst angeboten wurden. In den

Exquisit-Läden wurden Textilien aus Westdeutschland, Italien, Frankreich und anderen kapitalistischen Ländern für DDR-Mark angeboten. Aber die verlangten Preise für die modernen, begehrten Kleidungsstücke bewegten sich in utopischen Dimensionen, unerhört und unverschämt. Mit den Delikat-Geschäften verhielt es sich ebenso.

Nach gründlicher Überlegung prüften mein Mann und ich unser Limit und beschlossen eine kleine Ausnahme. Schließlich sollte ich bei meinem ersten Besuch im glorreichen Westen nicht auftreten wie ein armer Ossi. Schon damals wurden die lieben Brüder und Schwestern aus dem Osten von manchen Leuten „drüben" als ständig mittellose Personen betrachtet, an denen man seine karitative Lust und Laune von ganzem Herzen ausleben konnte. Freunden und Bekannten meiner Mutter wollte ich deshalb in einem ebenbürtigen Erscheinungsbild gegenübertreten; und natürlich sollten sie nicht erfahren, daß wir uns mein neues Outfit eigentlich gar nicht leisten konnten.

Ein hübsches Kostümchen, dunkelblau aus leichtem Stoff, frech und modern, Hut und Handschuhe mit Tasche, Made in Italy, kirschrot, perfekt passend zum Ganzen, und einige andere, sündhaft teure Kleinigkeiten wurden angeschafft. Ebenso mußten nun endgültig eine Platzkarte und die Fahrkarte reserviert werden, ob ich sie nun brauchte oder nicht.

Als dann nach vier Wochen entnervenden Wartens endlich der Tag der Entscheidung kam und mir die Genehmigung brachte, hatte ich überhaupt keine Lust mehr zu reisen. Aber natürlich fuhr ich.

Wiedersehen mit Herne

Herne hatte ich seit 25 Jahren nicht mehr gesehen und staunte über die positiven Veränderungen. Damals war es eine von Kohlenruß schmutzige Großstadt. Jetzt trug sie ein völlig neues, verjüngtes Gesicht: Grün, wohin man sah, sauber und gepflegt, hatte Herne sich zu seinem Vorteil verändert.

Auf dem Bahnsteig erwartete mich eine Abordnung lustiger, lärmender Leute. Alles Freunde und Nachbarn meiner Mutter, die sich einen Spaß daraus machten, alle durcheinander laut meinen Namen zu rufen, obwohl ich keinen einzigen von ihnen kannte. Ein erster origineller Einfall von vielen, die sich Mutti für diesen besonderen Besuch ausgedacht hatte. Sie begrüßten mich herzlich und mit vielen Küßchen, was mich ziemlich irritierte, denn das war bei uns nicht üblich, packten mich in ihr Auto und fuhren mit großem Musik-Getöse zum Ziel meiner Reise. Hier, in der Wohnung des Geburtstagskindes, hatte sich bereits eine fröhliche Gesellschaft versammelt und die Feier war in vollem Gang. Meine beiden Tanten aus Zwickau hatten ebenfalls eine Reisegenehmigung erhalten und ich war froh, unter all den fremden Leuten wenigstens zwei vertraute Gesichter anzutreffen.

Der Marktbesuch

Am nächsten Morgen war Markt in Herne und Mutti ganz versessen darauf, mich überall bei den Händlerinnen vorzustellen. Ein ungekanntes, buntes Getümmel überraschte mich auf dem großen Platz. Obst, Gemüse, Blumen, Wurst, Fleisch, Fisch, Textilien, alles in einer Vielfalt ausgebreitet und attraktiv in den kleinen Häuschen hergerichtet, daß mich ein angenehmer Schwindel erfaßte. Dazu diese verführerischen Düfte, die den Markt beherrschten!

Am liebsten hätte ich mich in eine stille Ecke zurückgezogen, um zu weinen. Was hatten wir im Osten denn nur verbrochen, daß man uns selbst diese kleinen Vergnügen verwehrte?

Ein derart fröhlich buntes Markttreiben kannten wir nicht und so etwas war im realexistierenden Sozialismus im Jahr 1985 auch nicht zu erwarten.

Zuerst steuerte Mutti zielsicher einen Marktstand voller Gardinen und Stores an; für uns Frauen aus der DDR ein reiner Wunderladen voller unbezahlbarer Schätze. Die Vielfalt der Ware und die unglaublich niedrigen Preise erschütterten mich. Hinter Spitzen und bauschigem, vielfarbigem Tüll funkelten mich zwei schwarze Augen an, die im Gesicht eines dunkelhaarigen Mannes blitzten.

„Oh, wie wunderbar, das ist also Ihre Tochter, liebe Frau Johanna. Aus dem Osten! Ach wie schlimm, ach wie furchtbar, die armen, armen Menschen im Osten", jammerte der türkische Kaufmann. Von seinem Mitgefühl überwältigt, kaufte Mutti bei ihm sofort eine große Menge Stores und Obergardinen für unser im Bau befindliches kleines Wochenendhaus. Bevor ich sie über diesen seltsamen Zwischenfall befragen konnte, visierte sie einen Obst- und Gemüsestand an. Sofort verließ die Händlerin ihren Tisch, betrachtete mich wie eine Zirkussensation und begann, auf meine Mutter einzureden: „Das ist aber toll, Hanni, daß du deine Tochter aus dem Osten mitbringst. Ganz die Mutter, ganz die Mutter!", rief sie immer wieder und tätschelte mir dabei unter dem Kinn herum.

„Gell, bei euch gibt es überhaupt kein Obst? Ich habe gehört, daß euch die Russen alles wegnehmen", flüsterte sie mir verschwörerisch ins Ohr. Mit den Worten „so was Feines kennen die ja im Osten nicht, soll sie mal probieren, die Ärmste", schenkte sie Mutti fünf Kiwi.

Ich fand keine Worte, schnappte nach Luft und fühlte nur, wie mir vor Wut das Blut in den Kopf stieg.

An einem Fleischstand entdeckte uns die amtierende Hüterin der Würste sofort.

„Die Chefin, ich kenne sie sehr gut. Eine ganz liebe Frau", flüsterte Mutti mir zu. Diese sauste im Nu aus ihrem Stand heraus, nahm Mutti schluchzend in die Arme und rief: „Ach Hanni, daß wir diese Freude noch erleben können, daß deine Tochter aus dem Osten kommen darf. Ich bin ganz glücklich mit dir."

Dann ließ die Frau von Mutti ab und riß mich unvermittelt an ihren gewaltigen Busen, herzte und küßte mich und weinte dabei so herzzerreißend, daß mir die Luft wegblieb. Ich hätte gerne etwas Nettes gesagt, aber diese unerwartet handgreifliche Sympathiebezeugung nahm mir die Kraft zum Atmen.

Der nächste Stand gehörte einer Händlerin für Kurzwaren. Mir gefielen all die hübschen niedlichen Dinge, die sie verkaufte, sehr gut, hatte ich doch viele von ihnen seit Jahren nicht mehr gesehen. Allein die Riesenauswahl an Material und Farbentönungen einzelner Nähgarne, Spitzen und Samtbänder, Stricknadeln und Wolle versetzte mich in Begeisterung. Sogar eine Schneiderpuppe, die ich schon lange suchte und nirgendwo bei uns finden konnte, stand hier zum Verkauf. Damals waren für mich und meine Freundinnen Kurzwaren, die vielen kleinen Accessoires und Zutaten für Eigenkreationen unserer Kleider, sehr wichtig. Wir alle hatten Nähkurse belegt und eine Nähmaschine zu Hause, um wenigstens ab und an ein originelles Kleidungsstück zu besitzen, denn auch die Modebranche in der DDR schien es zunehmend darauf anzulegen, daß die Menschen immer gleicher aussahen. Während ich noch fasziniert all die tollen Kleinigkeiten bewunderte, eilte auch diese Händlerin wie ein geölter Blitz aus ihrem Stand.

„Oh, endlich bekommt man einmal Ihre Tochter aus dem Osten zu Gesicht! Dort soll es ja nur noch Zellwolle geben, keinerlei Qualität, Sie Ärmste. Aber dieses Kostümchen, meine Liebe, hat Ihnen sicher Ihre liebe Frau Mutter gekauft. Tadellose Ware, modischer Schnitt", dabei zupfte die Frau am Ärmel meines Exquisit-Kostüms herum und beendete ihre hochnäsige Bemerkung mit den Worten: „Aber ganz zauberhaft, Ihre Tochter, gnädige Frau, ganz zauberhaft, obwohl sie aus dem Osten kommt!"

Mutti bemerkte sofort, daß ich jetzt an der Grenze meiner Beherrschung angekommen war. Hastig noch ein paar belanglose Worte an die Verkäuferin richtend, zog sie mich zu einem Blumenstand. Ich stand kurz vor einer verbalen Explosion! Was fiel dieser dummen Person eigentlich ein? Was dachte die eigentlich über die Menschen im Osten?

Der Heimweg war für Mutti sicher nicht sehr vergnüglich. Ich beklagte mich bitter über die Einstellung der Brüder und Schwestern im Westen, ihre zum Teil unerträgliche Arroganz und ihr Desinteresse an unseren Lebensbedingungen. Als wir beim Thema Würde angekommen waren, gab mir Mutti zwar recht, nannte aber gleichzeitig ein Beispiel, das mich beschämte. „Du mußt natürlich auch beachten, wie sich manche Besucher aus dem Osten aufführen", sagte sie. „Viele kommen absichtlich in ihrer ärmlichsten Garderobe hier an, um der Westverwandtschaft ihre Armut, die so groß nun auch wieder nicht ist, drastisch vor Augen zu führen. Damit hat jeder Mitleid mit ihnen und beschenkt sie um so reichlicher. Daß du ein derartiges Sensibelchen bist, dir sogar deinen eigenen Stolz leistest, kann hier ja niemand wissen."

Weitere Diskussionen über diese Thematik hätten unsere gute Laune verdorben und wir beschlossen, sie auf „später einmal" zu verlegen.

In Holland

Es folgten ein paar einzigartige Tage, in denen Mutti versuchte, uns drei Pflanzen aus dem Osten vieles zu zeigen, was wir vorher noch nie gesehen hatten. Zu den lustigsten Erlebnissen gehörte eine gemeinsame Einkaufsfahrt nach Holland. Auf dem riesigen, belebten Wochenmarkt in Venlo bummelten wir herum und sahen dort viele Dinge, die uns neu und unbekannt waren. Da standen Leute mit weit zurückgebeugtem Kopf und Heringen in der Hand, die sie am Schwanz hielten und von oben in den Mund stopften. Dazu wanderten in die gleiche Öffnung noch Unmengen kleingeschnittener Zwiebeln.

„Das ist die einzig richtige Methode, Matjesheringe zu genießen", erklärte uns lachend ein Einheimischer.

Ein Gemüsehändler brüllte ohrenbetäubend herum und bot Obst und Gemüse an, dessen Menge zu gleichem Preis immer größer wurde. Wir lachten, bei uns in der DDR war so etwas undenkbar; da kostete ein Pfund Äpfel nun mal, was ein Pfund Äpfel kostete. Selbst wenn wir einen Zentner davon gekauft hätten, wäre es niemanden eingefallen, den Preis wegen der Menge nachzulassen.

Eine Riesenjahrmarktsorgel, bunt bemalt und mit vielen lustigen Figuren verziert, wurde von einem Traktor auf die Mitte der Straße gezogen, und es erklang daraus laute, schwungvolle Musik wie auf dem Rummelplatz. Dazu klapperte eine hübsche rundliche Holländerin in Landestracht mit einer Blechsammeldose im Takt und durchschritt die heitere Menge, die sich inzwischen angesammelt hatte, mit wiegendem Schritt.

Die Blumenhändler waren natürlich wie auf allen holländischen Märkten die absolute Sensation. Langsam bummelten wir über diesen zauberhaften Garten Eden und waren alle völlig begeistert von all den herrlichen Blumen und Pflanzen, die wir nur aus Büchern kannten. Ein Händler fiel mir auf, der in einem Areal von etwa acht mal acht Metern zwischen großen Säcken voller Zwiebeln stand.

Während meine Tanten, beide Garten-Besitzerinnen und Blumen-Fachfrauen, über Formen der Tulpen debattierten, nahm der Händler ausgerechnet mich aufs Korn. Er rief mir zu: „Achtzig Tulpen, zehn Gulden!", ich lächelte und ging weiter.

Er setzte sein Angebot mit angehobener Stimme fort: „Hundert Tulpen, zehn Gulden!"

Freundlich sah ich auf seine Säcke und lachte den Mann verlegen an, um ihn nicht zu beleidigen. Er ließ mich nicht aus den Augen und verkündete: „Hundert Tulpen und zehn Hyazinthen, zehn Gulden!"

Mir war der einseitige Dialog langsam peinlich, und ich wollte schnell weitergehen, da schrie er mir hinterher: „Na gut, 120 Tulpen und dreißig Hyazinthen, zehn Gulden – ich bin ruiniert!"

Jetzt konnte ich nicht mehr widerstehen, drehte mich um und verkündete ihm: „Ja, die nehme ich."

Was in mich gefahren war, kann ich mir immer noch nicht richtig erklären, aber plötzlich war ich in den Besitz eines Traum-Tulpenbeetes gekommen, hatte mich auf einen Handel eingelassen, der mir als solcher völlig unbekannt war, und wurde von meinen Tanten für derartige Geschicklichkeit in Handelsdingen in den höchsten Tönen gelobt. Wenn die wüßten! In Wahrheit habe ich noch heute keine Ahnung vom Feilschen und Handeln und werde es auch niemals lernen. Irgend etwas war mit mir passiert! Irgendwie hatte mich der Kapitalismus verführerisch übermannt! Tulpenzwiebeln aller Art gehörten in diesen Jahren in der DDR ebenfalls zu den Raritäten, und alle Gartenbesitzer gaben sich die größte Mühe, ihre alten Blumenzwiebelbestände über viele Jahre zu hätscheln und zu pflegen, um deren Fortbestand zu sichern.

Wir gingen auf verschiedenen Wegen des interessanten Marktes weiter, und nach ein paar Wegbiegungen erwartete uns ein nie vorher gesehener Anblick: Tante Thea, jeglichem Nikotingenuß vehement abgeneigt, stand an der Ecke, hielt eine Zigarette in der Hand und rauchte sie tatsächlich!

Wir anderen leidenschaftlichen Raucherinnen sahen das Bild mit Entsetzen.

„Was sollte ich denn machen? Das sehr nette junge Mädchen in einem weißen Overall mit dem Wort Lord auf der Brusttasche bestand darauf, daß ich proberauche, umsonst natürlich und mit einem Geschenk dazu", dabei holte sie einen winzigen Teddybär aus der Tasche, zeigte ihn stolz und hatte das Minikuscheltier schon als lustiges Mitbringsel für ihren Enkel eingeplant. Uns fehlte nur noch eine Kamera, um diese Szene festzuhalten, damit alle Nachkommen sehen konnten, was Oma alles für ihre Enkel machte – sogar rauchen!

Die verruchte Idee

Auf unserem Rückweg zum Parkplatz war Tante Edith vor einem Schaufenster stehengeblieben. Sie sah zuerst fassungslos in die Scheiben, dann lachte sie laut und ungehemmt. Unter Lachtränen quiekte sie immer wieder: „Verrückt, Warzen haben sie, die bewegen sich hin und her und dabei leuchten sie auch noch!"

Als wir sie erreicht hatten, stellten wir fest, daß wir vor den Auslagen eines Porno-Händlers standen. So etwas kannten wir natürlich bisher höchstens vom Hörensagen.

Zwei Tage vor unserer Abreise fragte uns Mutti, womit sie uns denn noch eine Freude bereiten könnte; etwas für uns im Osten Unbekanntes vielleicht? Die verruchte Idee kam uns gleichzeitig, unerhört und skandalös: Einen Porno-Film, den hatten wir noch nie gesehen!

Na klar, diese Wissenslücke mußte ausgefüllt werden, und Mutti eilte sofort los, um ein derartiges „Kunstwerk" auszuleihen. Dafür suchte sie eine Videothek am anderen Ende der Stadt auf und lieh einen Film unter fremdem Namen aus. Am folgenden Videoabend starrten wir alle drei gespannt in die Röhre, um uns „weiterzubilden"! Dabei fanden wir, daß die Schuhe der Hauptdarstellerin ausgesprochen chic und elegant aussahen und ihr Augen-Make up äußerst attraktiv war, aber ansonsten waren wir enttäuscht und bereuten unseren Wunsch. Das einstimmige Fazit nach diesem Filmgenuß lautete: Derartiges müssen wir in der DDR tatsächlich nicht unbedingt haben.

[Berlin – Altreetz, Oderbruch, Land Brandenburg; 1986]

Irmgard Pondorf

Die Kristallvase

Als ich als Westdeutsche einmal in West-Berlin war, nutzte ich die Möglichkeit, von dort aus mit einem Tagesvisum nach Ost-Berlin zu reisen. Ich hatte mich mit Gerda, der Frau meines Vetters, am Grenzübergang Friedrichstraße verabredet. Wir wollten uns endlich wiedersehen, in die Arme nehmen und Gedanken austauschen. Mit Oma Linas schwarzer Reisetasche, prall gefüllt mit allem, was Gerda gut brauchen konnte, fuhr ich mit der S-Bahn „rüber". Gerda entdeckte mich gleich. Arm in Arm zogen wir los und wollten uns in einem Restaurant gemütlich niederlassen. Das war leichter gedacht als getan, denn im ersten Lokal wurden wir abgewiesen, obwohl niemand in den Räumlichkeiten zu sehen war, und im zweiten war angeblich alles reserviert. Wenn wir unsere kostbare gemeinsame Zeit nicht auf diese Weise vertrödeln wollten, meinte Gerda, müßten wir nun handeln. Also ließ ich vor dem dritten Lokal einen 20-Mark-Schein sehen, noch bevor wir um Einlaß baten. Siehe da, jetzt bekamen wir sogar eine Nische für uns allein, wo wir essen und lange ungestört plaudern konnten.

Als wir später gemeinsam durch die Stadt bummelten, wollte sich Gerda revanchieren für all die Pakete und vielerlei Unterstützung, die unsere Familie ihnen seit vielen Jahren zuteil werden ließ. Sie wollte unbedingt etwas kaufen, um uns eine Freude zu bereiten. Ich wollte das nicht zulas-

sen, aber Gerda war beharrlich. Schon grübelte sie, was da
wohl in Frage käme, als wir an einem Geschäft mit Kristall-
waren vorbeikamen.

„Kauf eine kleine Vase, dann ist die Sache erledigt, Vasen
kann man immer gebrauchen", schlug ich vor, um endlich
die Angelegenheit zu beenden. Ich wollte nicht mit in den
Laden hineingehen, es war mir unangenehm, ihr beim Geld-
ausgeben für mich zuzusehen. Nach einer Weile kam Gerda
freudestrahlend zurück: „Ich habe etwas Schönes gefunden;
auch gut eingepackt, damit du es gleich mitnehmen kannst."

Leider wurde es schon Zeit, uns zu trennen. Auch Gerda
war ja keine Berlinerin und mußte noch die S-Bahn nach Str-
ausberg und dort den Bus nach Altreetz erreichen. Ich ließ ihr
Omas gefüllte Tasche da und ging zum Übergang Friedrichstraße. In der einen Hand trug ich ein Netz mit dem Geschenk
und über der Schulter meine Umhängetasche.

„Halt, haben Sie etwas zu verzollen?"

„Nein, nur eine Vase hier in dem Netz."

Ein kurzer Blick zum Wärterhäuschen hatte dem freundlichen jungen Volkspolizisten gezeigt, daß er beobachtet wurde. Sofort wurde er dienstlich und erklärte, die Vase begut-
achten zu müssen. Kristall! Die Ausfuhr von Kristall war verboten, mein Geschenk sollte beschlagnahmt werden.

Erst reagierte ich sehr ärgerlich und heftig. Als ich mich
ein wenig beruhigt hatte, schlug ich vor, es meinem Vetter
nach Altreetz ins Oderbruch zu schicken. Schließlich habe er
sich das Geld dafür als Arbeiter in der LPG vom Munde abge-
spart, um uns zur silbernen Hochzeit eine Freude zu bereiten. Nach einigem Hin und Her war der mürrische Beamte
im Häuschen bereit, mir eine Bescheinigung zu geben, mit
der sich die Verwandten die Vase persönlich innerhalb von acht
Tagen zurückholen konnten. Kaum in West-Berlin, schickte
ich die Bescheinigung per Eilboten zu Gerda. Obwohl es für
sie sehr umständlich war, wieder nach Berlin zu fahren, wollte sie die Vase aber auf keinen Fall „diesen Herren" überlas-

sen. Bei einem späteren Besuch erzählte sie uns, wie sie schikaniert, dreimal kreuz und quer geschickt worden war. Als sie endlich ihr Eigentum bekommen hatte, war sie so entnervt, daß sie sich nur noch auf die erstbeste Bank setzen konnte, um sich auszuweinen.

Später, bei einer Reise in den Westen als Rentner, versuchten Gerda und ihr Mann, uns das gute Stück doch noch mitzubringen. Sie wickelten es in Wäsche ein und hofften einfach auf ein bißchen Glück. Seelenruhig öffneten sie bei der Grenzkontrolle zunächst den Kofferraum, dann den ersten Koffer, den zweiten ... Beim dritten hatte der Grenzpolizist keine Lust mehr. Genau dort war die Vase drin. Sie durften weiterfahren und mit ihnen die Vase, die Gerda mir, glücklich über den gelungenen Coup, zum zweiten Mal überreichte.

Viele Jahre stand die Vase bei uns im Schrank, aber nur einmal, zur goldenen Hochzeit, haben wir sie benutzt. Kann man ein solch erinnerungsträchtiges Geschenk denn als profanen Gebrauchsgegenstand im Alltag benutzen und der Gefahr des Zerbrechens aussetzen? Heute gehört sie meiner Tochter. Ob die wohl beim Anblick der Vase auch immer an deren Odyssee von Ost nach West denken muß?

Das Corpus delicti, die geschmuggelte Vase, existiert noch heute und ruft Erinnerungen wach.

(Weitere ZEITGUT-Beiträge der Autorin sind am Buchende vermerkt.)

[Jena, Thüringen, damals DDR – Gerstungen – Fulda –
Göttingen – Karlsruhe – München, Bayern;
Dezember 1987 – Januar 1988]

Christa Strunk

Mein Onkel Franklin

Die seit dem Mauerbau stark eingeschränkte Reisefreiheit
für DDR-Bürger wurde 1987 plötzlich gelockert: „Wegen drin-
gender Familienangelegenheiten" durften nun Verwandte in
der BRD besucht werden – selbstverständlich nach voran-
gegangener Prüfung auf Echtheit des Begehrens durch die
„staatlichen Organe". Mir fehlten solche glücksbringenden
Beziehungen, aber ich hatte westliche Freunde, die sich auf
ein Wiedersehen mit mir freuten. So wurde ein alter Herr in
Fulda aufgespürt, der zum Jahreswechsel seinen 78. Geburtstag feiern durfte – auch das galt – und der überdies bereit
war, sich als mein leibhaftiger Onkel auszugeben. Schon bald
erreichte mich eine handschriftliche Einladung nebst beglau-
bigter Geburtsurkunde eines Herrn *Franklin Höhn*. Als
Nächstes mußte bei meiner Arbeitsstelle, dem Zentralinstitut für Mikrobiologie in Jena, eine schriftliche Reisegenehmigung eingeholt werden. Mit diesen kostbaren Dokumen-
ten in der Hand konnte der Hürdenlauf bei den „staatlichen
Organen" beginnen.

Bis zum Gesprächstermin im zuständigen Kreispolizeiamt
Jena blieb mir genügend Zeit, um ein wasserdichtes Lügen-
gebäude aufzubauen. Ich mußte den Onkel irgendwie in der
väterlichen Verwandtschaft unterbringen, die in Westfalen
ansässig war. Damit war zugleich die vage Hoffnung verbun-
den, daß es seitens der DDR-Behörde keine Nachforschun-

Die handschriftliche Einladung meines Leihonkels Franklin Höhn aus Fulda sollte mir 1987 zu meiner ersten Reise in den Westen verhelfen.

gen geben würde. Meine Phantasie begann zu sprießen, und binnen kurzem war mir das Kunststück gelungen. Allerdings konnte sein Familienname zum Problem werden: *Höhn* ist ein Kuckucksei in der Generationenfolge der *Strunks*; aber auch dazu fiel mir was ein. Ich lernte meine erfundene Geschichte auswendig und versuchte, sie nach allen Seiten abzusichern. Ich stellte mir Fangfragen vor und ersann möglichst glaubwürdige Antworten. Ich übte unentwegt – bis ich verblüfft bemerkte, wie sich die Grenze zwischen Wahrheit und Lüge zu verwischen begann. Ich war gewappnet!

In jenen Tagen hatte die Volkspolizei viel zu tun, um die Flut der Reiseanträge zu bewältigen. Es war erstaunlich, wie viele Menschen plötzlich liebe Verwandte fortgeschrittenen Alters in der BRD vorweisen konnten. „Westkontakte" waren bei den Machthabern der DDR nicht beliebt, deshalb hatten es manche DDR-Bürger vorgezogen, ihre kapitalistische Verwandtschaft einfach zu verschweigen. Auf einmal war welche vorhanden. Wer tatsächlich über keine verwandtschaftlichen Beziehungen im Westen verfügte, begann akribisch nachzuforschen, ob nicht doch noch irgendwo ein On-

kel oder eine Tante im Greisenalter aufzutreiben wäre. Aber
auch die Suche nach Scheinverwandtschaft war gar nicht so
selten. Die „staatlichen Organe" waren natürlich voller Argwohn, deswegen hatte jeder Antragsteller mit peinlichen Be-

```
                              Jena, den 13.11.1987
                              Si

Bescheinigung zur Vorlage bei der VP

Privatreise

Name, Vorname:      Dr. Strunk, Christa
geb. am:            10.12.1932
wohnhaft:           Dornburger Str. 146
                    Jena, 6900
Tätigkeit:          wiss. Mitarbeiterin
Ziel d. Reise:      D-6400 Fulda, Ronsbach-
                    str. 6 zum Onkel
                    Franklin Höhn
Grund d. Reise:     78. Geburtstag des Onkels
Dauer d. Reise:     28.12.87 bis 11.01.88

Gegen diese Reise bestehen von seiten des
Zentralinstituts keine Einwände.
Frau Dr. Strunk nimmt genehmigten Urlaub.

              Zentr.-Inst. für Mikrobiologie
              u. experimentelle Therapie Jena
                  - Kader/Bildung -
              Beutenbergstraße 11 - Jena
                      6900

Prof. Dr. F. Bergter        Bauer
Direktor des Zentral-       Leiter Abteilung
instituts                   Kader/Bildung
```

*Die schriftliche Genehmigung von meiner Arbeitsstelle für meine Privat-
reise in die Bundesrepublik Deutschland zur Vorlage bei der Volkspolizei (VP) vom 13. November 1987.*

fragungen und Überprüfungen zu rechnen. Entsprechend groß war die Nervosität vor dem alles entscheidenden Gesprächstermin bei der Volkspolizei.

Auch meine Courage brach zusammen, als ich die Vorladung zum „Gespräch" in den Händen hielt. Ich schlief nicht mehr richtig, und ich arbeitete unkonzentriert. Die Vorstellung, daß mein Schwindel platzen könnte, machte mich krank, nicht nur wegen der zu erwartenden Folgen am Arbeitsplatz; ich bangte am meisten um die – wie ich glaubte – einmalige Chance, leibhaftig „nach drüben" reisen zu dürfen.

Übernächtigt betrat ich den tristen Warteraum im Kreispolizeiamt. Kahle Wände in schlichtem Polizeigrau, etwa vier bis fünf schäbige Holztische mit ebenso schäbigen Plastikstühlen davor. Hier ließ man Leute warten, die zum Klassenfeind wollten; da war kein Platz für Gemütlichkeit!

Um die Tische gruppierten sich überwiegend ältere Menschen. Ihre Mienen spiegelten die wochenlange Anspannung, das Wechselbad zwischen Hoffen und Bangen wider. Bis auf einige im Flüsterton hingeworfene Wortfetzen herrschte bedrückende Stille. Ich repetierte meine Lektion. Dann öffnete sich die amtliche Tür, ein Ehepaar mittleren Alters erschien, bekümmert, die Augen niedergeschlagen. Also abgelehnt. Ich flüchtete ins Freie, um mir den Anblick weiteren Elends zu ersparen; Zeit hatte ich noch genug. Lange Wartezeiten gehörten zur Zermürbungstaktik der Machthaber.

„Der Nächste bitte!"

Ich war gemeint. Eine sehr junge Volkspolizistin bot mir in dem tristen Arbeitszimmer frostig Platz an und blätterte dann schweigend und ausgiebig in verschiedenen Papieren. Schließlich kam die erwartete Frage: „In welchem verwandtschaftlichen Verhältnis steht Herr Höhn zu Ihnen?"

Gut vorbereitet antwortete ich, eine Spur zu beflissen: „Mein Onkel Franklin ist der Halbbruder meines Vaters, er stammt aus erster Ehe meiner Großmutter väterlicherseits."

„Hatten Sie immer Kontakt zu Ihrem Onkel?"

„Ja, natürlich."

„Hat denn Ihr Onkel Sie auch mal bei uns in der DDR besucht?"

Darauf war ich nicht gefaßt. Nach einer Schrecksekunde hörte ich mich mit traurigem Unterton sprechen: „Aber nein, er ist doch nicht reisefähig mit seinem schweren Hüftleiden!"

Es folgten einige belanglose Fragen zu meiner Person, dann wieder Blättern in Papieren. Schon gestattete ich mir ein zaghaftes Aufatmen – da begann meine Abfragerin noch einmal im Verwandtschaftsgrad herumzustochern: „Können Sie die Verwandtschaft mit Herrn Höhn irgendwie belegen?"

Auch darauf war ich vorbereitet: „Nein, leider nicht, alle Unterlagen sind in den Wirren der letzten Kriegsjahre verlorengegangen. Wir mußten wegen der ständigen Fliegerangriffe unter dramatischen Umständen Berlin verlassen, konnten nur das Nötigste mitnehmen ..."

Ich spürte, daß ich damit nicht durchkommen würde und geriet in Panik. Mit dem Mut der Verzweiflung gab ich dem Gespräch eine andere Richtung: „Wissen Sie, das war damals so: Mein Vater, der in Berlin zurückgeblieben war, wurde von der Roten Armee mitgenommen, wir haben nie wieder was von ihm gehört. Meine Mutter war mit uns Kindern plötzlich allein, und in dieser schweren Zeit hat sich Onkel Franklin sehr um uns gekümmert."

Mein plumpes Ablenkungsmanöver hatte Wirkung. Die nach parteiideologischen Richtlinien geschulte junge Frau in Uniform, die aus eigener Erfahrung keine Kriege kannte, schien verunsichert. Nach kurzem Zögern entschied sie: „Ich werde Ihre Angelegenheit weiterleiten, Sie werden benachrichtigt." Und ihre Stimme hatte nicht mehr diesen eisenharten Klang. Damit war ich entlassen. Mir war unklar, wie ich dieses „Weiterleiten" zu bewerten hatte. Vorerst aber schämte ich mich, unsere Familientragödie mißbraucht zu haben, um mir eine Westreise zu ergaunern.

Der Termin auf dem Polizei-Bezirksamt war überraschen-
derweise nur noch reine Formsache. Wie im Traum nahm
ich meine Reisepapiere entgegen und wußte in diesem Moment, daß ich mich bald unbändig freuen durfte.

Vorerst galt es, die Reise mit kühlem Kopf und zügig zu
organisieren, ich hatte nur noch wenige Tage Zeit. Zu den
Merkwürdigkeiten der neuen Reiseregelung zählte die Möglichkeit der freien Streckenwahl. Für Beratung und Fahr-
kartenausgabe hatte die Deutsche Reichsbahn besondere
Räumlichkeiten eingerichtet, denn der Andrang war enorm.
Wer seine polizeiamtlich abgesegnete Reiseerlaubnis vorwies,
konnte mit der Hilfe des Bahnpersonals bei der Auswahl einer optimalen Reiseroute rechnen; das fast freundliche Ent-
gegenkommen Gleichgesinnter tat gut.

Volle zwei Wochen Aufenthalt in der BRD waren mir genehmigt worden. Meine erste Station mußte Fulda sein, wo
mein frischgebackener Onkel Franklin wohnte. Dort erwarteten mich aber auch meine Freunde, die den Leihonkel
für mich ausfindig gemacht hatten. Danach sollte meine
Fahrt über Göttingen, dann Karlsruhe und schließlich nach
München führen. Überall wurde ich mit Freude erwartet.
Die Bahnangestellte wagte den Einwand, daß ich nicht eine
Rundreise buchen könne, händigte mir aber dann doch –
wenngleich etwas widerstrebend – die begehrten Fahrkarten aus: München hin und zurück, über ... Bezahlt wurde in
DDR-Währung.

Der Zug nach Frankfurt über Fulda war mit Westreisen-
den vollgestopft. Bis zum Kontrollpunkt Gerstungen herrschte eisiges Schweigen im Abteil. Danach kam Stimmung auf.
Erfahrungen mit den DDR-Behörden wurden ausgetauscht
und verhalten belästert, Mitbringsel für Verwandte und
Freunde hervorgekramt – die Vorfreude schwappte über. Ich
grübelte währenddessen, ob in der vorbeigleitenden Land-

schaft zu erkennen sei, wo der Westen anfängt. Das Problem war schnell gelöst. Als Häuser mit strahlend hellen Fassaden und roten Dächern zu mir herüber grüßten, war mir klar: Jetzt bin ich im Westen, leibhaftig!

Die folgenden zwei Wochen waren voller menschlicher Begegnungen, großartiger Erlebnisse und erschütternder Überraschungen. Wer fast drei Jahrzehnte lang unter den Bedingungen der sozialistischen Mangelwirtschaft gelebt hatte, war schier überwältigt von der Fülle der Angebote: Im Dezember Schnittblumen in allen Farben – brechend volle Auslagen mit knackig frischem Gemüse und Obst aller Art – Kosmetika, modische Kleidung ... Die Glitzerwelt der Kaufhäuser mit ihrer überquellenden Warenvielfalt schlug wie eine riesige Flutwelle über mir zusammen und raubte mir fast den Verstand.

Weit angenehmer war das Stöbern in den Buchläden. In München interessierten mich vor allem die Museen und Galerien – der Besuch war für DDR-Bürger kostenlos. Diese freundliche Geste sowie das „Begrüßungsgeld" von hundert D-Mark für jeden Besucher aus dem Osten und die großzügigen Geldgeschenke meiner Freunde ermöglichten mir noch den Einkauf einiger Kleinigkeiten für meine Angehörigen.

Aber ich wurde auch nachdenklich angesichts dieses Überflusses. Der DDR-Bürger war daran gewöhnt, mit dem wenig Vorhandenen behutsam umzugehen, aus Nichts immer noch etwas Nützliches zu zaubern. In München, meiner letzten Station, begann mich die Frage zu quälen, was mit dem täglichen Überangebot an verderblicher Ware geschah; wer die vielen Blumen, Textilien und sonstigen Erzeugnisse je kaufen würde. Die Vorstellung, daß Produkte, die zuvor unter Einsatz von Arbeitskraft und Kosten erzeugt worden waren, nun der Vernichtung anheimfielen, peinigte mich. Und ich mußte dabei an die Millionen notleidender Menschen auf dieser Erde denken.

Dann der Abschied. Er kam erbarmungslos; und er war schmerzlich und bitter. Niemand konnte damals ahnen, wie

Zum ersten Mal im Westen. Von München aus unternahmen meine Freunde mit mir (links), im Januar 1988 einen Ausflug in die Alpen.

schnell sich die Verhältnisse ändern würden. Ich hatte gerade meinen 55. Geburtstag gefeiert und versuchte deshalb, den Abschiedsschmerz mit den verheißungsvollen Worten zu mildern: „In fünf Jahren komme ich wieder!", denn für Altersrentner, bei Frauen schon ab sechzig, stand das Tor „nach drüben" dann offen.

Die Rückkehr in das Gehege des Arbeiter-und-Bauern-Paradieses war niederschmetternd. Diese zwei Wochen des Abtauchens in eine gänzlich andere Welt hatten – trotz kritischer Gedanken gegen Ende meines kurzen Ausflugs – die Öde des DDR-Alltags verdrängt. Die schmuddeligen Zugabteile mit den durchgesessenen Polstern, das triste Grau der Bahnhöfe, die verrotteten Fassaden der Häuser, die freudlosen Gesichter der Menschen – diese altbekannten Bilder setzten sich holzschnittartig neben die noch frischen Eindrücke

```
R ü c k m e l d u n g
an die Abteilung Kader-Bildung des Zentralinstitutes für
Mikrobiologie und experimentelle Therapie

Die von mir, Dr. Christa Strunk,
beantragte Privatreise zu
                        Franklin Höhn
                        Ronsbachstr. 6
                        Fulda
                        64
wurde           genehmigt abgelehnt
              (nicht Zutreffendes streichen)

      23.12.87
      (Datum)                    (Unterschrift)
```

Die Rückmeldung – das vor Reiseantritt unterschriebene Formular, das bei der Rückkehr bei meiner Arbeitsstelle, dem Zentralinstitut für Mikrobiologie in Jena, zum Abheften wieder abgegeben werden mußte.

der soeben verlassenen Welt der Hochglanzfolien. Ich befand mich wieder im Klammergriff der DDR. Voll innerer Auflehnung erschien ich einen Tag später als verordnet bei der Volkspolizei zur Rückmeldung. Die sollten doch froh sein, daß ich wieder da war!

Man nahm meine Anwesenheit mit der üblichen versteinerten Miene zur Kenntnis. Der erwartete Rüffel blieb aus.

Meinen Leihonkel Franklin hatte ich altersschwach und leidend vorgefunden. Er war freundlich und überrascht zugleich; mir schien, als habe er die Tragweite des Bubenstücks, an dem er als zentrale Gestalt beteiligt war, nicht wirklich begriffen. Zwei Jahre später, am 20. September 1989, ist er gestorben. Er wird mir unvergessen bleiben.

[Oelsnitz, Sachsen – Brnó – Breclav – Prag, Tschechien –
Karl-Marx-Stadt (heute wieder Chemnitz), damals DDR
– Bebra – Fulda, Hessen;
1987 – 1989]

Mario Goldstein

Freiheit, ich komme!

Ich bin ein Mensch mit unbändiger Sehnsucht nach Freiheit.
Folgerichtig saß ich bereits mit 15 Jahren zum ersten Mal im
Gefängnis, nur weil ich laut im Freundeskreis über Reisefreiheit und das Überwinden von Grenzen nachgedacht hatte..
Inzwischen hatte ich mich jedoch zum „Schläfer" entwik-
kelt, strebte nach guten Leistungen in der Schule und beendete meine Lehre als Maurer, die ich als bester Lehrling mit
„sehr gut" abschließen konnte. Mein Lehrmeister wollte mich
für ein Studium vorschlagen, doch ich hatte andere Pläne.
Der Fluchtgedanke hatte mich nie verlassen, und meine na-
hende Volljährigkeit eröffnete mir erst einmal einen legalen
Weg, das Land zu verlassen.
Kaum 18 Jahre alt, stellte ich 1987 einen Ausreiseantrag.
Der wurde abgelehnt. Von nun an waren meine Gedanken fi-
xiert und bewegten sich nur in eine Richtung: Ich werde fliehen! Das Wie, Wo und Wann begannen mich zu beschäftigen.
Noch bevor ich einen Fluchtplan entwickeln konnte, wurde ich bei einer Disco im örtlichen Jugendclub von zwei Männern angesprochen, die ich bisher nur vom Sehen kannte.
Nach einem kurzen, freundlichen Small Talk kamen sie auf
meinen Ausreiseantrag, von dem sie offenbar gehört hatten,
zu sprechen. Sie konnten meine Gründe dafür gut nachvoll-
ziehen und hatten die gleiche Meinung zu dem System, in
dem wir leben mußten, wie ich. Wir vereinbarten ein Tref-

fen an einem ruhigeren Ort, weil sie sich gern mit mir unterhalten wollten. Dort offenbarten sie mir voller Vertrauen ihre eigenen Fluchtpläne. Das war gefährlich für sie und für mich, denn es gab zahllose Stasispitzel. Doch irgendwie hatte ich Vertrauen zu Wu und Didi, innerhalb kurzer Zeit entwickelte sich eine Freundschaft, geprägt von gleichen Ideen, Offenheit und Hilfsbereitschaft.

Meine Freunde planten, in Kürze über Ungarn nach Österreich zu flüchten. Wir sprachen alles genauestens ab. Vor der Abreise überraschte mich Wu mit einem großzügigen Geschenk, seinem Motorrad, und vertraute mir auch seine Freundin an, die er in Oelsnitz zurücklassen mußte. Ich sollte mich ihrer ein wenig annehmen, bis er sie nachholen würde. Wenn er erst im Westen wäre, würde er sich um alles kümmern, und er versprach, auch meine Ausreise zu beschleunigen. Wir verabschiedeten uns mit vielen ermutigenden Worten, freundlich, aber entschlossen, dem System die Stirn zu bieten. Unsere Devise war, lieber den Knast zu riskieren, als weiter untätig im Osten zu leben.

Nachdem die beiden aufgebrochen waren, breitete sich unerwartet Ruhe in meinem Leben aus. Ich dachte nach und wartete hoffnungsvoll ab. Einige Male traf ich mich mit Wus Freundin an geheimen Orten, denn niemand durfte uns zusammen sehen. Die Zusammenhänge zwischen der Flucht ihres Freundes und meinem Ausreiseantrag wären zu offensichtlich gewesen und hätten sie in nicht zu unterschätzende Schwierigkeiten bringen können. Für mich spielte das zu der Zeit schon keine Rolle mehr, denn ich wollte nur eins, RAUS HIER!

Die Flucht

Als nach zehn Tagen die Nachricht durchdrang, die beiden seien geschnappt worden, schmolz meine letzte Hoffnung auf Hilfe aus dem Westen dahin, und ich beschloß zu fliehen. Es tat sich, völlig überraschend für mich, ein Partner für die

Flucht auf. Mein langjähriger Freund Jens wollte mit; und so begannen wir, gemeinsam Pläne zu schmieden. Es galt zunächst, technische Probleme zu lösen. Wir brauchten Karten, Werkzeuge und Devisen, die nur auf Umwegen oder mit relativ großem Aufwand zu beschaffen waren. Immer wieder besprachen wir unser Vorhaben und erwogen die verschiedenen Möglichkeiten. Nach einer Woche hatten wir unseren Fluchtplan komplett entwickelt, denn Zeit wollten wir jetzt auf keinen Fall mehr verschwenden. Meine Mutter hatte ich ins Vertrauen gezogen. Sie wußte über unser Vorhaben Bescheid und unterstützte mich, wo sie nur konnte.

Im August 1988 ging es los. Mit meinem neuen Motorrad fuhren wir in Richtung Tschechische Republik, deren Grenze nur etwa dreißig Kilometer von unserer Stadt entfernt war. Jens hatte sich von seinen Eltern etwas Westgeld besorgt, das wir im Rückspiegel versteckten, falls uns jemand filzen würde. Und das war gut so, denn kaum waren wir an der Grenze angelangt, zeigten sich die Grenzer äußerst mißtrauisch. Immer wieder prüften sie Jens' Ausweis. Schließlich schickten sie uns zurück wie kleine Kinder. Schuld war das Paßfoto, das mehr als fünf Jahre alt war und Jens nicht wiedererkennen ließ. Seine Haare, die er jetzt lang trug, entstellten ihn vollkommen. Wohl oder übel mußten wir umkehren. Doch ans Aufgeben dachten wir keine Sekunde, im Gegenteil!

Jens ließ sich über Nacht die Haare schneiden und am nächsten Morgen brachen wir erneut auf. Diesmal hatten wir Erfolg und bekamen freie Fahrt. Unser Ziel war die österreichische Grenze, denn wir wollten nach Wien, und das erschien uns in der Nähe von Breclav am schnellsten und besten machbar zu sein. Auf halber Strecke übernachteten wir direkt neben der Autobahn. Wir legten uns in einen Straßengraben und betrachteten den Sternenhimmel. Es war eine schöne, laue Sommernacht, in der wir lange erzählten und von unserer Zukunft träumten. Weiße Strände vor Augen,

den Duft von Freiheit in der Nase und große Abenteuer im
Kopf schliefen wir ein. Doch noch war es nicht soweit.

Wenn man die Karte betrachtete, lag Breclav gar nicht
weit von Wien entfernt. Um so absurder fand ich es, daß dazwischen Zäune standen, deren Übersteigen mit dem Tode
bestraft wurde. Heute, im vereinten Europa, erscheinen die
Unmenschlichkeiten und Gedankengänge der damaligen
Machthaber besonders absurd.

Im Brnó unterbrachen wir unsere Fahrt kurz und besorg-
ten uns einen großen Seitenschneider. Damit wollten wir die
Zäune durchtrennen und uns den Weg in die Freiheit schneiden. Dann setzten wir unsere Fahrt nach Breclav fort. Der
Zeltplatz, auf dem wir campierten, lag an einem Wald, der
bis zur Grenze zu reichen schien. Wir schätzten die Entfernung auf drei Kilometer, was für unsere Begriffe sehr nahe
war, denn in der DDR war vor den Grenzen zusätzlich ein
weiträumiges Sperrgebiet errichtet, das nur Anwohner oder
Besucher mit Genehmigung – einem Passierschein! – betreten durften. Dorthin hätte gerade ich nie vordringen dürfen.

Nachdem wir unser Zelt aufgeschlagen hatten, erkundeten wir vorsichtig die Gegend und beschlossen, gleich die
kommende Nacht zur Flucht zu nutzen.

Zu vorgerückter Stunde wurde es ernst. Wir zogen uns
schwarze oder zumindest dunkle Sachen an, und ich rollte
eine schwarze Mütze, wie sie häufig von Fischern getragen
wird, über meine langen blonden Haare. Meine Oma hatte
sie extra für mich gestrickt, in dieser Nacht sollte sie für
meine Tarnung sorgen. Es war dunkel, als wir unser Zelt
verließen und in den Wald aufbrachen. Außer der Zange und
dem Westgeld, das wir aufgeteilt hatten, ließen wir alles zurück. Das Motorrad, das uns hierher gebracht hatte, das Zelt
und einige Decken – wir sollten nichts davon wiedersehen,
doch damit rechneten wir sowieso. Vorsichtig und leise, aber
dennoch zügig bewegten wir uns durch den Wald. Nach einer knappen Stunde stießen wir auf einen Weg, den wir über-

querten. Gegenüber zeichnete sich ein riesiges Feld ab. Dazwischen stand jedoch ein Stacheldrahtzaun von etwa dreieinhalb Metern Höhe, an dessen Oberseite ein Querstück wie bei einem „T" angebracht war. So war es unmöglich, den Zaun zu überklettern, ohne sich zu verletzen. Ein klarer Fall für unseren Freund, den Seitenschneider.

Nach einer kurzen Verschnaufpause nickten wir uns aufmunternd zu und schritten zur Tat. Ohne den geringsten Zweifel, mein Ziel fest vor Augen, griff ich beherzt zur Zange und drückte zu. Wie eine Feder sprang der Draht auseinander. Er hatte unter enormer Spannung gestanden. Zum Glück schlug er keinem von uns ins Gesicht, sonst würden wir heute noch ein sichtbares Andenken an diese Nacht tragen. Um hindurch zu schlüpfen, mußte ich drei Drähte durchzwikken. Doch damit hatten wir uns verraten. Scheinwerfer leuchteten auf und tauchten alles in grelles Licht. Jetzt wurde es richtig ernst. Wir stiegen durch das Loch und rannten um unser Leben und unsere Freiheit. Das Feld war holprig; und es fiel schwer, ein hohes Tempo zu halten. Der Schweiß lief an mir herab, Aufregung und Angst ließen mein Herz bis zum Hals klopfen. Wir rannten in einem Winkel von etwa 45 Grad vom ersten Zaun weg, um die weiteren Zäune in einem anderen Quadranten zu erreichen. Wir hatten zwar keine Ahnung, ob dies wirklich besser war und welche Pläne die Grenzsoldaten verfolgten, aber es erschien uns irgendwie logischer. So hetzten wir dahin.

Nach mehreren hundert Metern trafen wir auf einen niedrigeren Zaun, dessen geschätzte ein Meter zwanzig wir ruckzuck überkletterten. Und weiter ging die Jagd. Als nächstes tauchte ein Feld mit Obstbäumen vor uns auf, das von einem Maschendrahtzaun umgeben war. Merkwürdig. Wir blickten uns um. Da! Der Lichtkegel einer Taschenlampe tauchte auf. Unsere Verfolger! Sie rannten direkt auf uns zu.

Weiter! Schnell! Fix überkletterten wir den Zaun. Als wir dann im Obstbaumfeld standen, hörten wir mehrere Soldaten laufen, Maschinenpistolen klappern und Hunde winseln. Sie würden vor nichts zurückschrecken; schließlich waren wir der Staatsfeind, der das Land verraten wollte. Jahrelang waren sie geschult worden, Flüchtlinge wie uns aufzuhalten. Tot oder lebend!

Mit diesem Wissen schlich sich zum ersten Mal Todesangst in mein Bewußtsein und ich dachte ans Aufgeben. Doch Jens machte mir Mut. Er winkte mir und schlich langsam und leise voran. So durchquerten wir das Feld, bis wir am Ende vor einem großen Wachturm standen. Zehn Meter hoch tat sich das Ungetüm vor uns auf und es dauerte einige Zeit, bis wir feststellten, daß er unbesetzt war. Wir faßten uns ein Herz und liefen direkt unter ihm durch. Aber nun standen wir vor dem nächsten Hindernis, einem Zaun in der gleichen Höhe und Ausführung wie der erste. Unsere Verfolger waren uns dicht auf den Fersen, hatten uns aber noch nicht ausgemacht. Wir entschieden uns, erst eine Weile am Zaun entlangzulaufen, um nicht wieder das Licht auszulösen. Damit rannten wir in die sprichwörtliche Höhle des Löwen, denn kurz darauf tauchte die kleine Kaserne der Grenztruppe auf. Sie lag noch im Dunkel, und wir hasteten direkt hinter ihr vorbei. Wir hatten noch genau zwei Zäune vor uns, die in einem Abstand von fünf Metern standen. Den hohen und einen niedrigeren, mit etwa zwei Meter fünfzig Höhe, vor dem aber eine große Stacheldrahtrolle mit einem Durchmesser von ein Metern fünfzig lag. Wir kappten drei Drähte des großen Zaunes, schlüpften hindurch und lösten damit wiederum die Scheinwerfer aus. Das hatten wir befürchtet, aber es war nun einmal unsere einzige Möglichkeit. Jetzt mußte es schnell gehen, denn unsere Verfolger waren nah. Verdammt nah. Wir rannten weiter. Gab es hier Tretminen?

Vermutlich. Doch in diesem Falle hatten wir Glück im Unglück. Die Soldaten waren uns dicht auf den Fersen, so daß wir uns entschieden, in die Stacheldrahtrolle zu schlüpfen. Jens versuchte, aus der Rolle heraus den nächsten Zaun zu durchtrennen, doch die Schritte kamen immer näher. Still lagen wir auf dem Boden, vom Stacheldraht umgeben, und wagten kaum zu atmen. Wir waren kurz davor, zu entkommen! Und tatsächlich – sie rannten an uns vorüber. Gleich wäre es geschafft. Aber dann kehrten sie um. Und noch bevor ich be-

Bei Breclav versuchten mein Freund Jens und ich, die tschechische Grenze zu durchbrechen und in den Westen zu gelangen. Nachdem wir vier Zäune überwunden hatten, wurden wir vor dem fünften Zaun von tschechischen Grenzsoldaten gestellt. Im Bild sieht man den Schäferhund, der nach der Festnahme auf mir lag. Wie wir später erfuhren, wäre das der letzte Zaun gewesen, dahinter lag Österreich.

griff, was passierte, traf mich der Kegel einer Taschenlampe mitten ins Gesicht. Blinzelnd versuchte ich etwas zu erkennen, was mir schließlich auch gelang, aber das Blut in den Adern stocken ließ. Mehrere Gewehrläufe zielten auf mich!

Dann wurde ich von vielen Händen gewaltsam aus meiner Rolle gezerrt. Man warf mich mit dem Gesicht nach unten

auf den Boden, und ein großer Schäferhund legte sich hechelnd auf meinen Körper. Der Wettlauf war beendet. Ich
hatte ihn verloren. Jetzt war ich in den Händen meiner Wi-
dersacher. Gefangen. Mit einer ungewissen Zukunft. Zurück
im System, aber nun nicht mehr anonym, sondern als Staatsfeind. Abschaum. Was würde nun passieren?

Gefangen

Nachdem man uns ins Innere der Kaserne gebracht hatte,
begannen sofort die Verhöre. Der oberste Befehlshaber brüllte
uns aufgebracht an, bevor er sich wie ein Tier auf Jens stürzte
und kräftig zuschlug. Wieder und wieder hob er die Hand.
Jens hielt beide Hände über dem Kopf zusammen und erst
als er sich duckte, hielt der Oberst, immer noch wütend, inne.

Da wir kein Tschechisch sprachen und keiner der Soldaten Deutsch, wurde ein Übersetzer angefordert. Ein älterer
Mann um die Sechzig führte mit uns eine ruhige, beinahe
freundliche Unterhaltung und die Befragung fiel eher ober-
flächlich aus: Namen und allgemeine Angaben. Wo wir her-
kämen? Wo unsere Sachen seien?

Er erzählte uns dann, daß wir beinahe entkommen wären
und schon vor dem letzten Zaun gelegen hätten, als sie uns
schnappten – deshalb sei der Oberst auch so wütend. Es galt
nicht gerade als sozialistische Heldentat, einen Flüchtling
entkommen zu lassen.

Nach einer langen schlaflosen Nacht wurden wir am nächsten Morgen in Handschellen aus der Kaserne des Grenzge-
biets geführt und in einen fensterlosen Transporter verfrach-
tet. Der Aufbau der Grenzanlagen war streng geheim, weshalb sie unseren Blicken entzogen sein sollten. Am Nachmittag trafen wir im Gefängnis Brnó ein. Die Wärter blickten
uns kalt und gleichgültig entgegen. Nachdem wir getrennt
worden waren, wurde ich Gänge entlanggeschubst und durch
eine Tür gedrängt. Als die Zellentür hinter mir ins Schloß
gekracht war, wurde es ruhig, und ich begann, meine Gedan-

ken zu ordnen. Alle möglichen Szenarien schossen mir durch den Kopf, wobei sich Angst und Hoffnung rasch ablösten.

Sieben lange Tage war ich alleine und hatte genug Zeit nachzudenken. Oft sprach ich mit mir selbst, ab und zu sang ich ein Lied. Immer wieder schlich ich in meiner Zelle auf und ab wie ein gefangenes Tier. Manchmal stellte ich mich auch ans Fenster und genoß es, wenn die Sonne ein paar einzelne Strahlen durch die Gitterstäbe schickte. Zumindest sie war für mich da. Ein Gefühl, das mir wieder ein bißchen Mut machte.

Nach einer guten Woche wurde ich wiederum abtransportiert, und als sich die Tür meines Gefährts öffnete, befand ich mich im Hof des Staatsgefängnisses von Prag. Dort führte man mich treppab. Stufe um Stufe ging es hinunter, immer tiefer, bis wir in einem Gewölbekeller anlangten. Das wenige Licht und kahle Sandsteinwände erinnerten an frühere Zeiten. Am Ende eines langen Ganges schlossen die Wärter eine Eisentür auf und schoben mich hindurch. Dann fiel die Tür hinter mir zu, der Schlüssel quietschte und fünf zerzauste, doch neugierige Gesichter starrten mir entgegen. Ob ich genauso aussah?

Sicher, denn auch ich hatte seit fast zehn Tagen nicht geduscht. Erst nach und nach gewöhnten sich meine Augen an das diffuse Licht, und ich begann, meine Umgebung zu inspizieren. Der Raum glich einem alten Stallgemäuer. Rote Ziegelwände und ein grauer Betonboden. Sicherlich hätten die Wände viel zu erzählen. Die Liegen waren aus Holz und mit Bändern bespannt, wie ich es noch aus der Kindergartenzeit kannte. Zu jeder Liege gehörten zwei alte Armeedekken, die steif und kratzig an unseren Körpern rieben. In einer der Ecken war eine graubraune und offenbar sehr alte Keramikplattform in den Boden eingelassen, in deren Mitte sich ein Loch befand. Das war die Toilette. Oberhalb davon ragte ein schmales Rohr aus der Wand, das gleichzeitig als Spülung und als Waschmöglichkeit diente. Da dieser Bereich in keiner Weise abgetrennt war, konnte man sich mit allen –

quasi Auge in Auge – unterhalten, während man sein Geschäft verrichtete. Eine Privatsphäre war nicht vorgesehen. Aber gut, wir DDR-Flüchtigen befanden uns in einem benachbarten Land, das sicher schon genug Aufwand und Mühe mit uns hatte. Was konnten wir da schon erwarten?

Nach und nach lernte ich die anderen kennen. Unsicher erzählten wir uns gegenseitig unsere Fluchtgeschichten, immer damit rechnend, daß ein Spitzel unter uns sein könnte oder einer den anderen gegen Versprechungen oder Vergünstigungen verraten würde. Und doch nahmen wir auch dies in Kauf, denn wir alle sahen den Aufenthalt dort nur als eine Station, die es zu überwinden galt. Gegen die Alternative, im System nur noch zu funktionieren, hatten wir schließlich auch eine Haft billigend in Kauf genommen.

Hier in Prag wurde ich auch das erste Mal von einem deutschen Stasimitarbeiter verhört, und der Fluchthergang wurde protokolliert. All das geschah mit einer Gleichgültigkeit, die zu erwarten war. Wieder zurück in der Zelle wartete ich auf den Weitertransport, denn ich ging davon aus, daß sie mich in die DDR zurückbringen würden, um mir den Prozeß zu machen. Tatsächlich wurden wir, etwa zwanzig Gefangene, die ausgeflogen werden sollten, eines Morgens zum Prager Flughafen gebracht. Eine Horde von dreißig Stasileuten erwartete uns. Jeder von uns wurde mit Handschellen, einem eigenen Begleiter und einem kostenlosen Fensterplatz bedacht. Das war mein erster Flug. Nach etwa einer Stunde landeten wir in Berlin. Dort wurden wir auf Kleintransporter verteilt und in die jeweils zuständigen Bezirke gebracht. Ich kam nach Karl-Marx-Stadt, dem heutigen Chemnitz.

Vor meiner Flucht hatte ich natürlich auch bedacht, welche Folgen ich beim Mißlingen zu gewärtigen hätte. Gefangengenommen waren zu diesem Zeitpunkt die Chancen gut, nicht wieder ins System eingegliedert, sondern in die BRD abgeschoben zu werden. An Aufrührern und Staatsfeinden wie uns hatten die Funktionäre in der DDR kein Interesse, und so sperrten sie uns erst einmal weg. Weil die Bundesrepublik humanitäres Interesse an uns zeigte, wurde fleißig über unseren Verbleib verhandelt und so mancher gute Deal abgeschlossen, der die DDR-Staatskasse mit Devisen auffüllte. Nach einer Abschiebung war es für mindestens zwanzig Jahre nicht möglich, die DDR und damit die Familie zu besuchen. Auch wären Familienangehörige keinesfalls in den Genuß einer Ausreisegenehmigung gekommen, um im Westen einen Besuch abzustatten. Familienzusammenführungen gestalteten sich langwierig und schikanös. Noch ein paar Jahre zuvor waren Republikflüchtlinge mit fünf und mehr Jahren Gefängnis bestraft, in berüchtigten Haftanstalten wie Bautzen oder Cottbus verwahrt worden und mußten als „Politische" mit körperlichen und seelischen Erniedrigungen rechnen.

1988 war das System schon etwas aufgeweicht und die Zahl der Flüchtlinge bedrohlich angestiegen. Aber nicht nur die galten als politische Staatsfeinde. Schon ein Brief an Herrn Honecker mit kritischen Äußerungen konnte zwei oder drei Jahre Gefängnis bedeuten, unabhängig vom Status der jeweiligen Person. Die Beteiligung an den stummen Märschen, wie es sie damals in Berlin, Leipzig oder Chemnitz und später in fast jeder Stadt gab, konnte ein bis zwei Jahre bringen. Ganze Gefängnisse wie Karl-Marx-Stadt und Cottbus dienten zur Unterbringung von politischen Gefangenen.

In Untersuchungshaft

Ich wurde direkt in die Untersuchungshaftanstalt der Staatssicherheit am Kassberg gebracht, wo ich gewaltlos behandelt und in Ruhe gelassen wurde. Nur von meinen Haaren mußte ich mich trennen – sie wurden abgeschnitten, ohne daß ich widersprechen konnte, denn es war aus hygienischen Gründen Vorschrift. Alles geschah in eingespielter Routine. Ich kam in eine Zelle im Obergeschoß, in der drei Betten standen. Sie war drei mal vier Meter, aber ansonsten sauber und übersichtlich, was bei dieser Größe nicht wirklich verwunderte. Dort

Diese Profilbilder sind nach meiner Verhaftung im Jahre 1989 entstanden und wurden von der Staatssicherheit in Karl-Marx-Stadt (Chemnitz) erstellt.

traf ich auf Dieter, der direkt aus Karl-Marx-Stadt kam und an den regelmäßig stattfindenden Schweigemärschen teilgenommen hatte. Wir freundeten uns schnell an und faßten Vertrauen zueinander. Er war etwa vierzig, Vater einer Tochter und hatte ebenfalls einen Ausreiseantrag gestellt. Wir hielten zusammen; manchmal gelang es uns sogar, über die Umstände zu lachen. Jeden Morgen gab es Freigang für uns. Nach dem Frühstück trotteten wir um sieben in ein dreieckig eingemauertes Freigelände von etwa sechs bis acht Metern Schenkellänge. Die Mauern waren vier Meter hoch und mit Maschendraht überspannt. Wie Wölfe im Zoo liefen wir darin umher.

Es folgten unzählige Verhöre, in denen jedes Detail niedergeschrieben und protokolliert wurde. Im Gegensatz zu meiner Haft als Fünfzehnjähriger war mein Zustand dieses Mal äußerst stabil. Ich harrte der Dinge, die da kommen würden und ließ alles über mich ergehen. Mein Ziel war abgesteckt, und das brachte ich deutlich und beherrscht zum Ausdruck. Immer wieder saß der gleiche Stasi-Mitarbeiter vor mir; immer wieder stellte er dieselben Fragen und erhielt dieselben Antworten, bis er eines Tages nach meiner Mutter fragte. Er erkundigte sich, ob sie von meiner Flucht gewußt hätte. Ich verneinte vehement. Doch er fragte wieder und wieder, ließ einfach nicht locker. Weil er sie als Mitwisserin vermutete, drohte er mir schließlich, sie einzusperren, wenn ich es nicht zugäbe. Ich schwieg lange. Die Gedanken in meinem Kopf schossen hin und her. Unvorstellbar, meine Mutter im Knast, Verhöre ...!

„Ihr seid Schweine!", fuhr ich ihn dann wütend an, „ja, sie wußte es." In diesem Moment fühlte ich mich als elender Verräter. Bei der Vorstellung aber, daß meine Mutter hier in U-Haft sitzen könnte, wurde mir übel und Haß auf diese herrschsüchtigen, arroganten und selbstgefälligen Menschen stieg in mir auf. Mein Gegenüber versprach, meiner Mutter würde nichts geschehen, doch was war ein solches Versprechen wohl wert?

In diesem Fall zeigte sich allerdings, der Stasimann war gnädig und hielt sein Wort.

Die Wochen vergingen und es wurde Herbst. Ende Oktober traf meine Anklageschrift ein. Der Rechtsanwalt, der auch als eine Art Vermittler zu Anwalt Vogel in Berlin fungierte, wies mich ins Prozedere ein. Ich sollte mich auf jeden Fall schuldig bekennen, egal welche Strafe mich erwarte, denn ich würde sie sowieso nicht voll absitzen, und ich sollte – auch das war wichtig – auf keinen Fall Berufung einlegen. Es klang alles sehr hoffnungsvoll, so daß ich ihm glaubte und das Spiel mitspielte.

Zur Verhandlung sah ich dann das erste Mal seit zweieinhalb Monaten meinen Freund Jens wieder. Wortlos lächelten wir uns zu. Die Verhandlung war nicht öffentlich und reine Routine, eher langweilig. Alles wurde einfach abgelesen, übrigens von unserem damaligen Staatsanwalt in Oelsnitz, der zu diesem Prozeß extra angereist kam. Schließlich wurden wir zu zwanzig Monaten Gefängnis verurteilt. Wir legten keine Berufung ein, denn zwanzig Monate schienen uns in Ordnung zu sein, wenn wir nur das Gebiet der DDR nie wieder betreten müßten.

Dieter, mit dem mich mittlerweile eine innige und freund-
schaftliche Beziehung verband, wurde gleichzeitig mit mir
in eine Zelle für anstehende Transporte in ein anderes Gebäude verlegt. Dort stießen wir zum ersten Mal auf einen
echten Kriminellen. Es war ein junger Kerl, der seit Monaten keine Haare geschnitten hatte und dessen Fußnägel sich
schon um die Zehen rollten – ein bemitleidenswerter Anblick.
Wir bemühten uns, sprachen freundschaftlich mit ihm und
kamen gut miteinander aus. Dieter war ebenso klar wie mir,
daß unsere gemeinsame Zeit, die immerhin bisher fast drei
Monate gedauert hatte, dem Ende zuging.

Eines Morgens, kurz nach dem Wecken, öffnete sich laut
klappernd die Tür: „Goldstein, fertigmachen und Sachen
packen!"

Es ging los. Dieter und ich wechselten vielsagende Blicke,
und ich zitterte vor Aufregung. Trennungsangst kroch in mir
hoch. Während ich aufgeregt in meinen Sachen wühlte, fielen einige ermunternde Worte, und schon ging wieder die
Tür auf: „Goldstein, raustreten!"

Ich stand da und sah Dieter an. Wir umarmten uns, wünsch-
ten uns viel Glück, und ich machte mich auf den Weg. An der
Tür blickte ich mich ein letztes Mal nach ihm um. Er hatte
Tränen in den Augen. Wir haben uns nie wiedergesehen. Dieter war für mich in der Untersuchungshaft zu einer kleinen
Vaterfigur geworden, ein etwa 40-jähriger Mann, der in meiner Zelle saß und wegen stiller Proteste in Chemnitz verhaftet wurde.

Im Strafvollzug

Die Fahrt zur Strafvollzugsanstalt Karl-Marx-Stadt dauerte
nur eine halbe Stunde. Hier sollte ich also meine Strafe absitzen. Die Anstalt war relativ neu und wirkte sehr modern. Eine
hohe Mauer mit Stacheldraht und Kameras umgab das Gelände. Die Gefangenen wurden in einem großen Neubaublock
aufgenommen, in dessen Inneren sich ein Hof von der Größe

eines kleinen Fußballfeldes befand, der zusätzlich eingezäunt war. Es ist erstaunlich, welches Gewohnheitstier der Mensch ist. Er versucht immer, sich seiner Umgebung anzupassen. Nach einer gewissen Zeit nimmt man die Mauern, die Zäune und den Stacheldraht gar nicht mehr wahr. Die Anstalt war an ein altes Betonwerk angegliedert, das Bauteile für Plattenbauten herstellte. Merkwürdigerweise waren gerade diese Wohnungen, mit Doppelfenstern und Fernheizung ausgerüstet, in der DDR so begehrt, daß sie nur mit Beziehungen, nach Wartezeit oder gar nicht zu bekommen waren.

In dem Werk arbeiteten wir Gefangenen in einem Zweischichtsystem und trugen so auf unsere Art zum Wohle des Volkes bei. Meine Aufgaben bestanden darin, die einzelnen Batterien, in die der Beton gefüllt wurde, zu öffnen, zu reinigen und die Formwände mit Öl einzusprühen. Und das tat ich. In einer solch monotonen Umgebung sehnt man sich nach Beschäftigung und führt die seltsamsten Arbeiten gerne und befriedigt aus. Untergebracht wurden wir in sogenannten Erziehungsbereichen, die jeweils fünfzig bis siebzig Gefangene aufnahmen. Ich schlief in einer sechs-Mann-Zelle, die etwa fünf mal fünf Meter maß und tagsüber nicht verschlossen war. Zwei dreistöckige Betten, zwei Schränke, ein Tisch und – warum auch immer – nur vier Stühle, das war alles.

Ich war noch nicht lange dort und hatte mich kaum eingelebt, da geschah ein kleines Wunder. An einem ruhigen Wochentag, wir hatten Spätschicht, tat sich die Tür auf und Didi trat ein. Didi stammte aus meiner Heimatstadt Oelsnitz, ich habe von seiner Flucht gewußt und war sozusagen Mitwisser. Er wollte zusammen mit einem Freund von mir über Ungarn abhauen und war dort an der Grenze festgenommen worden. Durch Zufall trafen wir uns nun in Chemnitz wieder. Wir hatten uns seit fünf Monaten nicht gesehen, freuten uns entsprechend und konnten es kaum glauben. Nach dieser Zeit hatten wir natürlich viel zu erzählen. Er belegte das Bett unter mir, was mir ein wunderbares Gefühl gab. Mit dem Freund kam wieder ein Stück Vertrautheit in mein Leben.

Der Tagesablauf in einem Gefängnis ist, wenn man von einigen Ausnahmen absieht, wohl eher als unspektakulär zu bezeichnen, und man neigt dazu, in eine Art Lethargie zu verfallen. Allerdings hatte ich dort auch mehrmals derartige Lachkrämpfe, wie nie sonst in meinem Leben. Es ist, als ob alles abgeschaltet wäre, sich die Seele aber die lustigen und schönen Dinge holt, die sie braucht. Tag um Tag verging. Wir arbeiteten in zwei Schichten, erzählten viel, und jeden Abend um sieben ging ich in die Nachbarzelle, um mit einem 10-Liter-Eimer etwas für meine Muskeln zu tun. Sonntags gab es Tee, manchmal auch Kuchen oder Kekse, die über Pakete von Familienangehörigen den Weg zu uns fanden. Dann saßen wir alle zusammen wie eine eingeschworene Gemeinschaft und unterhielten uns. Einmal im Monat durften wir Besuch empfangen. Meist kam meine Mutter zu mir, und einmal brachte sie auch meine alte Freundin Anja mit, die Schwester von Jens, der seine Zeit in Cottbus absaß.

Am aufregendsten und spannendsten waren die Spekulationen darüber, wer wohl als Nächster abgeschoben werden würde. Einmal in der Woche, meist dienstags, war Abschiebetag. Die Kandidaten dafür sollten möglichst schnell und überraschend von allen anderen getrennt werden. Das geschah dann in der Schleuse, die wir jeden Tag passieren mußten, wenn wir auf das Fabrikgelände gebracht wurden. Jede Brigade, die aus sechs bis zwölf Mann bestand, mußte sich in einer Reihe aufstellen. Nachdem die Namen jedes einzelnen vorgelesen waren, verließen wir die Schleuse in Richtung Fabrikgelände und gelangten so zu den Umkleideräumen. Manchmal wurde jedoch ein Name nicht aufgerufen und derjenige mußte dann heraustreten und sich in der hinteren Ecke der Schleuse an die Wand stellen: Abschiebekandidat!

Oft sah ich drei oder vier Mann an der Wand. Es gab also berechtigte Hoffnung, eines Tages selbst dort zu stehen und den Weg in die Freiheit anzutreten. Über unsere Abschiebe-Spekulationen war es Winter geworden. Da in Karl-Marx-Stadt etwa 95 Prozent aller Gefangenen politisch Inhaftierte waren, darunter Doktoren, Ingenieure, Ärzte und Lehrer, fanden sich immer aufregende und intelligente Gesprächspartner. Trotz der Anspannung herrschte größtenteils Harmonie und Friede. Gerade um die Weihnachtszeit hatten es die Familienväter unter uns besonders schwer, und wir unterstützten sie, wo wir nur konnten. Wir organisierten Nachmittage mit Tee und Kuchen. Irgendwo fanden sich sogar ein paar Kerzen, so daß teilweise lustige und relativ gemütliche Männerrunden stattfanden. Keiner wollte aufgeben, und die Gemeinschaft half uns dabei sehr. Diese Energie war sehr präsent und zog durch das ganze Gefängnis. Unser Widerstand wurde nicht gebrochen; teilweise starrten uns sogar die Wärter mit einem seltsamen Ausdruck in den Augen an. Ich las Machtlosigkeit, Bedauern, Abstand oder Neid. Haß war eher selten spürbar.

Das war jetzt mein zweites Weihnachtsfest, das ich nicht in der Familie oder unter Freunden verbrachte, denn mit 15 Jahren war ich schon einmal gerade zu diesen Festtagen hinter Gittern gewesen. Von Silvester bekamen wir beinahe nichts mit, denn wir gingen um 22 Uhr ins Bett und verschliefen so den Jahreswechsel. Der Januar verging wie im Flug, obwohl jeder Tag vom gleichen Rhythmus geprägt war, vielleicht aber auch gerade deshalb.

Ein neues Leben beginnt

An einem eiskalten Februarmorgen 1989, wir waren wie immer auf dem Weg zum Fabrikgelände, stand ich in der Schleuse und wartete. Alle meine Kameraden waren schon aufgerufen worden und hatten die Schleuse verlassen, nur ich stand wie versteinert und mein Name fiel nicht. Ich starrte den Wärter entgeistert an. Wollte er denn nicht, daß ich die Schleuse verließ?

Statt dessen nickte er stumm mit dem Kopf in Richtung Ecke. Ich war wie gelähmt und doch, es mußte so sein! Abschiebung!

Mein Blick schweifte an den Wärtern vorbei zur Tür, die zum Arbeitsbereich führte. Dort suchte ich nach Didi und sah ihn ein letztes Mal. Da stand er, direkt an der Ausgangstür. Er lachte mich an, und bevor er abdrehte, streckte er den Daumen nach oben. Dann verschwand er in der Dunkelheit. Ich sollte ihn nie mehr sehen. Wieder war ich allein ins Ungewisse unterwegs. Was würde mich nun erwarten?

Eines stand fest: Es würde aufregend werden. Ein neues Leben würde beginnen!

Sie brachten mich in die altvertrauten Gemäuer des Stasigefängnisses zurück, in dem ich meine U-Haft abgesessen

Die Schleuse in der Strafvollzugsanstalt Karl-Marx-Stadt (Chemnitz). Das Bild zeigt mich, in der hinteren dunklen Ecke, nachdem man mich aussortiert hat. Ein sicheres Zeichen, daß ich nun in die BRD abgeschoben werde. In der rechten, unteren Bildecke, sieht man meinen Freund Didi, der mir den Daumen hoch zeigt. Geschafft, die DDR wird mich endlich los.

hatte. Die Tage vergingen. Glücklich, aber trotzdem von Mißtrauen und Angst geplagt, wälzte ich mich herum, bis ich endlich abgeholt wurde. Ich mußte verschiedene Papiere unterschreiben: Entlassung aus der Staatsbürgerschaft der DDR – Juhu! Auflösung von Konten, Eigentumsverzicht von allem, was ich hatte. Da ich nichts besaß, ging alles bei mir sehr schnell. Nach etwa zwei Wochen wurde ich zusammen mit zwei anderen Gefangenen aus den Zellen geholt und wieder einmal in einen Transporter geladen. Langsam rollten wir vom Gelände. Am Hauptbahnhof Karl-Marx-Stadt standen wir am Bahnsteig und wurden belehrt, uns ruhig zu verhalten und das Zugabteil nicht zu verlassen. Wir stimmten sofort zu und konnten unsere Freude kaum verbergen. Dann stiegen wir ein und der Zug rollte langsam an. Ziel Fulda, über Bebra.

Da saßen wir nun, starrten uns an, lächelten und beobachteten die Aufpasser, die im Gang auf und ab gingen. Ich vergaß die Zeit, und als wir ein letztes Mal stoppten, waren die Stasimänner verschwunden. Der DDR-Boden floß förmlich unter unseren Füßen davon. Die Gefühle eines solchen Moments sind schwer zu beschreiben. Vom Fenster aus sah ich den Grenzstein an mir vorüberziehen: Schwarz – Rot – Gold. In diesem Moment veränderte sich alles und ich hatte den Eindruck, daß ein böser Geist meinen Körper verließ. Emotionen wirbelten durcheinander. Endlich in Freiheit!

Wir rissen die Fenster des Zuges auf und schrien unsere Freude hinaus! Endlich Luft! Der Kampf war vorüber, ich hatte es geschafft und war Sieger! So lange hatte ich von diesem Moment geträumt, jetzt wurde er wahr.

In Fulda stiegen wir aus. Es war Februar und es regnete, doch mir war warm. Der Duft, die Farben, die neue Ordnung. Westliche Welt – ICH KOMME!

Ausschnitt aus dem Buch „Der Freiträumer" von Mario Goldstein, Projekte Verlag Halle 2004.

[Ostsee zwischen Saßnitz und Trelleborg – West-Berlin;
Ostern – 1. Mai 1987]

Meinhard Schröder

Ost-Sänger im West-Garten

Es war schon dunkel, als wir auf der Fähre unsere Autos
verließen; wir froren. Die Kinder erkundeten neugierig das
Schiff, während sich die Erwachsenen ins Warme zurückzo-
gen und einen Grog tranken. Eine befreundete Familie hatte uns eingeladen, die Osterferien in ihrem schwedischen
Ferienhäuschen zu verbringen. Dazu mußten wir als West-
Berliner die vorgeschriebene Transitroute durch die DDR
benutzen. Zu dieser Route gehörte auch die Fähre von Saßnitz nach Trelleborg.
   Im Vorübergehen hörte ich aus einem kleinen, abgelege-
nen Raum Gitarrenmusik und Gesang. Ich wunderte mich,
trat näher und blieb stehen. Die einfachen Lieder in verschiedenen Sprachen gefielen mir, ich setzte mich dazu. Irgendwann tauchte meine Frau auf, war ebenfalls angetan und
holte schließlich ihre Gitarre. Zwischen den Liedern kamen
wir mit den beiden Sängern ins Gespräch. Sie stellten sich
als Manfred Wolf und Horst Kussicke vor.
   „Aus Berlin?" , fragten wir verwundert. „Wir auch. Und
in welchem Bezirk wohnt ihr?"
   Die beiden stammten aus Prenzlauer Berg, also aus Ost-
Berlin, wir hingegen kamen aus Neukölln, also aus West-
Berlin.
   „Und ihr dürft ausreisen?", fragten wir verwundert. Wir
wußten, daß die DDR-Behörden nur Rentnern Besuchserlaub-

nisse für den Westen erteilten, neuerdings auch Jüngeren, aber nur zu besonderen Anlässen bei engen Verwandten.

„Nun ja, wir haben uns auf Klassik und internationale Volkslieder spezialisiert. In der DDR können wir uns über mangelnde Auftritte nicht beklagen. Wir haben aber auch schon in etlichen sozialistischen Ländern gesungen und gespielt. Jetzt vertraut man uns wohl so weit, daß wir auch ins neutrale Schweden reisen dürfen."

Das klang glaubwürdig. Ich schob den leisen Verdacht schnell beiseite, sie könnten Spione sein. Und wirklich: Sie sangen schöne Lieder aus Frankreich, Spanien und Italien, aus der Sowjetunion und Polen – lustige und traurige, Tanzlieder, Moritaten und Bänkellieder. Die meisten kannte ich nicht, aber ich hörte gerne zu und klatschte Beifall. Meine Frau steuerte ein paar israelische, irische und deutsche Lieder bei, so daß es auch für unsere neuen Bekannten nicht langweilig wurde. Einige deutsche Lieder sangen wir gemeinsam: „Wir sind des Geyers schwarzer Haufen", „Am Brunnen vor dem Tore" und „Wir sind die Moorsoldaten". Wann hatte ich das letzte Mal all diese Lieder gesungen?

Gegen Morgen nahmen wir Abschied. Wir tauschten die Adressen aus und jammerten: „Ach, wenn ihr uns doch besuchen könntet!" Sicher würden wir sie in Ost-Berlin besuchen, aber umgekehrt?

„Vielleicht gäbe es da eine Möglichkeit", sagte Manfred leise und nachdenklich. – Ich horchte auf. – „Wir sollen am 30. April bei der Maifeier der Reichsbahn in West-Berlin auftreten. Wir dürfen anschließend dort übernachten und müssen erst am Abend des 1. Mai zurück."

„Oh ja", rief ich erfreut, „dann gebt ihr ein großes Kleingarten-Konzert! Das organisieren wir. Viele Schrebergärtner können ja mit Rock- und Disco-Musik nichts anfangen. Denen werden eure Lieder bestimmt gefallen."

Manfred lächelte voller Wehmut. Wir umarmten unsere neuen Freunde und freuten uns auf ein Wiedersehen.

Bei der S-Bahn, die in der ganzen Stadt unter Ost-Berliner Verwaltung stand, arbeiteten auch etliche West-Berliner. Für sie wurde in dem großen Veranstaltungssaal „Neue Welt" in Neukölln, in dem sonst Bockbierfeste stattfanden, die Maifeier ausgerichtet. Um Devisen zu sparen und aus Liebe zur DDR engagierte die Reichsbahnleitung Ost-Berliner Künstler.

Kurz nach unserer Rückkehr aus Schweden rief uns Manfred an. Der Westauftritt am 30. April war unsicher geworden. Ich überlegte: Hatte die Staatssicherheit irgendwie Wind bekommen von unerwünschten nächtlichen Kontakten? Staatsgefährdender Gesang auf einer Fähre?

Traurig verschob ich meine Vorbereitungen für das Kleingarten-Konzert. Doch eine Woche später hörte ich am Telefon Manfreds fröhliche Stimme: „Wir kommen!"

Ich jubelte. Sofort beantragte ich beim Vorstand unserer Kleingarten-Kolonie „Alt-Ruhleben I" ein Fest zum 1. Mai mit den beiden Künstlern aus Ost-Berlin. Wie erstaunt war ich aber, als der Vorstand auf seiner nächsten Sitzung meinen Antrag ablehnte. Ich konnte es nicht fassen: Wir im Westen stellten am Heiligen Abend Kerzen in die Fenster zum Gedenken an die Brüder und Schwestern im Osten. Nun boten zwei Künstler aus dem Osten an, außerhalb ihres legalen offiziellen Auftritts in kleinem Kreis zu singen und zu spielen. Sie riskierten viel: Nur der Kulturbund durfte Auftritte im Westen genehmigen. Wenn die offiziellen Stellen in der DDR es erfahren würden, wären ihnen zukünftige Westauftritte mit Sicherheit verwehrt. Ja, sie konnten ihre Mitgliedschaft im Kulturbund verlieren und damit ihre berufliche Existenz.

Unter der Hand sickerte die Begründung für das Nein unseres Kolonievorstandes durch: Wen die DDR herauslasse, der könne nur ein Spitzel sein. Diese Einstellung erschien mir wie ein antrainierter Reflex. Nach dem Mauerbau fuhren die West-Berliner nicht mehr mit der zur Ost-Berliner

Reichsbahn gehörenden S-Bahn, um so ihren Protest gegen die Mauer auszudrücken. „Wer S-Bahn fährt, gibt dem Osten sein Westgeld für den Stacheldraht", hieß es in der Presse. Ein anständiger West-Berliner nahm lieber weite Umwege mit Bus und U-Bahn auf sich oder ging zu Fuß, als die S-Bahn zu benutzen.

„Dann feiern wir eben den 1. Mai mit Volksliedern in unserem eigenen Garten und laden Nachbarn und Freunde dazu ein. Das kann uns der Vorstand nicht verbieten", verkündete meine Frau entschieden.

„Wir haben zu wenig Platz", wandte ich ein.

„Ach was! Wir leihen uns eben Bänke aus und rücken zusammen."

Warum eigentlich nicht? Sie hatte mich überzeugt. Wir machten uns an die Arbeit, mußten uns aber beeilen, denn der 1. Mai stand bereits vor der Tür. Wir luden Freunde und Bekannte ein. Trotzdem zweifelten wir insgeheim, ob es klappen würde. Im Garten hängten wir Girlanden auf und hofften auf schönes Wetter; die Laube war viel zu klein, um bei Regen dreißig Leuten Unterschlupf zu gewähren.

Und schließlich kamen Manfred und Horst wirklich, und der Regen verschonte uns, auch wenn es kein warmer Frühsommertag wurde. Ich kletterte mit ihnen die Böschung des Bahndamms empor, an dem unser Kleingarten lag, und wies in die Gegend: „Vorn seht ihr die Mauer. Und da hinten, die geraden Linien, das sind die S-Bahn-Gleise. Wenn wir eine Uhrzeit vereinbaren, zu der ihr euch drüben auf den Bahnhof Plänterwald stellt, dann können wir uns über die Mauer hinweg zuwinken."

Im Garten unten, rund um ein kleines Rasenstück zwischen Laube, Schuppen und Hang, saßen die Gäste – Freunde, Nachbarn und Mitstreiter aus der Aktionsgemeinschaft Neuköllner Kleingärtner. Sie alle waren gekommen, um die beiden Musikanten von der anderen Seite der Mauer zu hören. Und die legten dann so richtig los. Manfred sang und

Am 1. Mai 1987 gaben die Sänger Manfred Wolf und Horst Kussicke aus der DDR in unserem Schrebergarten der Kleingarten-Kolonie „Alt-Rubleben I" eine Privatvorstellung.

begleitete sich auf der Gitarre, Horst lieferte mit der Balalaika den Klang für die russischen Volkslieder oder griff zum Banjo. „Sascha" und „Zogen einst fünf wilde Schwäne" konnten nur einige von uns mitsingen. Aber bei „Auf, du junger Wandersmann" und „Die Gedanken sind frei" stimmten fast alle ein. Es wurde ein schöner, lustiger 1. Mai, ein ganz normaler Feiertag eben – und doch von allen Anwesenden als kleine Ost-West-Feier begangen.

Nachbemerkung, mehr als 20 Jahre später

Als ich diesen Text für den Druck fertigstellte, spürte ich erneut den Wunsch, zu Manfred und Horst Kontakt aufzunehmen. Das hatte ich in den letzten Jahren schon gelegentlich versucht, immer vergebens. Diesmal gelang es mir, und bald traf ich Manfred Wolf wieder; wir freuten uns beide über das Treffen nach langer Zeit. Nach einer Weile kam er auf meine Geschichte zu sprechen und meinte: „Im Großen und Ganzen stimmt sie ja, nur einige Details nicht. So hieß das Lied ‚Katjuscha', nicht ‚Sascha'; und in der ‚Neuen Welt' sind wir auch nicht aufgetreten. Ich bin mir ganz sicher, daß es in einem Gebäude des S-Bahnhofs Charlottenburg war, weil ich dort in eine Kneipe am Stuttgarter Platz ging und an meinen ‚Club'-Zigaretten als Ost-Berliner erkannt wurde. Und übernachten in West-Berlin? – Nein, das gab es nicht. Wahrscheinlich haben wir nachmittags gegen 14 Uhr bei der Reichsbahn gespielt und sind dann zu euch in den Garten gekommen. Oder zuerst bei euch und abends bei der Reichsbahn."

Ich war verblüfft. (Und Wikipedia gibt Manfred Recht: Die „Neue Welt" wurde 1982 geschlossen.) Manchmal setzen sich bestimmte Details in der Erinnerung ab und man glaubt fest daran, daß ein Ereignis sich genau so zugetragen hat.

(Weitere ZEITGUT-Beiträge dieses Autors sind am Buchende vermerkt.)

[Erfurt, Thüringen, damals DDR –
Gießen – Wolfenbüttel, Niedersachsen;
1988/89]

Robert Tschöp

Der Ausreiseantrag

Ich bin Lehrer und habe meinen Beruf immer mit Freude
ausgeübt. Daß ich dennoch einige Zeit ein ganz anderes Me-
tier ausübte, ist den Zeitläufen geschuldet.

Am 1. September 1988 begann das neue Schuljahr, aber
nicht für mich. Schon vorher hatten mir rotviolette Flecken
am Hals der Direktorin verraten, daß sie über meine ihr
unbegreifliche, meine zutiefst verwerfliche Tat Bescheid
wußte: Ich war zum Klassengegner und folglich zu ihrem
erbittertsten persönlichen Feind mutiert. Im höchsten Maße
förmlich, mit einer Verbissenheit, wie ich sie nie an ihr bemerkt hatte, forderte sie mich auf, im grünbezogenen Stuhl-
sessel vor ihrem Schreibtisch Platz zu nehmen.

Kurz sah ich mich im Direktorenzimmer um, wissend, daß
ich es nie wieder – zumindest für lange Zeit nicht mehr –
würde betreten dürfen. Dann blickte ich zur Direktorin, re-
gistrierte einen zerbrechlichen Bleistift in ihren nur mühsam beherrschten Händen.

Ein leidiges Spiel hatte seinen Anfang genommen – genauer: seine Fortsetzung gefunden. Nun dieses sogenannte Gespräch. Wir beide wußten, was am Ende herauskommen würde, und doch tat die Direktorin, als sei noch etwas korrigier-
bar; fragte mit kalter, halblauter Stimme, ob ich ihr nicht etwas zu sagen habe. Nein, hatte ich nicht; war doch anzunehmen, daß die zuständigen Behörden sie wie üblich bestens in-

Das Foto aus dem Jahr 1980 zeigt mich beim Verteilen der Zeugnisse an meine 5. Klasse an der Neuerbeschule in Erfurt.

formiert hatten über die Gründe, weshalb ich vor Tagen – gemeinsam mit meiner Frau und nach schier endlosen, jedes Wenn und Aber wieder und wieder abwägenden Debatten – einen Ausreiseantrag abgeschickt hatte.

Ich hatte ihr nichts zu sagen, griff als Erwiderung nur in meinen Aktenkoffer und reichte ihr eine Kopie unseres Antrags. Scheinbar interessiert, überflog sie den Text. Räusperte sich sodann und startete pflichtgemäß einen Versuch, mich umzustimmen. Daß es ein sinnloses Unterfangen war, wußte sie so gut wie ich, und deshalb fügte sie bald die vorgegebene Drohung für den Fall hinzu, daß ich mich weigern würde: meine unvermeidliche Entfernung aus dem Schuldienst. Schließlich müsse ich wissen, daß Verräter nicht vor eine Schulklasse gestellt werden könnten. Ich bestätigte nochmals meine Entscheidung, und sie nannte mir mit einem Seufzer die

Uhrzeit, zu der ich mich am kommenden Tag beim Schulrat einzufinden hätte. Keine fünf Minuten hatte das „Gespräch" gedauert. Es endete ohne Gruß, ohne Händedruck.

Deutsche demokratische Schizophrenie

Ich war froh über diesen Abgang. In den Monaten zuvor hatte ich meine Vorgesetzten – von der Schulleitung bis hoch zum Ministerium – zweimal gebeten, zu Geburtstagen reisen zu dürfen, erst zum 80. Geburtstag meines Schwiegervaters, dann zu meiner Schwiegermutter nach Wolfenbüttel – also ein doppeltes Ansinnen. Ich wußte, wie gering meine Aussichten waren. Und dennoch hoffte ich, hoffte und bangte, beim ersten Antrag bis wenige Tage vor dem Termin. Da erst, so kurz vor Ultimo, war ich vor die Schulleitung beordert worden – gleichfalls zu einem „Gespräch". Im Direktorinnenzimmer hatten neben dem stellvertretenden Direktor vier Kolleginnen und Kollegen gesessen mit Mienen, die auf den ersten Blick verrieten: Antrag abgelehnt. Ich hatte den Grund wissen wollen, immer wieder gefragt, von einem zum anderen gesehen. Sie waren meinem Blick ausgewichen, und ich begann zu ahnen, was mir wenig später unter vier Augen bestätigt werden sollte: Die Direktorin, selber nicht anwesend, hatte die vier beauftragt, mir die Ablehnung mitzuteilen, wohl wissend, ja genießend, wie schwer es ihnen fallen würde, den Auftrag auszuführen. Eine junge Kollegin, erst seit zwei Jahren an der Schule, war vor nicht allzu langer Zeit noch meine Schülerin gewesen. Mit einem anderen Kollegen verband mich sogar Freundschaft, der dritte bangte, wie er mir unlängst gestanden hatte, um sein Pensionsanrecht; dem vierten ging vermutlich durch den Kopf, daß er irgendwann einmal mir gegenüber mit seinen „illegalen Beziehungen nach drüben" geprahlt hatte.

Nun räusperte sich der stellvertretende Direktor, der das sogenannte Gespräch zu leiten hatte, und las von einem mit Maschine beschriebenen Blatt ab: „... entsprechend einer Verordnung des Ministeriums für Volksbildung der DDR dürfen Pädagogen nur – und das auch lediglich in Ausnahmefällen – zu Verwandten ersten Grades in den anderen deutschen Staat, die kapitalistische BRD, reisen." Die Frage, wo diese Verordnung stehe, in welchem Gesetzblatt ich sie nachlesen könne, blieb er schuldig, indem er fortfuhr: Da es sich bei mir lediglich um Schwiegereltern handele, liege überhaupt kein Verwandtschaftsverhältnis vor und sei eine Reiseerlaubnis, selbst bei noch so großzügiger Auslegung, nicht möglich. Eine Befürwortung durch die Schulleitung dürfe ich also nicht erwarten. Auch hier wieder – keine Antwort auf meine Frage nach dem Warum; stattdessen jetzt bereits vorwurfsvoll: Das müsse ich doch einsehen!

Mein tonloses „Wieso?" war dennoch unüberhörbar. Selbstverständlich hätte ich ihn und die ihm Zudiktierten erlösen können, hätte bloß zu sagen brauchen, ich habe verstanden, wisse, daß ich nicht fahren dürfe, füge mich, sehe ein, daß die Entscheidung letztlich richtig sei, und so fort, bla-bla, und ich wäre – vorsichtig vielleicht, aber wohl doch – vom trauten Kollegium in die Arme geschlossen worden. Dies aber verkniff ich mir, brachte ich nicht fertig, unterließ ich, und so fielen Erlösung wie Umarmung aus.

Ärgerlich, daß ich die Einladung meines Schwiegervaters nicht annehmen durfte, den Wunsch eines Achtzigjährigen nicht zu erfüllen vermochte. Bitterer aber, weitaus bitterer war für mich, daß meine Kollegen mich in Stich gelassen, nicht zu mir gestanden hatten. Den Gipfel jedoch, eine hörsaalreife Demonstration deutscher demokratischer Schizophrenie, erlebte ich an den beiden Tagen darauf. Da kam jeder der vier Kollegen einzeln zu mir und bat, ich möge die Entscheidung ja nicht persönlich nehmen; persönlich hätten sie mir selbstverständlich gegönnt, fahren zu dürfen! Und eine der vier, jene junge Kollegin, fügte leise hinzu, am liebsten hätte sie uns, meine Frau und mich, auf einer Fahrt in den Westen begleitet.

Daß die „Verordnung", aus welcher der stellvertretende Direktor anscheinend zitiert hatte, gar nicht existierte, fand ich erst während der folgenden Monate heraus, und so flocht ich in unseren zweiten, diesmal ausführlich begründeten Reiseantrag ein, ich wisse inzwischen, von Vertretern unseres Kollegiums wie vom Schulrat mit der Erklärung, es gebe eine besondere Reiseverordnung für Pädagogen, nicht wahrheitsgemäß beschieden worden zu sein. Keine Entschuldigung, wie ich Naivling erhofft hatte, nicht einmal die Behauptung, ich habe mich verhört oder geirrt. Kein Wort, wenn auch noch so verlogen, zu mir. Ich hatte auf Schritt und Tritt das Gefühl, gleich würde mir ein Bein gestellt, ja die Beine unter dem Körper weggeschlagen.

Der Antrag, unsere zweite Bitte, zu einer familiären Geburtstagsfeier reisen zu dürfen, wurde zwar nun von der Schule befürwortet, vom Schulrat wiederum abgelehnt. „Wir haben beim ersten Mal ‚nein' gesagt", so der Schulrat zu mir, „da können wir nicht plötzlich ‚ja' sagen."

Und dann schaute er mich eindringlich an und erklärte ohne jegliche Ironie, auch künftig werde es für mich keine Reisegenehmigung geben – es sei denn, es gehe um die Teilnahme an einer Beerdigung. In dem Fall werde eine Antragstellung auf Begräbnisbesuch selbstverständlich wohlwollend geprüft. Schließlich lebe man ja in einem sozialistischen Staat, wo der Humanismus bekanntermaßen eines der höchsten Güter sei.

Ohnmacht und Zorn

Wie wenig braucht es doch, ein Weltbild zu zerstören! Da lagen sie nun vor mir, in mir, die Trümmer, die den Sinn meines Lebens zu einem großen Teil ausgemacht hatten: der Glaube an das Gute im Menschen, der Stolz auf das Erreichte, die Liebe zum Beruf; auch Zukunftsträume, Vorstellungen vom Glück. Selbst von der stets und überall erhobenen Forderung nach Parteilichkeit war ich zumindest teilweise überzeugt gewesen. Und nun?

Ich hatte Lügnern vertraut, auf falsche Überzeugungen gebaut; mein Glaube an das Gute war eher Gutgläubigkeit gewesen, meine Parteilichkeit bisweilen gedankenlose Unterwerfung; und selbst in meiner Liebe zum Beruf hatte ich mitunter falsche Götter angebetet. Das war vorbei, abgelaufen, abgestoßen. Meine Ideale von einst galten nichts mehr. Ohnmacht und Zorn, Resignation und Bitterkeit peinigten mich, und am schlimmsten waren die Selbstvorwürfe, war die Wut auf mich. So blind gewesen zu sein, so blind und dumm! Mit einem Mal begriff ich, weshalb immer mehr Menschen danach strebten, dieses Land zu verlassen, das Land, in dem sie aufgewachsen, dessen Teil sie waren.

Das niederdrückende Gefühlschaos, in das meine Frau und mich die Ereignisse stürzten, war kaum auszuhalten. Mir half die Liebe zur Poesie, dem unerträglichen Druck wenigstens etwas entgegenzusetzen. Schon seit meiner Studentenzeit hatte ich Gedichte geschrieben, aus Freude, in Wort und Reim zu fassen, was mich bewegte. An Veröffentlichung dachte ich dabei zunächst nicht. Nun schrieb ich mir enttäuschte Hoffnungen und Verzweiflung von der Seele. Unter meinen Gedichten aus jener Zeit ist eines, das ganz besonders geeignet ist, meine damalige Gefühlslage zu zeigen. Es heißt „An ein Oberhaupt".

Die Konsequenz

So konnten wir nicht weiterleben. Mitte August schickte ich unseren Ausreiseantrag an den Rat der Stadt Erfurt, Abteilung Inneres. Zwei Wochen später, vier Tage vor Schulbeginn, die Vorladung zur Direktorin, tags darauf das Gespräch beim Schulrat. Dieses verlief – zu meiner Überraschung – bemerkenswert ruhig. Kein Poltern, keine Drohung. Nach einer Stunde war für mich das Berufsverbot ausgesprochen. Indirekt, versteht sich, denn das Verbot, den erlernten Beruf auszuüben, geschweige ein Wort so eindeutiger Aussage, gab es in einem sozialistischen Staat selbstverständlich nicht.

An ein Oberhaupt

Wohin verführst du, Kapitän?
Zu lang schon dauert mir die Fahrt.
Wollt' ferne Länder glücklich sehn;
hat' bitterhart dafür gespart.

Und du verhießest gold'ne Strände,
ein Paradies allhier auf Erden. –
Welk ist das Herz mir, welk – die Hände;
die Zeit – arg knapp wird sie mir werden.

Einst, Kapitän, zürnte ich mir
selber ob meiner Ungeduld. –
Das ist vorbei. Nun steh ich hier,
zeige auf dich, sag: Du hast Schuld.

Dein Heiligtum, den Kartenraum,
unlängst bin ich reingeschlichen,
hab Kurs und Kompaß rasch und traum-
wandlerisch hellwach verglichen.

Lump, Lügner, Heuchler, Scharlatan,
führst uns seit Jahr und Tag im Kreis,
machst, was an Bord kommt, untertan,
vertröstest, schröpfst, säufst Blut und Schweiß ...

Schon manch Verdroß'ner ging von Bord;
sogar die Mannschaft lichtet sich.
Nun geh auch ich für immer fort,
und dich – zum Schluß – verfluche ich.

Obwohl es auf ein Berufsverbot und nichts anderes hinaus-
lief, erschien es mehr als Appell an die Einsicht in die Not-
wendigkeit zu akzeptieren, daß ich nicht mehr geeignet sei,
sozialistische Persönlichkeiten zu erziehen.

Ich war also arbeitslos, wenngleich auch dieser Begriff gemieden worden war. Tags darauf durfte ich ein letztes Mal das Schulgebäude – meine Schule! – betreten, um mein Arbeitsfach im Lehrerzimmer auszuräumen und die Dienstschlüssel abzugeben. Im Lehrerzimmer tagte man gerade – eine in aller Eile einberufene, außerplanmäßige, dringliche Dienstberatung. Mir ist unvergeßlich, welch erstaunte, entsetzte, verächtliche Blicke mich trafen, als ich – in Begleitung der Direktorin – das Lehrerzimmer betrat. Kein Wort, keine Geste der Erwiderung auf meinen Gruß. Der Kollegin, die meine Klasse übernahm und der ich die Dienstunterlagen übergab, war, wie ich später erfuhr, von der Direktorin, die nicht von meiner Seite wich, strengstens untersagt worden, ein persönliches Wort mit mir zu wechseln.

Ich war kein Lehrer, kein Kollege – genaugenommen, kein Mensch mehr. Die verächtlichen, auch die entsetzten Blicke meiner ehemaligen Kollegen kümmerten mich kaum. Eher schon die betroffenen, die traurigen Gesichter, die ich – spätestens beim Hinausgehen – gleichfalls wahrnahm. Sie machten mir auf andere, auf ihre Art bewußt, daß ich ausgeschert war aus einer Gemeinschaft, eine Tür hinter mir geschlossen, ja, zugeschlagen hatte. Umkehr – unmöglich. Mir blieb nur, mich an ein Sprichwort zu halten, das besagt: Greife nie in ein Wespennest; doch wenn du hineingreifst, dann beherzt und mit fester Hand!

Hilfskraft im Klostergarten

Das Angebot des Schulrats, mir bei der Suche nach einer Arbeit behilflich zu sein, hatte ich dankend abgelehnt. Nicht etwa, daß ich mich seiner Hilfe und Beziehungen geschämt hätte, und schon gar nicht wegen der Tätigkeiten, die zu vermitteln er mir in Aussicht gestellt hatte: Lagerarbeiter oder Kinokartenabreißer. Ich hatte mir einfach geschworen, nie mehr in einem staatlichen Betrieb zu arbeiten. Das Achselzucken des Schulrats hielt sich verständlicherweise in Grenzen.

Nach einem Monat Arbeitslosigkeit, einer Zeit, da meine Frau als Verkäuferin allein unseren Unterhalt bestritten hatte, fand ich im katholischen Ursulinenkloster Erfurt eine Anstellung als „gärtnerischer Mitarbeiter" – eine Umschreibung, die mir gefiel, ja schmeichelte. In Wahrheit war ich Hilfsarbeiter, und die Beschönigung verdankte ich wohl einem gewissen Respekt dem ehemaligen Diplomlehrer gegenüber, vielleicht auch einem Ethos, das Nächstenliebe und Würde vor Gott und den Menschen betonen sollte.

Zunächst hatte es mich einige Mühe gekostet, die Oberin und vor allem die Chefin des Gartens, Schwester Cäcilia, von meiner – eines Lehrers – Tauglichkeit für den Umgang mit Hacke und Harke zu überzeugen, hatte ich doch außer gutem Willen und dem Versprechen, alle Arbeit getreulich

Nach meiner Entlassung aus dem Schuldienst und dem Berufsverbot arbeitete ich als Hilfsgärtner im Erfurter katholischen Ursulinenkloster, hier beim Holzsägen mit Schwester Barbara.

auszuführen, nichts zu bieten. Da gab es Falten über Falten auf Schwester Cäcilias braungebrannter Stirn, gab mahnende und skeptische Blicke, auch Seufzer – eine Probezeit lang. Schließlich aber gewährte mir die Oberin den Halbtagsjob.

Ein neuer Anfang

Ein Jahr später, Ende August 1989 kamen wir im Westen, in Gießen, an; blieben ein Vierteljahr bei lieben Verwandten im Schwabenländle und kamen schließlich nach Niedersachsen. Bei gutem Wetter war ein Blick zum Brocken möglich. Hier würden wir bleiben, meine Frau und ich. Wieder in einer neuen Heimat?

Bei Brecht steht geschrieben: Nach den Mühen der Gebirge folgen die Mühen der Ebene. Auf mich übertragen hieß das: Der Häme des Ostens folgten die Demütigungen des Westens. Meine 18 Jahre als Ost-Lehrer zählten nichts. Nicht in Schwaben, nicht in Niedersachsen. Immerhin durfte ich froh sein – und in der Tat war ich glücklich –, daß mein ostdeutsches Staatsexamen vom Niedersächsischen Kultusministerium wenigstens als Erstes Staatsexamen anerkannt wurde. Doch das hier landesübliche Zweite Staatsexamen hatte ich nachzuholen. Mir, der ich zu anderem kaum tauge, blieb nichts anderes übrig als ebendies. Mit dreiundvierzig Jahren absolvierte ich die Referendarzeit! Dank eines mitfühlenden Seminarleiters und einer gerecht denkenden Klassenleiterin hielt ich durch und bestand alle Prüfungen der unbestreitbar schwierigsten Examenszeit meines Lebens.

„Ossi"

Und dann – ein Sechser im Lotto hätte mich nicht glücklicher machen können – eine Anstellung als Lehrer. Ich konnte, ich durfte wieder arbeiten; arbeiten in meinem Beruf! Durfte den Kopf wieder heben, wieder Lehrer, wieder ich selber sein. Bei allem Hochgefühl entgingen mir natürlich nicht die Blicke ringsum – forschende, tastende, suchende Blicke. Unsicher die

Schüler, noch unsicherer womöglich meine Kollegen. Neben aufmunternden Sprüchen und Schulterklopfen war deutlich auch eine abwartende Haltung zu spüren und manch einer bemüht, meinem Morgengruß auszuweichen. Erst wenige Tage an meiner neuen Schule, las ich unvermittelt auf dem Vertretungsplan meinen Namen. Daneben: 10. Realschulklasse, Deutsch. Noch beeindruckt von der Referendarzeit, schwankte ich zwischen Partner- und Gruppenarbeit. Letztlich beschloß ich aber, auf Altvertrautes zurückzugreifen, und die Vertretung in bewährter Weise anzugehen. 18 Jahre Erfahrung waren vielleicht doch nicht gänzlich umsonst gesammelt. Dergleichen im Hinterkopf, betrat ich locker, wenngleich konzentriert, den Klassenraum und – erstarrte. Vorn auf der dunkelgrünen Wandtafel stand in weißer Kreideschrift unübersehbar ein Wort: „OSSI". Was tun?

Als hätte ich die Tafel mitsamt diesen vier Buchstaben – und erst recht die neugierig-erwartungsvollen Blicke der Sechzehnjährigen vor mir – übersehen, stellte ich für die Vertretungsstunde zwei Varianten zur Wahl. Ich sagte: „Entweder analysieren wir einen Text nach Aufbau, Sprache und beabsichtigter Wirkung, oder ich erzähle euch wenigstens etwas über einen gewissen Doktor Faust."

Ich müßte lügen, wollte ich behaupten, ich hätte nicht auf die „Faust"-Alternative gesetzt. Die Entscheidung der Schüler war erwartungsgemäß und eindeutig: „Na, dann erzählen Sie mal."

Also begann ich zu berichten über den historischen Doktor Faust, über die „Historia von D. Johann Fausten", kam zu sprechen auf Goethes „Faust", wies hin auf den entscheidenden Unterschied zwischen Pakt und Wette, erzählte von Gretchens Tragödie. Nach knapp einer halben Stunde kam eine Schülerin nach vorn, ergriff wortlos den Schwamm und wischte „OSSI" von der Tafel. Jetzt, so schien mir, war ich tatsächlich angekommen.

[West-Berlin – Ost-Berlin;
Februar 1989]

Meinhard Schröder

„*Pssst!*"

„Schön, daß ihr da seid!" Unsere Freunde Ursel und Wolfgang nahmen uns aufgeregt in die Arme. Beide arbeiteten an der Landwirtschaftlichen Fakultät der Humboldt-Universität, waren in unserem Alter und hatten wie wir zwei Kinder, Jens und Katrin, neun und sieben Jahre alt. Die beiden standen hinter ihren Eltern und schielten nach den Geschenken im Korb. Wir hatten für die Kinder ein Micky-Maus-Heft, Überraschungseier, Smarties, Tintenpatronen, Tintenkiller und Bilder von Fußballern aus der Bundesliga mitgebracht. Es war für sie wie verspätete Weihnachten. Sie zogen sich mit den Gaben und mit ihren beiden Westfreunden ins Kinderzimmer zurück. Ich wußte, sie würden wieder mit Legosteinen bauen.

Zwei- bis viermal im Jahr besuchten Brigitte und ich unsere Freunde in Ost-Berlin, genauer, im Salvador-Allende-Viertel, einer Plattenbausiedlung in Köpenick. Auch Ursel und Wolfgang packten jetzt unsere Mitbringsel aus: das Buch „Im Westen nichts Neues" von Erich Maria Remarque, einen Kalender und eine Strandjacke, den Korb mit Obst und die Süßigkeiten, Kaffee und Seife.

„Oh! Die Seife duftet nach Flieder! Und das im Winter!"

Wolfgang öffnete die Kaffeetüte und schnupperte. „Der hat ja ein tolles Aroma. Ich gieße zur Feier des Tages gleich mal ein paar Tassen auf."

Aber Schokolade und Konfekt brachen sie nicht an.

Natürlich wollten auch Ursel und Wolfgang sich nicht lumpen lassen. Es war für sie eine Frage der Ehre, uns ebenfalls eine Freude zu bereiten, was ihnen bei dem beschränkten Angebot des DDR-Einzelhandels nicht leichtfiel. Immer wenn sie etwas Interessantes ergattern konnten, machten sie ein Geschenk für uns daraus. So nahmen wir grusinischen Tee, Vanillestangen, Maler-Deckweiß, Blumen- und Gemüsesamen aus Erfurt, eine Mundharmonika, Papp-Ostereier, Schallplatten mit klassischer Musik, Briefpapier, ein kleines Schaukelpferd und Pfeil und Bogen als Gegengeschenke mit in den Westen. Die äußerst billigen Schrauben ärgerten mich hinterher, weil der Schlitz zu flach war und der Schraubendreher abrutschte – ich mußte alle wegwerfen. Hingegen erwies sich der Schlitten als äußerst haltbar und stabil. Seine seitlichen Holme waren vorne im Bogen hochgezogen und boten so Schutz beim Zusammenstoß.

„Ach, es schmeckt und riecht einfach so gut, was ihr aus dem Westen mitbringt", seufzte Ursel.

Ich wußte, daß wir mit unseren Geschenken den Zwiespalt vertieften, in dem sich besonders Ursel als Mitglied der SED befand. Als FDJ-Funktionärin war sie auch für die politische Erziehung von Studenten verantwortlich und mußte ihnen gegenüber die Überlegenheit des Sozialismus vertreten. Gleichzeitig erlag sie selbst den Gerüchen des „goldenen Westens".

Am Abend luden uns Ursel und Wolfgang in den „Palast der Republik" zum Essen ein. Wir mußten eine Weile in der Schlange vor dem Restaurant warten, bis wir von einem Kellner „platziert" wurden. Wolfgang erzählte von seiner Bewerbung auf eine Professorenstelle: „Man sagte mir klipp und klar: ‚Von Ihnen als zukünftigem herausragenden Kader unseres Staates erwarten wir natürlich, daß Sie Ihre Kontakte in das Gebiet des Klassenfeindes abbrechen.'"

„Und?" Mir wurde bange – sollten wir uns in Zukunft nicht mehr treffen?

Ihre Meinung ist uns wichtig!

Liebe Leserin, lieber Leser, wie wurden Sie auf das Buch aufmerksam?

☐ Ich habe das Buch geschenkt bekommen

☐ durch eine Anzeige

☐ durch einen Zeitungsartikel

☐ durch die Buchhandlung

☐ durch Freunde, Verwandte

☐ Ich möchte gerne frei Haus bestellen: ▼

Wie hat Ihnen das Buch gefallen?
Bitte sagen Sie uns Ihre Meinung, auch Kritik interessiert uns:

Ihre Einsendung nimmt an der **monatlichen Buchverlosung** teil, bei der jeweils drei
ZEITGUT-Bände zu gewinnen sind. Die Gewinner werden informiert. Die Ergebnisse und

Postkarte
0,45 Euro

Antwort

Zeitgut Verlag
Leserservice
Klausenpaß 14

12107 Berlin

www.zeitgut.de

Absender

Name:

Vorname:

Straße:

PLZ:

Ort:

E-Mail:

Die Karte entnahm ich dem Buch:

☐ Ich möchte regelmäßig über das
Zeitgut-Programm informiert werden.

Für zwei statistische Angaben wären wir Ihnen
dankbar. Sie werden vertraulich behandelt:

Geburtsjahr:

(ehemaliger) Beruf:

„Meinst du, ich will meine Verwandten in Lübeck und Euch nicht mehr sehen? Nein, das kam für mich nicht in Frage. Aus der Professur wird also nichts." „Du hast auch unseretwegen auf die Professur verzichtet?", fragte ich ihn bestürzt.

Er sah mich betrübt an und lächelte: „Was wäre das für ein Leben! Ich hätte mir ständig Vorwürfe gemacht."

Ursel wollte offensichtlich das Thema wechseln, sie nahm noch einen Löffel von ihrer Soljanka, dann platzte es förmlich aus ihr heraus: „Wißt ihr schon, daß der ‚Sputnik' verboten ist?"

„Sputnik? Das war doch der erste sowjetische Satellit, oder?", fragte Brigitte nach.

Ursel lachte. „Dieser Sputnik kommt zwar auch aus der Sowjetunion, aber er ist eine Zeitschrift mit interessanten Beiträgen. Und der ist jetzt verboten! Seit Gorbatschows Perestroika wird im ‚Sputnik' offen über Mißstände*) geschrieben. Wie hieß es doch immer? Von der Sowjetunion lernen, heißt siegen lernen! Und jetzt verbieten unsere Oberen Informationen aus dem Land des großen Bruders! Wie schlimm muß es um uns stehen, wenn wir nicht erfahren dürfen, was im Mutterland der Revolution vor sich geht!"

Sie lachte wieder, aber diesmal bitter, und schüttelte ungläubig den Kopf. Ihre kurzen Haare lagen nicht mehr brav

---

*) Das Magazin „Sputnik", in dem allmonatlich eine Auswahl sowjetischer Publikationen veröffentlicht wurde, hatte über Jahre an den DDR-Zeitungskiosken ein eher bescheidenes Dasein geführt, bis plötzlich während der Zeit der Perestroika hier Artikel erschienen, die den Ostdeutschen den Atem stocken ließen. Historische Wahrheiten, im letzten Heft über den Hitler-Stalin-Pakt, waren auf einmal schwarz auf weiß darin zu lesen, die keine DDR-Zeitung je gedruckt hätte. Nun waren die Abonnements ausgebucht, das Magazin allmonatlich sofort nach Erscheinen ausverkauft. Dann kam im November 1988 das Aus: Denn Glasnost, also Offenheit, herrschte nur in der Sowjetunion, nicht aber in der DDR.

Ab Ende 1989 konnte man den „Sputnik" in der DDR wieder am Zeitungs-kiosk kaufen. Aus diesem Anlaß erschien eine Sonderausgabe mit den interessantesten Artikeln aus den Heften 10/88 bis 10/89.

in Fasson, sondern stellten sich quer – ich erkannte den Ansatz zu einem Struwwelpeter. Ursel war noch nicht fertig, es schien, daß sie sich viel von der Seele reden mußte: „Und hier? Wenn du Qualität haben willst, kriegst du das nur in den Intershop-Läden. Und zwar gegen Westmark. Selbst gute eigene Waren, die gegen Devisen an den Westen verscherbelt werden, können wir nur im Exquisit-Geschäft zu horrenden Preisen kaufen."

Sie redete sich richtig in Rage.

Plötzlich sagte Wolfgang halblaut: „Pssst!" und deutete mit einem leichten Kopfnicken zum Nachbartisch. Brigitte und ich wußten, daß er am Nachbartisch einen Stasi-Spitzel vermutete. Vielleicht hatte jemand die Ohren gespitzt, und deshalb mahnte uns Wolfgang zur Vorsicht. „Pst!" – Ich kannte diese gedämpfte Ermahnung, leiser zu sprechen, damit kein unbefugtes Ohr mitbekam, worüber man sprach. Überall in der DDR lauerten große Ohren. Und man hatte Angst. Die einen mehr, die anderen weniger.

„Na und?", polterte Ursel.

Ich erschrak. Sie war noch drei Tische weiter wörtlich zu verstehen. Genau so laut wie eben fuhr Ursel fort: „Sollen sie's doch hören! Sollen sie alles aufschreiben! Damit sie endlich wissen, was die Menschen denken!"

So kannte ich Ursel nicht. Ein Riß hatte sich aufgetan – ein neuer Mut war geboren.

*(Weitere **ZEITGUT**-Beiträge dieses Autors sind im Autorenverzeichnis am Ende des Buches vermerkt.)*

[Jessenitz bei Lübtheen, Kreis Hagenow – Wittenberge/
Elbe – Privelack/Elbe, Mecklenburg – Drethem bei
Hitzacker/Elbe – Lüneburg, Niedersachsen;
Mai/Juni 1989]

Siegfried Wehrhoff

Weil Honecker irrte: Mit Leiter und Badehose in den Westen

Ich komme aus Jessenitz, einem Dorf in Mecklenburg, DDR-Bezirk Schwerin, Kreis Hagenow. Von da waren es nur ein paar Kilometer in den Westen. Wenn wir als Kinder mit dem Schulbus nach Hause fuhren, konnten wir die Berge von Hitzacker und Umgebung erkennen; das war westlich der Elbe und schon in Niedersachsen. Wir wußten, wieviel PS und wieviel Hubraum die Westautos hatten, welche Funktionen die Fernbedienungen der tollen Fernseher. In Gedanken lebte ich schon als kleiner Junge drüben auf der anderen, der helleren Seite des Flusses. Im Fernsehen lief vor meinen Lieblingssendungen wie Daktari oder Raumschiff Enterprise jeden Tag die Werbung. Ich ging zunächst zu den Nachbarn, um sie zu sehen, bis wir dann selbst einen Fernsehgerät bekamen, auf dem wir beide Westprogramme empfangen konnte. Da gab es Fahrräder, die an der Hinterachse sieben Ritzel hatten und vorne drei Kettenblätter. Wenn ich in den Schuppen ging und mein altes Rad sah, fühlte ich mich immer benachteiligt. Einen Tacho hatte ich nie am Rad, eine Gangschaltung erst recht nicht.

Ich blätterte oft in längst nicht mehr aktuellen Otto- und Neckermann-Katalogen, sah all die Sachen, die es im Osten nie gab. Ich hatte mir schon einen Taschenrechner ausgesucht; selbst meine Schwierigkeiten im Mathematikunterricht – dachte ich – ließe sich mit ein wenig Westgeld in den

Griff bekommen. Ein Taschenrechner für die Prozentrechnung, den ich lässig aus meiner echten Wrangler oder Levis ziehe – so schien mir das Paradies auszusehen. Westsachen machten uns zu anderen Menschen oder zu Menschen, die sich anders fühlten. Das war das Schlimmste: Sich als Bürger zweiter Klasse zu fühlen, weil man nicht das Westgeld hatte, um die glitzernden Sachen aus der Werbung zu kaufen – und außerdem lagen zwischen uns und dem nächsten „Kaufhof" ein Zaun, ein paar Stolperdrähte und ein Fluß.

Im Dezember 1988, unterdessen längst ein junger Mann, fuhr ich mit meinem Freund Mayk nach Ost-Berlin, für uns „Landeier" war das schon ein Stück große, weite Welt. Da haben wir beschlossen, es gemeinsam zu versuchen, einfach abzuhauen. Darüber reden konnten wir mit niemandem. Bei

Auf diesem Bauernhof in Jessenitz bei Lübtheen, Kreis Hagenow, habe ich mit meiner Mutter und meinen fünf Geschwistern 25 Jahre lang gelebt. Nach einer Reise nach Berlin faßten mein Freund Mayk und ich im Winter 1988/89 den Entschluß, aus der DDR zu fliehen.

uns auf dem Land kannte jeder jeden, was in einem Mangelstaat wie der DDR auch seine Vorteile hatte. Mayk war Schlachter, ich als gelernter Schlosser jetzt selbständiger Mechanikermeister. In der DDR waren das Berufe mit goldenem Boden. Vielleicht hatten wir uns doch zu gut eingerichtet in der DDR, denn zunächst unternahmen wir nicht allzuviel, um unsere Fluchtpläne in die Tat umzusetzen. Eigentlich waren es mehr Träumereien.

Eine fixe Idee läßt uns nicht mehr los

Das änderte sich, als Erich Honecker Anfang 1989 verkündete, die Mauer werde noch 100 Jahre stehen. Mayk war jetzt genauso besessen wie ich von dem Gedanken abzuhauen. Daß wir uns von unseren Freundinnen trennen mußten, war vom ersten Augenblick an beschlossene Sache. „Frauen gibt es überall", flachsten wir. Nun ließen wir keinen anderen Gedanken als den an die Flucht mehr zu. Dabei hatte ich bereits eine kleine Tochter. Nicht einmal das konnte mich stoppen. Wir heizten uns gegenseitig an, und wir hatten ein gemeinsames Ziel. Für anderes blieb kein Platz. Wir sprachen nur noch vom „Tag X", dem Tag der Flucht.

Immer wieder pirschten wir uns mit dem Auto oder Motorrad so nah an die Grenze heran, wie es erlaubt war. Zwischen Neuhaus und Lenzen fuhren wir auf und ab, dann nach Wittenberge, wo wir die Elbe überquerten, um uns ein Bild zu machen. Dort gehörte der Fluß nicht mehr zum Grenzgebiet, das hörte etwa zehn Kilometer vor der Stadt auf. Aber natürlich konnten wir hier nicht sehen, wie die Grenzbefestigungen beschaffen waren. Die Elbe war zwischen dreihundert und vierhundert Meter bereit. Wenn wir die Strömung mit einkalkulierten, müßten wir die doppelte Strecke schwimmen. Die Fließgeschwindigkeit fanden wir heraus, indem wir am Ufer einen Stock ins Wasser warfen und feststellten, daß der in einer Sekunde etwa einen Meter zurücklegte. Daß die Elbe fünfzig Kilometer flußabwärts

Auf diesen Buhnenköpfen haben wir gestanden, um die Fließgeschwindigkeit der Elbe zu ermitteln. Im Hintergrund ist Wittenberge zu sehen.

ein paar Meter breiter sein würde, wußten wir, das beunruhigte uns aber nicht.

Wir hatten auch mal überlegt, es eventuell anderswo zu versuchen, wo kein Fluß zu überqueren war, aber davon kamen wir schnell wieder ab. Wir wollten den Durchbruch in einer Gegend wagen, in der wir uns auskannten. Da war die Gefahr geringer, daß uns im Grenzgebiet jemand Fragen stellte und wir als Fremde auffielen. Die letzte öffentlich zugängliche Grenzstraße vor dem Sperrgebiet war etwa drei Kilometer von der Elbe entfernt, so daß wir selbst mit einem Feldstecher nichts erkennen konnten. Wir tappten immer noch im Dunkeln, wie es wohl vor Ort aussehen würde. Damit wenigstens etwas voranging, begannen wir mit dem Schwimmtraining. Da es noch zu kalt war, fuhren wir mehrmals in der Woche nach Schwerin ins Schwimmbad. Wir machten Fortschritte.

Irgendwann konnten wir uns vor der Frage nach der Beschaffenheit der Grenzanlagen nicht mehr drücken. Wir kannten einen ehemaligen Unteroffizier, der an dem Grenzabschnitt zwischen Neuhaus und Dömitz seinen Dienst geschoben hatte. Er vertraute uns, war recht gesprächig und schöpfte keinen Verdacht. Der Zaun sei rund 2,5 Meter hoch, erzählte er, ziemlich breit und stehe außerdem unter Strom. Einen zweiten wie an anderen Grenzabschnitten gebe es nicht – die zweite Hürde sei ja der Fluß. Wie sah es mit Wachposten aus?

Wir erfuhren, daß die Streifen nicht zu festen Zeiten patrouillieren, sondern nach einem Zufallsprinzip. Die Posten hatten einen Abschnitt zwischen zwei Wachtürmen zu befahren, jeweils fünf Kilometer vom nächsten entfernt. Und Selbstschußanlagen? „Seit Jahren abmontiert." – Gott sei Dank.

Die Leiter

Wir überlegten, wie eine Leiter zum Überwinden des Zaunes aussehen könnte. Einfach nur ranstellen und rüberklettern ging nicht, weil der Zaun unter Strom stand. Es mußte ein Gestell sein, das den Zaun nicht berührte. Wir hatten zwei Möglichkeiten: Im ersten Fall müßte die Leiter wie ein großes umgedrehtes U konstruiert werden, damit wir auf einer Seite hoch- und auf der anderen heruntersteigen konnten, ohne den Zaun zu berühren. Dazu hätten wir natürlich eine Seite der Leiter zuvor über das Grenzhindernis und auf den Boden der anderen Seite bekommen müssen. Eine Idee für diese Konstruktion hatten wir, sie wäre aber zu schwer geworden und wurde also verworfen. Die andere Möglichkeit war schlicht eine selbststehende Leiter. Wir mußten Stahl nehmen, denn kostbares, leichtes Aluminium konnten wir uns in solchen Mengen einfach nicht beschaffen. Die Leiter mußte oben mit einem Querstück ähnlich einem Sprungbrett im Schwimmbad gebaut werden, das über dem tödlichen Zaun schwebte. Für uns hieß das, aus mehreren Metern Höhe zu springen. Das haben wir dann neben dem Schwimmen im Badesee trainiert. Mit einer Leiter auf dem Hof meiner Mutter übten wir und begannen bei etwa anderthalb Metern; steigerten bald die Sprunghöhe um je zehn Zentimeter. Von zwei Metern an spürten wir bereits den Druck in unseren Füßen, wenn wir unten ankamen. Aber das ständige Wiederholen von weiter oben verschaffte uns Sicherheit, so daß es von Mal zu Mal besser in die Tiefe ging.

Das nötige Eisen für die Leiter war ohne Komplikationen zu besorgen, da gab es in unserer Gegend mehrere Schmieden, von denen wir alles zusammentrugen. Wir verwendeten 25er dünnwandiges Kastenprofil und ließen es gleich auf Länge schneiden, auf knapp 2,70 Meter; denn wir brauchten etwas Spielraum zwischen Leiter und Zaun. Das Aufstiegsstück war fünfzig Zentimeter breit. Wir hatten dies als Einheitsmaß genommen; wofür uns das später noch nützlich war, ahnten wir nicht. Das Aufstiegsstück wurde dann mit nur einer Strebe nach vorn abgestützt, so daß die Leiter nicht nach vorne kippen konnte. Das Überstiegsstück, das etwa 2,20 Meter lang war, verbanden wir aufsteckbar mit einem kurzen Winkel aus Vollstahl mit dem Oberteil des Aufstiegsstücks und stützten es ebenfalls ab, jedoch mit zwei kurzen Streben. Bei der Höhe und Breite, die wir zu überqueren hatten, würde das Gestell, das nur aus dünnwandigem Kastenprofil bestand, nachgeben. Stand oben einer von uns drauf, würde durch den langen Hebel des Querstücks ein sehr hoher Druck ausgeübt. Wir schweißten deshalb zur Verstärkung am Aufstiegsstück noch einen fünf Millimeter starken und zwei Zentimeter breiten Flachbandstahl hochkant von hinten auf das Kastenprofil. Außerdem ließen wir bei unserem Schmied aus viereckigem Vollstahl zwei Spitzen schmieden, die wir dazu benutzen wollten, das Aufstiegsstück in die Erde zu rammen; ungefähr fünfzig Zentimeter lang und abnehmbar.

Vorbereitungen auf den Tag X
Je näher der Tag X rückte, desto konkreter wurden die Vorbereitungen. Jeder von uns legte Papiere und ein wenig Geld

Nachgestellte Fotos von unserer selbstgebauten Leiter, mit der mein Freund Mayk und ich über den Grenzzaun an der Elbe bei Privelack klettern wollten. Seit 1999 ist die nachgebaute Leiter im Museum Checkpoint Charlie in Berlin ausgestellt.

bereit, das er mitnehmen wollte. Wir mußten uns nun überlegen, wie wir die Leiter, die etwa 60 Kilogramm wog, an die Elbe bekommen. Es war nur möglich, sie bis zum Anfang des Grenzsperrgebiets zu bringen; dort mußte sie versteckt werden. Uns kam die Idee, das Flüßchen Kränke zu nutzen, das sich genau am Beginn des Grenzgebietes entlangschlängelt und zwischen Neuhaus und Dömitz bei Zeetze in einen kleinen See mündet. Der Ort schien uns gut geeignet. Er war durch den Wald von uns zu Hause leicht zu erreichen. Mit einem Trabant, aus dem die Sitze bis auf den Fahrersitz ausgebaut waren, fuhren wir zur Mündung des Flusses am Zeetzer See. Wir hatten die Leiter zuvor in Einzelteile zerlegt und diese zu einem handlichen Paket verschnürt. Das Paket wurde in der Kränke versenkt. So schnell wie wir am Fluß waren, verschwanden wir auch wieder.

Wir machten uns Sorgen darüber, ob sich das Wetter bis zum Sonntag noch ändern würde, denn wir hatten schon seit zwei Wochen täglich 25 bis 30 Grad ohne eine Wolke am Himmel. Unser Plan stand nun fest: Der 21. Mai 1989 sollte der Neuanfang werden. Ich war besessen davon, in den Westen zu gelangen.

Falsches Wetter, richtiges Wetter

Als der Termin nahte, schien der Mond und es war bei Nacht verhältnismäßig hell. Hinzu kam, daß es die ganze Nacht über sehr ruhig blieb, kaum Wind. Wir entschieden uns, die Flucht zu verschieben, und merkten, daß wir mächtig erleichtert waren. Jeden Tag trafen wir uns zur Besprechung der Situation. Nur eines hatten wir vergessen: Das war die versenkte Leiter in dem kleinen Fluß am Sperrgebiet. Wir konnten sie ja nun nicht wieder herausholen, denn wir rechneten jeden Tag mit einem Aufbruch. Wenn die nun einer entdecken würde?

Es kam ein Wetterumschwung mit ein paar Wolken, am Tage zumindest, aber nachts schien immer noch hell der Mond. Wir wollten jetzt kein Risiko mehr eingehen, auf ei-

nen Tag früher oder später kam es nicht an. Nach ein paar
Tagen waren wir uns sicher, daß keiner die Leiter entdecken
würde. Wir hatten sie auf der Seite des Flusses versenkt, auf
der das Sperrgebiet war. Da konnte sowieso keiner hin zum
Angeln oder Baden. Beide verspürten wir Ungeduld. Jetzt
waren schon 14 Tage vergangen. Warum entschlossen wir uns
nicht?, fragten wir uns. Das Wetter erlaubte es uns jetzt doch
schon. Wir wollen doch in den Westen, oder?
Als ich am Dienstagmorgen des 6. Juni aus dem Fenster
sah, bekam ich einen Schreck: Es regnete in Strömen. Unser
Wetter, Fluchtwetter! Seit dem Vormittag saß ich am Radio,
wartete auf die Nachrichten. Ich wollte nur hören, daß das
Tiefdruckgebiet über der Elbe hängenbliebe, damit uns nachts
kein Mondschein verraten konnte. Mayk ging es genauso.
Mittags rief er an: „Heute machen wir es."
„Wann kommst du?" fragte ich. – „Um neun."

Es wird ernst

Ich kontrollierte wieder und wieder die Fahrräder, mit de-
nen wir zur Grenze fahren wollten. Die Radtour, der Fuß-
marsch, der Zaun, die Elbe, der Westen – mir zitterten die
Knie. Jetzt nur nicht schlapp machen! Ich legte nochmal das
Angelzeug zusammen, das wir zur Tarnung mitnehmen wollten. Mayk kam pünktlich. Es konnte losgehen.
„Hast du dir eigentlich schon überlegt, wo du als erstes
hinfährst?" fragte ich.
„Nein. Wenn wir Pech haben, fahren wir als erstes in den
Knast." Mayk blieb ganz cool, als er das sagte.
Wir setzten uns auf die Fahrräder und fuhren los. Nach
einem Kilometer kamen uns ein paar Bekannte entgegen.
Sie staunten ein wenig, als wir sagten, daß wir zum Nacht-
angeln wollten. Aber sie haben es geschluckt. Wir fuhren jetzt
in den Waldweg. Da würde sicherlich kaum jemand kommen.
Es war etwa 22.30 Uhr. Wir lagen gut in der Zeit. Jetzt war
es auch dunkel. Wenn wir aus dem Wald kämen, würde es

stockdunkel sein. Auf der Straße zwischen Zeetze und der Kränke, die in den See mündet, in dem wir unsere Leiter versteckt hatten, blieb es auch ganz ruhig. Kein Fahrzeug, keine Menschen. Das tat gut. Wir waren angekommen und verschwanden mit den Rädern gleich im Schilf. Wir blickten uns nach allen Seiten um, ob auch wirklich nichts zu sehen war. Leichter Wind wehte, bereits am frühen Abend hatte es aufgehört zu regnen. Aber es war stockdunkel. Die Angelsachen ließen wir an den Rädern. Zwei Messer und die beiden Stahlspitzen für die Leiter nahmen wir mit. Mit den Messern wollten wir die Lederschnüre an der zusammengepackten Leiter durchschneiden. Wir zogen unsere Kleider aus, wateten durch die Kränke, die nicht tief war – ungefähr bis zum Bauch wurden wir naß – und legten unsere Klamotten am anderen Ufer ab. Die versenkte Leiter war schnell gefunden und aus dem Wasser geholt. Wieder angezogen, marschierten wir mit der schweren Leiter über das Feld. Einen zwei Meter breiten Wassergraben überquerten wir mit Hilfe der Leiter, weil wir uns nicht schon wieder ausziehen wollten. Nach dem Graben kam ein Feld mit Getreide, das schon einen halben Meter hoch war. Zur Not hätten wir uns hier leicht verstecken können.

Am Ende des Feldes blieben wir stehen und versuchten, uns zu orientieren. Schon seit zwei Stunden bewegten wir uns im Dunkeln, so daß wir uns daran gewöhnt hatten. Bis auf den leichten Wind war alles ganz still. Wir konnten erkennen, daß wir nun zwei- oder dreihundert Meter vom Deich entfernt waren, obenauf stand eine schwarze Wand. Schafften wir das?

Ja, natürlich, wir hatten doch alles trainiert!

Ganz weit links war ein großer Bauernhof zu sehen. Es brannte kein Licht mehr. Es mußte wohl etwa halb eins sein. Rechts von uns war ein kleiner Wald mit großen Laubbäumen. Alles schien okay. Dann entdeckten wir einen riesigen schwarzen Kasten. Ein Unterstand? Ein Mannschaftswagen?

Wir ließen die Leiter liegen und schlichen uns im Kornfeld an den Kasten heran. Wir mußten uns bis auf fünfzig Meter nähern, um zu erkennen, daß es nur ein leerer Verschlag war. In der Ferne, auf dem Deich, hatten wir rechts und links keinen Wachturm entdecken können. Erleichtert gingen wir zurück zur Leiter, nahmen sie und setzten zum Endspurt an. Auf der Wiese lagen schlafende Kühe. Wir hielten uns möglichst nah am Wald. Der Deich kam immer näher und der Zaun wurde immer größer. Mit zweieinhalb Metern hatten wir gerechnet. Jetzt schien er riesig. Konnten wir uns so täuschen?

Nein, aber der Zaun stand auf dem Deich!

Unsere Gedanken fuhren Achterbahn, das Blut schoß uns durch die Adern. Jetzt also hin zum Zaun!

Noch eine Überraschung: Zwischen Deich und Wiese lag ein mehrere Meter breiter, frischaufgeworfener Kontrollstreifen. Überquerten wir den, blieben Fußabdrücke, die die nächste Streife sah. Egal! Das Risiko mußten wir eingehen. Wir ließen die Leiter im Gras liegen, gingen mit leichtem Schritt über den Streifen und krochen den Deich hinauf. Der war bestimmt vier Meter hoch. Oben stand kein einfacher Zaun, sondern eine Wand aus Stahl. Verdammt hoch!

Wir schätzten sie auf zweieinhalb bis drei Meter. Sie war oben auch breiter, als wir gedacht hatten, auf jeden Fall einen Meter, mit Stacheldraht in der gesamten Breite, von unten bis oben in zehn Zentimetern Abstand. Der Stacheldraht war elektrisch geladen. Zum Glück hatten wir unsere Leiter extra so konstruiert, daß sie frei stehen konnte. Sie war zwei Meter siebzig lang – nur: Der Zaun schien höher als zwei Meter fünfzig.

Alles umsonst?

Bisher hatten wir nicht darauf geachtet, auf welchem Untergrund wir standen, jetzt sahen wir: Es waren Betonplatten, die vom Fundament des Zaunes bis zur äußeren Kante des

Nächtliches Erschrecken bei unserem ersten Fluchtversuch: Wie eine Wand aus Stahl stand der Grenzzaun drohend auf dem Deich. Er war wesentlich höher, als wir angenommen hatten, mindestens 2,70 Meter! Würde unsere Leiter dafür reichen?

Deiches, rund drei Meter breit, quer auf dem Deich lagen. Da hatte sich unser Informant wohl doch etwas verschätzt. Obendrein hatten wir die Leiter so gebaut, daß sie mit den Enden in den Boden gerammt werden konnte. Doch nun bemerkten wir, daß jede der Platten vier enge Lochreihen hatte, damit Wasser versickern konnte. Vielleicht könnten die uns sogar nützen?

Zum Glück sahen wir keine Selbstschußanlagen und auch vom Deich aus keine Wachtürme. Das schaffen wir nicht, dachten wir ... es kann doch nicht sein, daß alles umsonst war; wir können nicht wieder zurück, wir müssen es versuchen!

Also gingen wir wieder nach unten, über den aufgeworfenen Streifen zur Leiter und lösten die Lederriemen. Nun lagen zwei Leiterhälften mit zwei Stützen da, die wir schnell zusammensteckten, sie packten und zurückliefen; noch einmal über den Streifen, der uns verraten konnte. Wir mußten die schwere Last dreimal absetzen, um nach oben zu kommen. Dann probierten wir, ob sie in die Löcher der Betonplatten paßte. Das gab es doch nicht – wie abgemessen! Die beiden äußeren Lochreihen waren gut fünfzig Zentimeter voneinander entfernt. Es waren außerdem Langlöcher, so daß wir die Leiter auch noch um ein bis zwei Zentimeter versetzen konnten. Das Einheitsmaß, fünfzig Zentimeter breit, das wir beim Bau der Leiter genommen hatten, rettete uns!

Jeder auf einer Seite, stemmten wir sie aufrecht, bis sie senkrecht stand und das Querstück parallel zum Oberteil des Zaunes verlief. Der Abstand zwischen dem Oberteil des Zaunes und dem Querstück der Leiter war ganz ordentlich. Wir brauchten ihn, denn nicht nur das Querstück, sondern die gesamte Leiter gab ja nach, wenn einer darauf saß. Die Stahlspitzen waren zwanzig Zentimeter in die Leiter geschoben, es blieben dreißig Zentimeter, um in die Erde gerammt zu werden. Wir hofften nur, daß die Leiter dann noch hoch genug war. Mit aller Kraft sprangen wir auf die an den Stahlspitzen angebrachten Blechplatten, damit sie in dem äußerst festen Sandboden der Löcher Halt bekamen. Oben blieben keine zehn Zentimeter zwischen Zaun und Querstück. Nun drückten wir das Gestell noch einmal nach hinten, um ihre Spitze zwischen das Fundament des Zauns und das Ende der Betonplatte zu stecken. Es hielt perfekt.

Ich stieg zuerst nach oben. Mayk stützte die Leiter ab, so daß sie nicht nach hinten kippte. Zentimeter für Zentimeter kroch ich vor und beobachtete genau, um wieviel sich der Abstand zwischen Leiterquerstück und Zaun verringerte. Er schmolz Stück für Stück. Ich war noch nicht in der Mitte, als die Leiter nur noch daumenbreit über dem Zaun hing. Das war das Ende. Ich konnte nicht weiter. Wenn ich jetzt weiterkroch, stand ich unter Strom. Außerdem würde sofort Alarm ausgelöst. Was tun?, überlegten wir.

Zunächst mußte ich herunter, damit nichts passieren konnte. Dann zog ich meinen Handschuh aus und berührte mit dem Zeigefinger eine Spitze des Stacheldrahts. Zack, bekam ich eine gewischt! Der Strom war stärker als bei einem Weidezaundraht, aber zum Glück schwächer als der aus der Steckdose. Wir sahen uns an, zogen die Leiter aus dem Boden, schleppten sie wieder den Deich hinunter, über den gepflügten Kontrollstreifen auf die Wiese und überlegten, wie wir weitermachen könnten. Da kam uns eine Idee: Wir nehmen die Spitzen aus dem Aufstiegsstück unten wieder heraus und verlängern sie! Aber wo sonst wollten wir das machen als zu Hause? Und wohin inzwischen mit der Leiter?

Auf der anderen Seite des Waldes war wieder ein Feld mit Getreide, das einen halben Meter hoch war. Wir gingen durch einen kleinen Graben und sahen uns um. Genau hier konnten wir sie verstecken, ungefähr fünf Meter weit im Feld. Nach unserer Schätzung war es zwischen ein und zwei Uhr. Zwei Stunden hatten wir zum Herkommen gebraucht, vielleicht noch eine hier vor Ort. In zwei Stunden könnten wir es schaffen zurückzukommen.

So gut es ging, verwischten wir unsere Spuren auf dem Kontrollstreifen. Plötzlich merkten wir, wie kalt es war. Das hohe Korn war naß, beide waren wir durchgefroren. Um durch das Flüßchen am Rande des Sperrgebiets zu kommen, mußten wir uns wieder ausziehen. Das Wasser war fast warm, das tat uns gut, aber nur für ein paar Sekunden. Die Fahrräder lagen noch da, wo wir sie hingeworfen hatten, im Schilf am See. Also rauf auf die Räder und noch einmal nach Hause!

Vom See auf die Straße, durch das Dorf, in den Wald, auf den Weg – alles war ruhig und keiner zu sehen. Wir fuhren sehr zügig. Ein halbe Stunde brauchten wir durch den Wald, wo es noch stockdunkel war, bis auf die nächste Straße. Nun dämmerte es bereits und wir traten noch schneller in die Pedalen. Hier kam uns ein Bekannter mit einem Bus entge-

gen. Es war schon so hell, daß er uns erkannte und freundlich grüßte. Wir grüßten zurück. Man sah, daß wir vom
Nachtangeln kamen. Als wir zu Hause ankamen, war es bereits vier Uhr dreißig. Wir duschten schnell, so daß uns ein
wenig wärmer war, tranken einen Whisky, legten uns hin und
schliefen gleich ein.

Der zweite Versuch

Als wir aufwachten, schauten wir gleich aus dem Fenster. Es
regnete wieder. Beim Frühstück verspürten wir eine Zuver-
sicht, die wir bis zum Tag zuvor nicht gekannt hatten. Von
Panik keine Spur. Wir wußten nun genau, wie es an der Grenze aussah und wiegten uns in Sicherheit, weil wir in solch
einer brenzligen Situation alles richtig gemacht hatten.

Gleich packten wir die Stahlspitzen aus und verschwanden
damit in der Werkstatt. Wir konnten nicht nur ein Stück an-
schweißen, das hätte nie und nimmer gehalten. Die eine Seite
mußte spitz bleiben für den Erdboden und die andere genau
in das Aufstiegsstück passen. Also blieb nur eine Möglichkeit:
Wir sägten die Stangen in der Mitte durch, um ein Stück von
zwanzig Zentimetern dazwischen setzen zu können. Wir nahmen wieder das Eisen mit dem dünnwandigen Kastenprofil,
aus dem die Leiter bestand, schoben den Vierkantstahl einige
Zentimeter hinein und verschweißten alles rundherum. Die
Leiter würde nun fast drei Meter hoch sein.

Es war früher Nachmittag, unsere Stimmung war präch-
tig. Wir wollten uns Gummizeug besorgen, damit wir vom
Regen und dem Gras nicht so naß würden. Ein Bekannter,
dem wir die Geschichte vom Nachtangeln auftischten, besaß
zwei Gummihosen und gab sie uns.

Der Regen hatte aufgehört, aber es wehte noch ein leichter
Wind und es war immer noch ungemütlich draußen. Gegen
21.30 Uhr fuhren wir los. In zwanzig Minuten erreichten wir
den Wald. Als wir ihn wieder verließen, war es bereits sehr
dunkel. Die Fahrräder ließen wir wieder im Schilf an zwei Er-

lenbäumen zurück, hockten uns ein paar Minuten hin, lauschten. Ringsum war es ruhig. Nun wiederholte sich alles, wir entledigten uns der Kleider, wateten zum zweiten Mal durch den Fluß ans andere Ufer, zogen uns wieder an und marschierten los. Wir lagen gut in der Zeit. Mit den Gummihosen fühlten wir uns einfach besser. Wir mußten ja noch durch den kleinen Graben, dann durch das Kornfeld. Schon sahen wir den kleinen Wald, die Wiese, den Bauernhof, hielten an und schauten uns um. Alles friedlich, die Leute schliefen schon. Am Wald vorbei liefen wir zu der Stelle, wo die Leiter im Korn verborgen war, und steckten sie zusammen. Alles lief wie am Schnürchen. Keiner machte mehr Witze.

Auf einem kleinen Weg stellten wir die Leiter auf, um zu testen, wie wir mit der neuen Höhe klarkamen. Die verlängerten Stahlspitzen waren kein Hindernis. Wir konnten die vordere Stütze eine Sprosse tiefer einsetzen, so daß die zwanzig Zentimeter Höhenunterschied ausgeglichen wurden. Die Leiter stand wieder. Ich kletterte hoch. Es war eine schwindelerregende Höhe. Das Querstück bewegte sich nach rechts und links, als ich oben saß. Ich war nun über der Hälfte des Querstücks, sprang ab und kam heil unten an; kein Fuß war verstaucht, keine Hand umgeknickt. Mayk meinte, er werde es auch schaffen. Wir zogen die Leiter wieder aus der Erde, legten sie auf die Seite und trugen sie im Stück. Wir waren den kleinen Weg weiter in Richtung Zaun gegangen und mit einem Mal oben auf dem Deich. Wir hatten, ohne es recht zu merken, eine sehr langgezogene Auffahrt benutzt, bei der die Steigung nicht so stark zu spüren war. Autos konnten so auf den Deich fahren oder ihn sogar überqueren, denn an dieser Stelle war ein ungefähr fünf Meter breites Tor. Das war aber genauso mit Stacheldraht verbarrikadiert wie der Zaun. In der vorigen Nacht hatten wir das Tor wegen der Dunkelheit und der Entfernung nicht erkennen können.

An ein großes Problem hatte keiner von uns gedacht: Der Zaun stand am äußersten Rand des Deiches, der zwar an einer Seite so breit war, daß Fahrzeuge vor dem Zaun fahren konnten; auf der anderen Seite jedoch ging es sehr steil hinunter. Aus dieser Höhe zu springen, schien uns fast unmöglich. Vier Meter Deich plus drei Meter Zaun – das war ja fast wie aus dem zweiten Stockwerk!

Beim ersten Versuch war uns das gar nicht aufgefallen, wir waren zu sehr mit der Höhe des Zauns und der zu kurzen Leiter befaßt. Vielleicht war das auch gut so, denn sonst hätten wir die ganze Aktion wohl abgebrochen. Wir hatten uns schon während der Planung gesagt, im Ernstfall müßten wir das Dreifache von dem schaffen, was wir erwarteten. Beim Schwimmen hatten wir das gesamte Training darauf ausgerichtet. Aber aus sieben Metern abspringen?

Warum machten wir uns eigentlich darüber Gedanken?

Wir könnten doch von der Deichauffahrt springen, denn auf der anderen Seite gab es ebenfalls eine. Doch die Auffahrten waren von unten bis oben mit Betonplatten ausgelegt. Auf Beton waren wir bisher nie gesprungen. Nun hatten wir zwei Möglichkeiten. Wir nahmen exakt die Mitte. Genau da, wo die Betonplatten der Auffahrt endeten, ging es auch nach unten, aber das Gefälle war längst nicht so steil wie auf der übrigen Deichlänge. Wir würden an die fünfzig Zentimeter mehr springen müssen, dafür aber im weichen Gras landen.

Es war immer noch alles ruhig. Keine Streife, nichts. Wir nahmen die Leiter und suchten uns zwei Löcher mit dem richtigen Abstand zum Zaun. Die Langlöcher in den Betonplatten machten sich sehr gut, die Leiter paßte in jeder Lochreihe; auch die Stütze nach vorn bereitete uns keine Probleme. Die Leiter stand wieder fest. Der Abstand zwischen Zaun und Leiterquerstück muß ungefähr zwanzig bis dreißig Zentimeter gewesen sein. Das müßte reichen, dachten wir.

Mayk hielt das Gestell wieder von hinten fest, während ich nach oben stieg. Wie schon beim ersten Mal stand die Leiter von selbst, sobald ich das Gewicht nach vorn brachte. Er gab mir eine lange Stange mit Haken hoch, die ich dann über den

Zaun auf die andere Seite warf. Ich brauchte sie, um von drüben an der Leiter zu ziehen, wenn Mayk herüberkletterte. Ich kroch langsam weiter nach vorne, und das Querstück fing wieder an, sich leicht nach beiden Seiten zu bewegen. Es war nicht viel, aber bei der Höhe wußten wir nicht, was alles passieren könnte. Ich hatte jedenfalls Angst da oben, unsere Konstruktion könnte auf einmal instabil werden und umkippen. Je weiter ich nach vorne kroch, desto geringer wurde der Abstand zwischen Zaun und Leiter. Am Ende waren es noch knapp zehn Zentimeter. Der Zaun hatte oben doch eine Breite von einem Meter zwanzig. Darauf lag in zehn Zentimetern Abstand gespannter Stacheldraht – der Strom führte! Als ich ungefähr drei Viertel des Zaunes überquert hatte, sagte ich mir, es geht nicht mehr weiter, nun muß ich springen. Ich stützte mich mit den Händen vorne ab, legte mein rechtes Bein so weit es ging auch nach vorne und drückte mich nicht zu stark ab, so daß ich mit einem Schwung nach links über den Zaun kam und nach unten fiel. Ich kam mit Händen und Füßen gleichzeitig auf, so daß der Aufprall nicht so weh tat. Es war alles gut gegangen; ich war nicht am Stacheldraht hängengeblieben und meine Füße und Hände waren auch noch in Ordnung. Das viele Training hatte sich gelohnt. Nun war Mayk an der Reihe. Ich nahm die lange Stange und hakte sie in das Ende ein. Er stieg die Leiter nach oben und kroch ebenfalls auf dem Querstück nach vorne. Als sein Gewicht sich auf die Vorderseite verlagerte, stützte ich die Leiter von unten ab. Er konnte bis zum Ende kriechen, setzte sich auf die linke Seite, mit den Füßen nach unten, ließ sich fallen und kam auch auf allen Vieren am Boden an. Auch bei ihm blieb alles heil.

Im Niemandsland

Wir sahen uns an. Jetzt gab es kein Zurück mehr. Wir waren in der Mitte von Nirgendwo. Halb im Osten und halb im Westen. Es waren noch etwa fünfhundert Meter bis zum Ufer

Jetzt war die Leiter hoch genug, wir konnten es wagen, über den Grenzzaun zu klettern. Dahinter lag die Elbe, die wir durchschwimmen wollten. Eine Kopie der Aufnahme vom 8. Juni 1989 aus meiner Stasi-Akte.

der Elbe. Wir ließen alles stehen und liefen los. Das Schilf war schon zu sehen. Plötzlich mußten wir haltmachen. Wir waren gegen einen Draht gelaufen. Einen halben Meter war der hoch, im Gras eingewachsen. Das wäre eine Katastrophe, wenn wir hier kurz vor unserem Ziel noch Alarm ausgelöst hätten! Wir stiegen über den Draht, tasteten uns mit den Händen langsam nach vorne weiter. Nach fünf Metern kam noch einer und nach weiteren der dritte. Wir stiegen drüber, ohne sie zu berühren. Glück gehabt!

Nun breitete sich das etwa zwei Meter hohe Schilf vor uns aus. Wie mochte es dahinter aussehen? Waren da auch noch Stromdrähte?

Etwas weiter entdeckten wir eine lichte Stelle, an der das Wasser der Elbe durchschimmerte. Wir gingen in diese Richtung. Einen Meter war die Böschung hoch, auf der wir standen. Ein großer Schritt und wir standen am Ufer. Eilig zogen wir unsere Sachen aus, steckten die in Milchtüten eingeschweißten Papiere in unsere Badehosen und suchten uns eine geeignete Stelle. Noch einmal sahen wir uns um, aber da war nur dichtes Schilf. Wir hatten es geschafft. Das Schwimmen war doch kein Problem mehr, glaubten wir. Falls uns das Wasser auseinandertrieb, wollten wir uns dort drüben treffen, wo das kleine Licht zu erkennen war. Wir nickten uns ein Okay zu, gingen genau zwischen zwei Buhnenköpfen ins Wasser und schwammen zügig los. Mit der Strömung war das sehr leicht. Nach einer Weile hörte ich Mayk nicht mehr. Ich rief: „Wo bist du?"

Die Antwort kam von weiter weg: „Ich kann nicht mehr, ich bin wieder am Ufer."

Ich schrie: „Ich bin schon zu weit draußen!" und entschied weiterzuschwimmen. Ich hätte Mayk nicht auf dem Rücken mit hinübernehmen können. Außerdem war ich bestimmt schon fünfzig Meter weit geschwommen. Für mich gab es kein Zurück. Ich schwamm mit der Strömung langsam auf die andere Seite zu, immer mit der Angst, daß mir noch etwas passieren könnte. Immerhin hatte ich nun so ziemlich die Hälfte geschafft und ein wenig Zeit zum Überlegen. Warum hatten wir bloß nicht an Schwimmwesten oder Armreifen gedacht?

Es hätte auch ein alter Schlauch von einem Auto mit ein wenig Luft drin sein können, dann wäre alles kein Problem gewesen. Dann sah ich schon die Buhnen auf der Westseite; gleich hatte ich es geschafft. Noch ein paar Züge, und ich fühlte Sand unter meinen Füßen. Es konnte nichts mehr passieren, ich war im Westen.

Am Ziel

Es war immer noch ganz ruhig. Ich war ungefähr zehn Minuten geschwommen. Vielleicht war ich nur an die hundert Meter flußabwärts getrieben worden. Dann könnte Mayk mich noch hören. Ich rief so laut ich konnte: „Ich versuche, ein Boot zu holen!"

Aber es kam keine Antwort. Nun versuchte ich, mich erst einmal zu orientieren und sah mich nach dem Licht um, das bis hinüber zur Ostseite geleuchtet hatte. Vom Ufer aus sah ich nichts, auch nicht, nachdem ich eine Böschung hinauf geklettert war und eine Wiese erreicht hatte. Einige Meter weiter rechts entdeckte ich einen Bretterzaun, der bis zum Waldrand reichte. Den lief ich entlang. Kurz vor seinem Ende kam ein kleiner Weg, der hinter einem Tor auf der anderen Seite weiterführte. Der konnte zu dem Licht führen, das wir gesehen hatten. Ich kletterte über das Tor und ging vorsichtig weiter. Da lagen ein paar Schafe auf der Wiese. Also konnten die Häuser nicht weit sein. Und dann sah ich es, unser Licht!

Es war eine Straßenlaterne einige Meter weiter. Ein erstes größeres Bauernhaus stand hier. Ich ging darauf zu, alles war dunkel. Wie spät mochte es sein?

Vielleicht ein Uhr. Mir wurde kalt, weil ich nur die Badehose anhatte. Ich mußte etwas unternehmen und dachte daran, die Leute einfach zu wecken. Durch das Gartentor kam ich auf das Grundstück, sah viele Türen, konnte aber keine Klingel finden. Und schon hatte ich die Rückseite des Gebäudes erreicht, alle Gardinen waren zugezogen.

Plötzlich hörte ich eine Tür zuschnappen. Auch ein Fenster war gekippt. Als ich davor stand, ertönte der laute Schrei eines Kindes. Sekunden später gingen die Lichter an. Hier war jemand zu Hause. Da würde bestimmt gleich jemand kommen. Die obere Hälfte einer Tür ging auf, ein Hund erschien in der Öffnung und bellte. Dahinter standen zwei Personen, die ich nicht erkennen konnte. Eine Männerstimme fragte mich: „Was machen Sie da?"

„Ich bin aus dem Osten geflüchtet."

„Wie denn?" fragten sie mich sofort.

„Wir sind über den Zaun geklettert und durch die Elbe geschwommen."

„Wer – wir?" fragte der Mann.

„Mein Freund hat es nicht geschafft", sagte ich.

„Wir machen gleich auf", hörte ich eine Frauenstimme. Der Hund wurde weggezogen und die obere Tür ging zu. Dann murmelte es im Haus, und ich stand allein draußen. Ein paar Minuten vergingen, bis die ganze Tür geöffnet und ich von dem Mann hineingebeten wurde. Die Frau sagte: „Wir haben die Polizei informiert. Die wird bald hier sein."

Sie gab mir einen Pullover und eine Hose, dann schickte sie mich duschen. Im Bad packte ich meine Papiere, den Personalausweis, meinen Führerschein und hundert Mark Ost aus. Nichts war naß geworden. Ich hatte doch drei Milchtüten und den Tütenschweißer meiner Mutter benutzt, um sie ordentlich zu verpacken. Als ich fertig und angezogen war, gab es Tee. Das tat gut nach diesen spektakulären Stunden. Die Leute waren sehr nett. Ich konnte mich nun ausweisen. Sie sahen mich genau an und verglichen mich mit den Fotos in meinen Ausweisen. Fragen hatten sie natürlich auch: Warum ich denn geflüchtet sei, was meine Familie mache und vieles andere.

Nach einer Weile hörten wir einen Wagen brummen.

„Das muß die Polizei sein", sagte die Frau. Bevor die Polizisten hereinkamen, schaute die Frau noch schnell das Herstellerzeichen meiner Badehose an, um sich zu vergewissern, daß ich wirklich aus dem Osten war. Als sie „VEB Bademoden" las, war sie beruhigt. In der Zwischenzeit standen die Polizisten in der Tür. Sie begrüßten mich herzlich als neuen Bürger in der BRD. Mir fiel ein Stein vom Herzen. Es gab kein Zurück mehr. Ich hatte es geschafft!

Die Polizisten klärten mich erst einmal darüber auf, daß ich hier in dem kleinen Ort Drethem mit vielleicht zwanzig Häusern sei, der sich etwa zwanzig Kilometer entfernt von Hitzacker in Niedersachsen befindet. Nun mußte ich mich auch bei den Polizisten ausweisen. Ich erzählte, daß da irgendwo im Niemandsland noch mein Freund sein mußte. Ob sie nicht ein Boot besorgen könnten, um ihn zu holen?

Doch sie meinten, wir müßten zunächst zum Präsidium nach Hitzacker fahren. Ich verabschiedete mich von den Leuten und bedankte mich herzlich, bevor wir nach draußen gingen und in den VW-Transporter der Polizei stiegen.

Wo war Mayk geblieben?

Ich fuhr zum ersten Mal in so einem Wagen mit. Trotz der Beamten um mich herum, die mit mir auf das Präsidium fuhren, fühlte ich mich so frei! Wir fuhren die Elbuferstraße durch eine bergige und kurvenreiche Landschaft. Schon an dem Straßenzustand merkte ich, daß ich nicht mehr im Osten war. Genießen konnte ich es nicht richtig, weil Mayk drüben saß und wahrscheinlich gerade festgenommen wurde. Wir hatten nie darüber gesprochen, daß einer Probleme beim Schwimmen bekommen könnte. Dafür gab es auch keinen Grund, denn wir konnten es beide ausgezeichnet. Wenn die Stasi ihn in die Mangel nahm, das wäre bestimmt kein Zuckerlecken!

„So, wir sind da", sagte jetzt der Fahrer. Wir gingen gleich nach oben in das Büro. Nun zeigten sie mir auf der Karte, wo genau ich angekommen war: „Hier ist der Ort, Elbkilometer 530", erklärte der eine, „Wenn man die Strömungsgeschwindigkeit berücksichtigt, dann sind Sie hier bei Elbkilometer 529,5 losgeschwommen."

Er zeigte mir, welcher Ort da sein könnte. Der hieß auf der Karte Privelack. Von dem Ort hatte ich öfter gehört. Die Beamten wollten wissen, ob wir schon mal dort gewesen seien. Ich verneinte, da könne man nur hin, wenn man eine Erlaubnis habe. Die aber bekäme nur, wer da Verwandte hätte.

Nun endlich telefonierten die Polizisten mit dem Zoll, um mitzuteilen, daß da noch jemand am Elbufer sitze und darauf warte, in den Westen zu gelangen. Könnten die Kollegen nicht ein Boot schicken, um den Mann da aufzulesen?

Die wollten die genaue Position wissen, der Elbkilometer wurde ihnen genannt. Es werde aber eine Weile dauern, bis das Boot da sein könne, ließ der Zollbeamte am anderen Ende

Nach geglückter Flucht stehe ich in geborgten Sachen vor einer Landkarte in der Bundeswehrkaserne in Lüneburg. In der Nacht zum 8. Juni 1989, morgens gegen ein Uhr, bin ich bei Elbkilometer 530 in den Westen geschwommen. Ich bin 25 Jahre alt – und ich bin frei!

der Leitung jetzt wissen. Es liege etwa dreißig Kilometer stromaufwärts von hier in Schnackenburg. Ich hoffte inständig, daß Mayk durchhalten möge, solange ihn die Ost-Grenzer noch nicht gefunden hatten. Mehr konnte ich nicht tun. Ich war traurig, daß er jetzt nicht auch hier war. Wir waren so gute Freunde. Die Zeit der Vorbereitung und der Geheimhaltung hatte uns noch viel mehr zusammengeschweißt. Wir

Am Morgen nach meiner Flucht suchten DDR-Grenzer und Wachboote nach mir. Sie hatten die Leiter entdeckt. Meine Sachen lagen noch am Elbe-Strand.

hatten einander ganz und gar vertraut, und das hatte uns auch so sicher gemacht, daß wir es schaffen würden.

Es war noch dunkel, kurz nach drei Uhr, als ich mit den Polizisten das Präsidium verließ. Sie fuhren mit mir zu einer Kaserne in der Nähe. Ich bekam ein kleines Zimmer mit einer Liege und einen Trainingsanzug und schlief gleich ein.

Am nächsten Vormittag, ich hatte Waschzeug und ein Handtuch erhalten und nach der Dusche ein paar belegte Brötchen bekommen, machte ich mich zum Abtransport bereit. Nach Lüneburg zur Bundeswehr solle ich gebracht werden, war mir mitgeteilt worden. Ich war gespannt, was man da wohl von mir wollte. Gegen Mittag kamen zwei Herren, ein Oberleutnant und sein Fahrer, um mich abzuholen. Sie begrüßten mich, stellten sich vor und erklärten, sie seien gekommen, um mir zu den Geschehnissen der letzten Nacht ein paar Fragen zu stellen. Sie baten mich, mit ihnen zu fahren. In Lüneburg an-

gekommen, führten sie mich in ein Zimmer mit einer großen
Landkarte an der Wand. Ich erzählte meine Geschichte. Nun
stellten sie noch ein paar persönliche Fragen zu meiner Familie, meiner Tätigkeit, meinen Bekannten und Freunden sowie meinem Motiv. Das war alles ganz harmlos, ich war eben
im Westen. So einen freundlichen Umgang bei Behörden hatte ich in der DDR nie erlebt.
Ich dachte ständig an meinen Freund, wie es dem jetzt
wohl ginge? Wenn sie ihn mit dem Boot vom Zoll gefunden hätten, wäre
er jetzt vielleicht auch hier. Ich fragte die Herren, ob sie etwas darüber wüßten, und mußte erfahren, daß sie nichts
mehr für ihn hatten tun können. Sie erzählten mir, daß der
Bundesgrenzschutz am frühen Morgen gegen vier Uhr mit
einem Zollboot an der bezeichneten Stelle die Elbe auf und
ab gefahren sei. Sie hatten aber keinen Menschen sehen können. Ein Signal geben durften sie nicht, die Fahrt war erfolglos verlaufen. Kurz darauf hätten sie beobachtet, wie ein
Wagen der Ost-Grenztruppen die übliche Streife fuhr. Natürlich hatten sie an der Stelle gehalten, wo unsere Flucht-
leiter noch stand. Bald war Verstärkung gekommen, kurz
darauf Herren in Limousinen gefolgt. In derselben Zeit waren auch Mannschaftswagen mit schwerbewaffneten Soldaten und einigen Hundestaffeln angerückt. Um das gesamte
Grenzgebiet zu überschauen, fehlten auch Grenzschutzboo-
te nicht, während die Soldaten mit ihren Hunden das Elbge-
biet vor dem Deich durchkämmten. Immer mehr Wagen sei-
en vorgefahren. Von der Westseite konnte der BGS sehen,
daß die Leiter noch stand und Fotografien vom Tatort gemacht wurden, die ich, wie auch einige Details, viel später in
meiner Stasi-Akte finden sollte.
Gegen sechs Uhr waren sie drüben fündig geworden. Mayk
hatte nach seinem mißglückten Schwimmversuch seine Kleidung wieder angezogen und sich im Schilf versteckt. Ein
Hundeführer hatte ihn da entdeckt. Er war mit vorgehalte-

ner Maschinenpistole abgeführt, festgenommen und in einem fensterlosen Wagen abtransportiert worden. Zu dem Zeitpunkt waren die DDR-Grenzer mit dreißig Leuten, fünfzehn Hunden und sechs Booten noch im Einsatz. Ich ahnte, was Mayk nun alles bevorstehen würde, zwei Jahre Bautzen mindestens, und war gleichzeitig froh, daß er nicht verletzt worden war oder gar mit dem Leben hatte bezahlen müssen.

Im Bundeswehr-Büro hörten wir uns die Mittagsnachrichten von RSH (Radio Schleswig-Holstein) an. Da hieß es, in der vergangenen Nacht sei ein 25jähriger DDR-Bewohner in den Westen geflüchtet, sein Begleiter sei festgenommen worden. Am folgenden Tag stand es in den westlichen Zeitungen, wie hier im Berliner „Tagesspiegel".

Wehrhoff, Sieghied
Koch, Mayk

Flüchtling durchschwamm Elbe
Weiterer DDR-Bürger gab auf
Hannover (Reuter). Ein 25 Jahre alter DDR-Bürger ist in der Nacht zum Donnerstag nach Niedersachsen geflüchtet. Wie das Grenzschutzkommando Nord in Hannover gestern mitteilte, überwand der Flüchtling die Grenzsperranlagen, durchschwamm die Elbe und erreichte unbemerkt und unverletzt im Landkreis Lüchow-Dannenberg das Bundesgebiet.

Nach Angaben des Grenzschutzes gab ein zweiter Mann die Flucht auf, nachdem er etwa fünf Meter durch die Elbe geschwommen war. Mit dem Hinweis, er werde es nicht schaffen, sei der Flüchtling ans Ufer zurückgekehrt. Hier sei er später von Soldaten der DDR-Grenztruppen festgenommen und abtransportiert worden.

Der Berliner „Tagesspiegel" meldete am 9. Juni 1989: „Flüchtling durchschwamm Elbe. Weiterer DDR-Bürger gab auf." Kopie aus meiner Stasi-Akte.

Als Honecker irrte

Nach der Wende las ich in meiner Stasi-Akte. Dreizehn Tage schnüffelte IM „Gorda" herum. Er fand heraus, daß ich mir einen Schnorchel bei der Freiwilligen Feuerwehr geliehen und in einem kleinen See das Schwimmen trainiert hatte. Wohl um seinen Führungsoffizier aufzumuntern, meldete er noch, mein Freund und Komplize Mayk sei „nach Aussagen der Bürger von Jessenitz selbst von dieser Straftat zurückgetreten". Die Straftat hieß Republikflucht, die Republik DDR – und sie schlitterte blind in den eigenen Untergang. „Die konkreten Motive für diese Tat sind nicht bekannt", teilte „Gorda" dem Hauptmann Grindel am 21. Juni 1989 mit. Wirklich nicht? War den Herren nicht klar, warum die Leute abhauen wollten? Und manche es auch taten?

In der Nacht zum 8. Juni 1989, morgens gegen ein Uhr, bin ich bei Elbkilometer 530 in den Westen geschwommen. Konnte ja keiner ahnen, daß die Grenzanlagen nur noch ein paar Monate stehen würden. Als mein neues Leben anfing, hatte ich Erich Honecker ein letztes Mal geglaubt. Die Mauer werde noch 100 Jahre bleiben, hatte er im Januar 1989 gesagt. Nichts da. Sie fiel – und der Osten holte mich wieder ein. Die verrückten Wendejahre machten mich zum Geldhändler, zum Immobilienverkäufer mit dickem BMW, zum Abziehbild des Traums vom „goldenen Westen" – und am Ende zum Opfer meines eigenen Höhenflugs. Heute denke ich oft, meine beste Zeit waren die letzten Jahre in der DDR. Aber das ist natürlich Quatsch. Vielleicht träumt man immer von den Sachen, die man nicht haben kann. Jetzt ist es manchmal die DDR-Zeit; früher war es der Westen. Und das war der bessere Traum. Auch wenn er – wie alle Träume – nicht ganz realistisch war.

Mein Freund Mayk Koch und ich sind Freunde geblieben, aber wir leben seit langem in unterschiedlichen Welten. Mayk kam nach seiner Festnahme in Untersuchungshaft nach

Das   Kreis   ·gericht

Aktenzeichen: RS 136/89   Hagenow   , den 25. 7. 89

(Bei Eingaben stets anführen)   Fernruf

Haftbefehl

D er selbständige Mechanikermeister **Siegfried Wehrhoff**, wohnh. 2821
Jessenitz–Siedlung, Hauptstr. 5, PKZ: 250464 4 0212 7, Staatsbürger der
DDR

Ist in Untersuchungshaft zu nehmen.

Er wird beschuldigt, die staatliche Ordnung der DDR durch vollen-
deten gemeinschaftlichen ungesetzlichen Grenzübertritts im schweren Fall
angegriffen zu haben. Mit dem Ziel, die Staatsgrenze der DDR zur BRD wider-
rechtlich zu passieren, begab er sich mit dem Mitbeschuldigten Koch in
der Nacht vom 7. zum 8. 6. 89 von seinem Wohnort nach Privelak. Mit Hilfe
einer von ihm gefertigten Leiter überwanden sie gemeinsam Grenzsicherungs-
anlagen und begaben sich in die Elbe, um sie schwimmend zu passieren.
Während Koch auf Grund von Geräuschen zurückschwamm und sich versteckte,
gelang es Wehrhoff, die Elbe zu durchschwimmen. Er hält sich gegenwärtig
in der BRD auf.

KOPIE BStU

Vergehen/Verbrechen gem. § 213 Abs. 1 u. 3 Ziff. 2 u. 5 StGB

Er/Sie ist dieser Straftat dringend verdächtig.

Die Anordnung der Untersuchungshaft ist gemäß § 122 **Abs. 1 Ziff. 1, Abs. 2 Ziff. 1 StPO**

gesetzlich begründet, weil Fluchtverdacht besteht, der sich aus dem Charakter
der Straftat und der Tatsache ergibt, daß sich der Beschuldigte wider-
rechtlich auf dem Territorium der BRD aufhält.
Der Erlaß des Haftbefehls ist zur Durchführung des Strafverfahrens
unumgänglich.

gez. Steinmüller

Kreisgerichtsdirektor

Gegen diesen Haftbefehl ist das Rechtsmittel der Beschwerde zulässig (§ 127 StPO).

Sie ist binnen einer Woche nach Verkündung des Haftbefehls bei dem unterzeichneten Gericht zu Protokoll

der Rechtsantragstelle oder schriftlich durch den Betroffenen oder einen in der DDR zugelassenen Rechtsanwalt

einzulegen (§§ 305, 306 StPO).

Ausgefertigt:
Hagenow, den 25.7.89

Sekretär

Mein Freund Mayk, links, und ich Ostern 1990 an der Fluchtstelle an der Elbe bei Privelack, nördlich von Hitzacker. Der Elektrozaun war schon abgebaut. „BZ", „Stern" und MDR berichteten 2003, 2004 und 2005 über unsere Flucht.

Schwerin. Doch schon Ende Juli kam er wieder raus. Denn in der DDR brodelte es. Die erste Flüchtlingswelle über Ungarn hatte begonnen ...

Mayk hat sich in einem Nachbarort ein altes Haus gekauft und selbst renoviert. „Alles meins", sagt er, denn dafür hat er sehr hart gearbeitet. „Heute geht es nur noch ums Geld." Zur Zeit betreibt er mit seiner Schwester einen kleinen Partyservice mit Mittagstisch. Ein wenig trauert er den alten Zeiten nach, aber bestimmt nicht der DDR.

Links: Kopie aus meiner Stasi-Akte vom 25. Juli 1989: Der Haftbefehl des Kreisgerichts Hagenow wegen „gemeinschaftlichem ungesetzlichem Grenzübertritt im schweren Fall". Der Erlaß des Haftbefehls war Voraussetzung zur Durchführung eines Strafverfahrens gegen mich.

[Ost-Berlin – Budapest, Ungarn – Wien, Österreich;
August – November 1989]

Ingrid Wehner

Mutter in jenen Tagen

Seit Jahren wußte sie, daß ihr Sohn darüber grübelte, wie er
aus diesem Land herauskommen könnte. Die Urlaubsreisen
nach Budapest hatten ihm einen winzigen Einblick in die
große, ferne Welt gewährt. Die Mauer, die unüberwindlichen
Grenzen, erdrückten seinen Wunsch nach Bewegungsfreiheit.
Schnelle Autos – sein Traum – waren für ihn unerreichbar,
obwohl er als Montageelektriker viel Geld verdiente. Es zer-
floß ihm unter den Händen. Irgendwie fehlte das Motiv für
einen richtigen Anfang, trotz seiner 24 Jahre, denn der Staat
regierte in seinem Leben mit.

Zwischen Mutter und Sohn gab es keine Geheimnisse.
Schließlich hatten sie beide schwere Zeiten überstanden, als
der Vater mit 35 Jahren starb. Der Junge war denn das Lieb-
ste für sie geblieben. Er mußte versprechen, daß er sein Leben niemals aufs Spiel setzen würde, um in Berlin über die
Mauer zu gehen, in deren Nähe er so oft arbeitete. Wäre es
denn nicht möglich, daß er als Ortskundiger eine durchlässige Stelle zu finden glaubte?

Sie fühlte sich von tausend Ängsten umklammert; und
wenn im Radio ein Fluchtversuch gemeldet wurde, durchfuhr es sie eiskalt in der Furcht, es könnte ihr Junge sein.

Dann kam der August 1989. Ihr Sohn kehrte mit drei
Freunden aus Budapest zurück, obwohl sich dort schon

Flüchtlingslager bildeten. „Ich konnte sie nicht einfach im Stich lassen", sagte er, „wir sind zusammen zurückgekommen!"

Ein merkwürdiger Zwiespalt – eine Chance war verschenkt, aber er war wieder zu Hause. Wie froh war sie darüber, wie hatte sie ihn an sich gedrückt, ihren Sohn!

Eine Woche später kam der Schock: „Ich gehe – allein, endgültig. Es darf niemand wissen, außer uns."

Sein Plan war, ein Visum nach Rumänien zu beantragen – angeblich, weil er beim Ungarnurlaub einen jungen Rumänen kennengelernt hätte, der ihn zu seiner Hochzeit eingeladen habe. Die Fernzüge nach Rumänien aber fuhren durch Ungarn; dort konnte er aussteigen und über die bereits durchlässige Grenze nach Österreich gelangen.

Die Mutter mußte diese Entscheidung akzeptieren, aber es breitete sich ein drückender Schmerz in ihr aus. Alles Reden schien sinnlos. Doch sollte sie ihm sein Vorhaben überhaupt ausreden, war nicht sein Entschluß wichtiger als ihre Liebe?

Die Zeit lief, die Fluchtwelle hatte auch sie erreicht.

Was blieb ihr anderes übrig, als dem jungen Unerfahrenen tausend Ratschläge mit auf den Weg zu geben?

Trotzdem saß in ihrem Innersten noch die winzige Hoffnung, daß er kein Visum bekäme. Aber diese erfüllte sich nicht. An einem Septembermorgen kam der Abschied. Sie lagen sich weinend in den Armen, ganz fest aneinander gedrückt. Beide empfanden wohl in dieser Minute, wie groß die Liebe zwischen ihnen war.

„Das dauert nicht mehr lange – und dann fahren wir beide nach Paris!"

„Paß auf dich auf, und melde dich sofort, wenn du in Sicherheit bist!"

Das waren die letzten Sätze – dann war er fort. Zurück blieb eine grenzenlose Leere. Die Erinnerungen an seine Kinderjahre, wie sie ihn geliebt hatte, was sie ihm gegeben hatte an Kraft – und trotzdem war er gegangen.

Als der Anruf aus Wien kam, brach sie zusammen. Vor Freude, daß ihm nichts passiert war, weil die Angst sich löste, und weil sie wußte, daß er es schaffen würde, seine Träume zu verwirklichen.

Nach dem 9. November sah die Welt plötzlich anders aus. Wann immer sie wollten, könnten sie sich nun besuchen. Allein der Gedanke daran nahm der Trennung den Schmerz.

Ohne Mauer und verminte Grenzen wurde alles schnell normal – ein Sohn hatte sich von der Mutter abgenabelt, um seinen eigenen Weg zu gehen. Und immer, wenn er die Füße mal wieder unter ihren Tisch stellen möchte, kann er nun nach Hause kommen.

Vor dem Schloß Neuschwanstein. Der Sohn und seine junge Frau bei ihrem ersten Urlaub in Bayern. Mit viel Fleiß hat er indessen im Westen alles geschafft, was er erreichen wollte: eine eigene Firma, eine Familie und – zur ganz besonderen Freude der Mutter – zwei Kinder.

[Hof, Oberfranken – Gießen, Hessen;
1. Oktober 1989]

Kai von Westerman

Der Sonderzug aus Prag

*Als am 1. Oktober 1989 der Sonderzug mit DDR-Flüchtlin-
gen aus Prag in Hof eintrifft, bin ich als Kameramann für
das französische Fernsehen dabei.*

Um Viertel vor drei in der Frühe rollen wir auf den Parkplatz neben dem Bahnhof der kleinen Stadt Hof in Oberfranken. Es ist noch stockdunkle Nacht, das Städtchen schläft.
Aber vor dem Bahnhofsgebäude stehen Fahrzeuge des Roten Kreuzes, Leute in grauen Parkas laden Kanister mit
Suppe und heißem Wasser aus.
Edwin schnappt sich Mikrofon, Tonmischer und eine Tasche mit Ersatzakkus und Kassetten, ich schraube die Akku-
lampe auf die Kamera. Es ist schon zehn vor drei. Im Lauf-
schritt hetzen wir zum Bahnsteig am Hauptgebäude. Auf dem
gegenüberliegenden Bahnsteig tummeln sich bereits zahlreiche Kollegen. Wir rennen durch die Unterführung und springen die Treppe zum Bahnsteig 2 hinauf. Oben an der Treppe
steht Henry, die Hände in die Taschen seiner Jeans gesteckt,
den Plüschkragen der olivgrünen Nylonwindjacke hochge-
schlagen. „Hallo!" begrüßt er uns gelassen.
„Wie habt ihr das gemacht ..?" frage ich atemlos.
„Was?" fragt Henry.
Wir stehen im Weg. Zwei Männer vom Roten Kreuz schieben einen großen Gepäckkarren voller Babywindeln zwischen

uns durch. Schließlich wird hier der erste Sonderzug aus Prag
mit den Botschaftsflüchtlingen aus der DDR erwartet.
„... daß ihr schon da seid?"
„Wir sind auch erst seit zehn Minuten hier. Ihr könnt eure
Sachen ruhig noch abstellen, der Zug kommt nicht vor vier
Uhr an", weiß Henry immerhin schon.
Irgendwer hat an jedem der eisernen Träger des Bahnsteigdaches Filmlampen angebracht und verkabelt. Edwin
bringt Kaffee aus einem inzwischen erschöpften Automaten
in der Haupthalle.
„Der Kollege nach mir bekam für sein Geld nur noch Milch
und Zucker in den Pappbecher", grunzt Edwin amüsiert.
Bertrand und sein Kollege vom zweiten Programm tauchen auf. Sie wollen beide spätestens mittags wieder in Bonn
sein, um ihre Berichte zu schneiden und nach Paris zu überspielen. Inzwischen hört man, der Zug käme nicht vor sechs.
„Das schaffen wir niemals, vor zwölf in Bonn zu sein!"
Das sehen die beiden französischen Korrespondenten anders. Wie viele Redakteure haben sie kein verbindliches Verhältnis zu handfesten Problemen wie Zeit und Raum.

Warten, warten, warten

Die Halle im Hauptgebäude des Bahnhofes ist wie üblich
derartig trüb beleuchtet, daß einem die Augen dort schneller müde werden als auf der langen, nächtlichen Autofahrt
von Bonn nach Hof. Die Wände der Halle glänzen speckig.
Ihre Farbe schimmert zwischen lindgrün, graubraun und
blaßgelb. Es riecht modrig nach stehengelassenem Bier und
kaltem Zigarettenqualm. An einer Wand neben den gelben
Fahrplänen und einem verblichenem Werbeplakat der Bun-
desbahn hängt ein öffentlicher Fernsprecher. Zusammen
haben Henry und ich genug Kleingeld. Wir führen nur Orts-
gespräche: Wir wecken den Nachtdienst auf dem Regional-
flugplatz Hof. Von dem erfahren wir, wen wir wecken müssen, um ein Flugzeug zu mieten, das zwei, oder vielleicht

sogar mehr Korrespondenten nach Bonn-Hangelar fliegen kann. Aber der Preis für diesen Flug ist unseren Korrespondenten zu hoch. Es ist vier Uhr. Auf dem Bahnsteig spielt sich ab, was wir im Allgemeinen als „heiteres Kollegentreffen" bezeichnen. Das klingt nach einem Abend in einer gemütlichen Eckkneipe, findet aber tatsächlich eher tief nachts auf zugigen Bahnsteigen oder an ähnlich ungemütlichen Orten statt. Je nachdem, was es zu berichten gibt. Ein Bonner Team nach dem anderen trifft auf dem Bahnhof ein. Darüber hinaus sind natürlich auch unbekannte Kollegen vom Bayerischen Rundfunk und von privaten Produktionsfirmen da. Wir stehen herum. Es könnte kälter sein. Wie üblich sind unsere Unterhaltungen so, daß wir sie jederzeit unterbrechen können, ohne daß es schade darum ist. Einem Fremden fällt es vielleicht nicht auf, aber unsere Aufmerksamkeit gehört der Richtung, in der sich die Gleise, zur deutsch-deutschen Grenze führend, in der Dunkelheit verlieren.

Es ist fünf Uhr. Edwin und ich finden einen guten Platz auf der leeren Ladefläche eines großen Gepäckkarrens, der auf dem Bahnsteig abgestellt ist. Von dort haben wir Übersicht bis zum äußersten Ende des Bahnsteigs. Wir bleiben an Ort und Stelle, um unseren optimalen Standort nicht zu verlieren.

Halb sechs. Bahnpolizisten mit blauen Uniformen und weißen Mützen lauschen in ihre Handfunkgeräte hinein, um Informationen über den Verbleib des Zuges abzuhören. Alle Kameraleute haben jetzt ihre Kameras drehbereit auf der Schulter. Der schmale Streifen Himmel, den ich zwischen Horizont und der Unterkante des Bahnsteigdaches sehen kann, färbt sich graublau.

Zehn vor sechs. Feiner Nieselregen fällt. Die Fläche unter dem Dach des Bahnsteigs ist gefüllt mit Frauen und Männern vom Roten Kreuz, Fotografen, Kamerateams, Mitarbeitern von Behörden, einigen Polizisten und schaulustigen

Bürgern aus Hof und Umgebung. Niemand geht herum oder drängt sich zwischen anderen hindurch. Alle stehen und warten. Deutlich hört man das Schnarren des Polizeifunks.

Ein Zug, Menschen und Schicksale

Kurz vor sechs. In den Lautsprechern über dem Bahnsteig knackt es, ein Sprecher sagt, als kündige er irgendeinen Nahverkehrszug an: „Auf Gleis vier fährt ein: der Sonderzug aus Prag."
In einiger Entfernung tauchen die drei weißen Lichter einer Lokomotive auf. Eine schwere, dunkelrote Diesellok der Deutschen Reichsbahn zieht den langen Reisezug in den Bahnhof. Auf dem Bahnsteig wird gejubelt, einzelne Leute winken, manche applaudieren. Die Bremsen quietschen lang anhaltend. Die meisten Fenster des Zuges sind geöffnet. In einem steht ein Mann in weißem Hemd. Er raucht und schaut auf die Menge am Bahnsteig herab, als wäre er ein lang erwarteter, zurückhaltender, aber hemdsärmeliger Prinz.
Zwei Fenster weiter beugt sich eine Frau mit kupferroten Haaren aus dem Zug, sie winkt lachend, als stünden nur alte Bekannte am Bahnsteig. Der Zug bleibt stehen.
Bertrand zupft an meiner Jacke. Ich springe von der Ladefläche des Gepäckkarrens. Aus den scheppernden Lautsprechern über dem Bahnsteig kräht plötzlich die markante Stimme eines bekannten Bundestagsabgeordneten: „Die vielen Tage und Stunden ..."
Eine Rotkreuzschwester reicht Pappbecher mit heißem Tee zu einem der Zugfenster hinein. Ein junger, schlecht rasierter Mann in Jeansjacke nimmt den Becher entgegen und reicht ihn weiter an seine Frau, die ein Kind auf dem Arm hält.
„Wie lange waren Sie in Prag?" ruft Bertrand ihm zu.
Der Mann sieht sich um. Seine Augen wirken klein und müde. „Wir war'n drei Wochen drinne."

Seine blondierte, etwas pausbäckige Frau bleibt im Hintergrund. Kopfschüttelnd betrachtet sie das Treiben auf dem Bahnsteig.

„Wie war die Reise?" fragt Bertrand.

Der Mann stützt eine Hand auf den Fensterrahmen und lehnt sich etwas hinaus.

„Jaa ... Man is' gefahr'n ... Genscher hat ja nun zu uns gesagt, wir brauchen keene Angst zu haben, ne, aber irgendwie waret doch mulmig, weil ich eijentlich nie wieder die DDR betreten wollte, weil wir ...", er wirft seiner Frau einen zärtlichen Blick zu, „wir beiden die Brücken hinter uns abjerissen ha'm. Wir wollten eigentlich nicht mehr, aber wir ha'm dann doch'n bißchen Bammel gehabt, daß die Stasi vielleicht doch noch irgendwo zuschlägt, ja? Aber die ha'ms nich' getan, ja, die ha'm uns echt in Ruhe gelassen, sind durchjekomm', ha'm die Ausweise eingesammelt und sind weitergegangen, nischt jewesen. Ja?"

Bertrands nächste Frage geht im Lärm der Begrüßungsrede des Bundestagsabgeordneten unter.

Aber unser Mann in der Jeansjacke spricht munter weiter: „Ick versteh' die Frage nicht, aber uns hat keena 'was getan hier jetze ..., ha'm uns alle echt in Ruhe jelassen."

Der Beauftragte der Bundesregierung unterbricht seine Rede, um Atem zu holen. Bertrand nutzt die Gelegenheit und ruft: „Sind Sie noch 'mal kontrolliert worden?"

„Kontrolliert worden sin' mir ooch nich' mehr", erklärt der Mann in der Jeansjacke, „wir ha'm nur die Ausweise abgegeben und dann war gut. In jedem Fall sind wir glücklich, das wir jetzt endlich 'raus sind."

Seine Frau drückt ihr Kind an sich, sieht ihn an und nickt. Sie küßt ihr Kind auf die Wange. In ihren Augenwinkeln glitzern Tränen. „Der Empfang... dieser Empfang..", murmelt sie leise kopfschüttelnd.

„Aus welchem Gebiet kommen Sie in der DDR?" will Bertrand wissen.

„Wir komm' aus Potsdam." Der Mann in der Jeansjacke scheint erst jetzt die geschäftig drängenden Menschen auf dem Bahnsteig wahrzunehmen. Es dämmert ihm wohl erst jetzt, daß dieser Auftrieb nur seinen Schicksalsgenossen und ihm gilt.

„Was werden Sie in Westdeutschland machen?" erkundigt sich Bertrand.

„Det is' uns egal – Hauptsache wir ha'm irgendwo Wohnung und 'ne Arbeet", er legt einen Arm um die Schultern seiner blondierten Frau, „det reicht uns, wa?"

Dann küßt er sie auf die Stirn.

Sie wiederholt murmelnd: „Der Empfang ... dieser Empfang ..."

Jetzt glitzert es auch in seinen Augen. Er läßt seinen Blick über den Bahnsteig schweifen, als hätte er den Trubel noch gar nicht bemerkt: „Det is' ja irre hier. Hätt' ick mir ja' nich' träum' lassen."

Und schluckt.

Wir schieben uns am Zug entlang, auf der Suche nach jemandem, der nicht bereits von mehreren Fernsehteams befragt worden ist.

In der Mitte des Bahnsteiges sehen wir eine winzige Glaskabine, gerade groß genug für einen Menschen. Dort steht, im schweren grauen Wollmantel, der Abgeordnete Horst Waffenschmidt, Aussiedlerbeauftragter der Bundesregierung. Ein Mikrofon an einem langen, verchromten Schwanenhals biegt sich seinem Mund entgegen. Eigentlich ist es für Durchsagen am Bahnsteig gedacht. Jetzt spricht hier Horst Waffenschmidt. Es ist sein Tag. Seine Stimme übertönt scheppernd den Lärm der Menschenmenge. Er spricht ohne Unterbrechung: „Die vielen Helferinnen und Helfer ... Wer gleichwohl hier bleiben will ..."– und keiner hört zu.

An einem der Zugfenster steht eine ältere, ebenfalls blondierte Frau in einem dünnen, hellblauen Pullover. Sie hat beide Hände auf den Rahmen des halb geöffneten Fensters gelegt. Ihre müden blauen Augen schauen unruhig auf dem Bahnsteig umher.

Bertrand fragt: „Wie lange sind Sie in der Botschaft geblieben?"

„Ich hatte Glück", antwortet sie leise. Das Mikrofon angelt ins Bild und nähert sich dem Gesicht der Frau. Edwin will ihre leise Stimme aus dem Lärm des Bahnhofs fischen.

„Ich bin zwei Tage drinne gewesen", sagt die Frau müde, „es ging."

Ein anderes Kamerateam drängt heran und schnorrt von unserem Interview.

„Warum haben Sie diese Entscheidung getroffen?" ruft Bertrand der Frau zu, in der Hoffnung, sie werde etwas lauter antworten. Aber sie spricht weiterhin mit leiser Stimme.

„Nu, mein Mann is' vor vierzehn Tagen mit'm Auto über Ungarn weg, und da is' mir alles wertlos geworden drüben", erzählt sie traurig, „ich muß zu mei'm Mann."

„Wissen Sie schon, wohin?" fragt ein Kollege dazwischen.

„Ich werd' nach Göttingen geh'n und versuchen, irgendwas – ich weiß es nich', wo wir uns niederlassen – erstmal mit meinem Mann alles besprechen."

Ihre monotone Stimme trägt eine seltsame Mischung aus Müdigkeit und Entschlossenheit.

Bertrand ist wieder am Zuge: „War es leicht, nach der Tschechoslowakei zu fahren?"

„Ich hatte Schwierigkeiten. Ich hatte erst über das Reisebüro versucht, n'Antrag zu kriegen, das wurde abgelehnt, weil mein Mann registriert war, und dann bin ich zu Fuß über die Grenze der Tschechei und das ging gerade noch so. Dann bin ich in Prag über den Zaun da mit geklettert ..."

„Hatten Sie Angst, mit dem Zug durch die DDR zu fahren?"

„Ich hatte Angst. Aber wenn man 'was will, ist die Angst weg."

Zwei seltsame Männer in grauen Blousons stehen neben uns.

„Wurden Sie im Zug von der Stasi schikaniert?" fragt einer der Männer.

„Absolut nicht", antwortet die Frau prompt, „gar nicht. Nee, gar nichts ..."

„Weil die Leute da vorn das erzählt haben", begründet einer der beiden die Nachfrage. Er hat seine Hände tief in die Jackentaschen geschoben, genau wie sein Nebenmann.

Bertrand hakt ungläubig nach: „Es gab keine Behörden, keine Contrôle?"

„Gar nicht. Ich bin nur mit der Handtasche gegangen. Ich hab' nichts Verdächtiges mitgenommen, als Einkäufer. Wir dürfen ja nach Prag einkaufen fahr'n. Und so hab' ich's gemacht."

Bertrand ist nicht zufrieden mit der Antwort der Frau: „Aber die DDR-Behörden sind nicht auf den Zug gekommen?"

„Nee, der Zug kam ganz überraschend gestern abend. Also da war gar nichts davon ..."

Das Gespräch dreht sich im Kreise. Ein Kollege fragt etwas anderes.

Ein Lächeln huscht über das müde Gesicht der älteren Frau: „Tja. Ich war schon oft hier. Ich stand vor zwei Jahren schon 'mal vor dieser Wahl. Da stand ich zwischen Tochter und Mann, und jetzt ist's so, daß die Tochter so weit ist, daß ich geh'n muß zu mei'm Mann ... Der ganze Brassel interessiert mich drüben nicht, ich hab' Haus, Datsche, alles steh'n, das wird kalt, ich will zur Familie zurück, ich will wieder leben mit Familie ..."

Erste Verpflegung, erste Kontakte

„Vorsicht heiß!" warnt eine ältere Frauenstimme. Einige Flüchtlinge stehen auf dem Bahnsteig um einen dampfenden Metalltopf herum. Dankbar löffeln sie die Suppe, die zwei Rotkreuzschwestern in weiße Plastikschalen schöpfen und verteilen.

Ein kleiner Junge mit großen blauen Augen schaut durch

die regennasse Scheibe eines Wagenfensters heraus auf den Bahnsteig. Sein breites Lächeln ist starr vor Müdigkeit. Mit seiner linken Hand hält er eine Banane neben sein Gesicht. Er hält sie ganz fest. Wie eine Trophäe. Viele Einwohner von Hof sind da. Ganz vorne bei den ersten Wagen hinter der Lokomotive, auf dem offenen, regenfeuchten Bahnsteig schiebt ein grauhaariger Mann seine Frau mit sanftem Druck in die Nähe eines Wagenfensters. Seine brave Frau hält eine rote Plastikschale mit Plexiglasdeckeln zum Aufklappen. In der Plastikschale liegen belegte Butterbrote.

Ein junges Mädchen mit langen braunen Haaren schaut aus einem der Wagenfenster heraus. Die Kleine in dem rosafarbenen Anorak ist vielleicht dreizehn Jahre alt, hat billigen Schmuck an Fingern und Ohren.

„Wollen Sie auch 'was von den Broten?" fragt der grauhaarige Mann das Mädchen. „Holen Sie sich 'raus, was Sie brauchen", sagt er ermunternd und schiebt seine Frau sanft auf das Wagenfenster zu. Die Frau klappt die Deckel der Schale auf und hebt sie dem Mädchen entgegen.

„Danke", sagt das Mädchen, „Andy, du auch 'ne Stulle?"

Ihr kleiner blasser Bruder steht neben ihr am Fenster.

„Ja", piepst er, aber dann verzieht er sich doch ins Abteil. Das Mädchen nimmt sich zwei Wurstbrote, eines hält sie ihrem Bruder hin: „Nimm' mal 'ne Stulle. Hier. Komm", sagt sie nach hinten. Er will nicht mehr.

„Andy, nimm mal ... Andy", sagt das Mädchen mit Nachdruck. Verlegen lächelt es das ältere Ehepaar an und wiederholt: „Danke."

Sein Blick streift meine Kamera und landet wieder bei dem Bruder im Abteil.

„Hier nimm. Nimm! Eß!"

Endlich nimmt der kleine Bruder das Wurstbrot. Mit der freigewordenen Hand winkt das Mädchen in die Kamera, das der Modeschmuck am Handgelenk klappert.

Die Reise ins gelobte Land

Vor den Fenstern ziehen flache Hügel vorbei, noch spätsommerlich grün. Der Himmel ist weißgrau. Auf dem kleinen Tischchen unter dem Wagenfenster wackeln leergegessene Hipp-Gläschen neben einer Schachtel Zigaretten der Marke Club. Die Räder des Zuges rauschen, die Achsen klopfen metallisch. In den Gepäckablagen, auf dem Gang und unter den dunkelroten Kunstledersitzen stapeln sich Koffer und Taschen, hängen Mäntel und Jacken; man sieht Plüschteddys. Es sind viele Kinder unter den Reisenden. Wir blicken in müde Augen. Aber kaum jemand schläft. Ein junger Vater sitzt am Fenster und schaut zum Fenster hinaus. Sie sind die ganze Nacht gefahren. Die Felder, die er jetzt im grauen Morgenlicht sieht, die glattasphaltierten Straßen, die weißen Häuser, sind das gelobte Land. Sein Blick ist müde, aber so aufmerksam, als könnte er die Freiheit förmlich sehen. Ein kleines Radio plärrt, Nena singt: „Gib mir die Hand, ich bau dir ein Schloß aus Sand ...“

Zwei Polizisten gehen durch den Zug. Sie zählen die Fahrgäste und lächeln so deutlich, wie sie können. Die Menschen sollen merken, daß diese Staatsmacht auf keinen Fall etwas Böses will.

Ein Baby im Strampelanzug, das noch nicht alleine stehen kann, spielt mit seiner müden Mutter.

„Jetzt, na ja, jetzt müssen wir erstmal sehen ...“, erzählt uns eine Frau mit Kindern im Grundschulalter, „das Gießen, wir kennen's ja aus'm Fernsehen alles ... Das is' auch wieder 'n Stück. Und grad' mit Kindern is' eben auch sehr anstrengend, ja. Wir haben *das* gepackt ...“ Sie nickt zuversichtlich. „Daß hier nicht immer nur Zuckerschlecken ist, wissen wir auch.“

Ankunft in Gießen

Edwin und ich fahren mit den Flüchtlingen im Zug zum Aufnahmelager in Gießen. Bertrand hat sich die Kassette mit der Ankunft des Zuges in Hof geben lassen. Allein und müde hat er sich mit unserem Teamwagen auf den Weg nach Bonn gemacht, um einen ersten Bericht zu schneiden und abzusetzen.

Der Sonderzug aus Prag ist länger als die Bahnsteige im Gießener Hauptbahnhof. Die Leute steigen aus, sortieren im Schotterbett zwischen den Gleisen ihr Gepäck und bauen Kinderwagen zusammen. In einer nicht enden wollenden Reihe gehen sie auf einem schmalen Weg quer über die Gleise. Die Schritte der Flüchtlinge sind lauter als ihre gedämpften Stimmen. Keiner hat mehr Gepäck, als es für ein paar Tage Urlaub nötig ist.

Die Zäune und Baumstämme entlang ihres Weges sind tapeziert mit Zetteln voller Arbeitsangebote. Die Anzeigenabteilungen der lokalen Zeitungen wären über Wochen finanziert. In Westdeutschland fehlen Fachkräfte: Kältemonteure werden gesucht, Bauingenieure, Bautechniker, Bauzeichner und Architekten. Wer von den Flüchtlingen will, kann schon in den nächsten Tagen eine Arbeitsstelle antreten.

Die Flüchtlinge sammeln sich vor dem Tor des Aufnahmelagers. Langsam schieben sie sich an dem geöffneten Schlagbaum vorbei. Müde, suchende Augen, erschöpfte Gesichter. Männer, Frauen, blasse Kinder. Spießer, Intellektuelle und Abenteurer. In das Blickfeld meiner Kamera gerät eine blondierte, dralle Frau, perfekt geschminkt und mit billigem Modeschmuck behängt. Ein dünner langhaariger Typ in abgeschabten Jeansklamotten sieht sich skeptisch um. Ein Mann mit großem Trekkingrucksack schaut mir geradewegs ins Objektiv, interessiert lächelnd, als wäre ich eine tibetische Tempelskulptur.

„Papa, mein Teddy", wimmert ein kleiner Junge. Der Papa hält ihn fest an der Hand. Ungeduldig tadelt er seinen Sohn: „Nu' hör' aba mal uff zu jammern! Wir ha'm ooch det Auto steh'n lassen müssen, Mensch!"

Gedanken im Nebel

Als wir auf nebligen Straßen unterwegs sind, lassen mich die heute erlebten Szenen noch nicht gleich los und ich denke im Stillen: Ausgerechnet in diesem Betonstaat DDR haben die Leute mehr demokratischen Schwung als meine westdeutschen Mitbürger und ich jemals im Leben hatten. Ich spüre große Lust auf Veränderung, sehne mich nach Manu und möchte eigentlich Märchenfilme fürs Kino drehen. Dafür bin ich Kameramann geworden. Stattdessen sitze ich ohne feste Freundin da und drehe nüchterne Nachrichtenfilme.

„Sin' wir noch richtig?"

Pitt und ich beugen uns nach vorne, um besser sehen zu können. Das nützt natürlich nichts. Unser eigenes Scheinwerferlicht zerstiebt im dichten Nebel und blendet uns.

„Laß uns umkehren und hier übernachten. Wenn das so bis Berlin weitergeht, sind wir morgen noch nicht da", schlägt Pitt vor.

An manchen Straßenkreuzungen kann man noch nicht einmal die dunklen Häuserecken erkennen. Sie verschwinden einfach hinter dem dichten, grellgelben Widerschein der Straßenlaternen. Pitt schaltet das Fahrlicht aus. Das Standlicht blendet zwar nicht, aber wir sehen trotzdem nicht mehr.

„Ich will nicht fürs Fernseh'n sterben", jammert Pitt heiser, „das ist die Geschichte nicht wert!"

„Quatsch, fahr! Wenn wir aus der Stadt raus sind, läßt der Nebel nach." Ich habe keine Ahnung, wie ich auf diese Idee komme. „Fahr' weiter! Es geht nur noch geradeaus. Wir sind richtig. Das ist'n Stück, das dauert."

Wir bewegen uns wie durch dichte, kalte, gelbe Vorhänge. Ich rolle durch dieses nebelige Land, erlebe, wie der Mut Einzelner eine ganze Gesellschaft ansteckt, daß gewaltlose Menschen sogar Bewaffnete wehrlos machen können. Und neben mir sitzt Pitt. Und nörgelt. Wie immer.

Kai von Westerman

Ein Schauspieler spricht

Am 4. November 1989, jenem Tag, an dem auf dem Berliner Alexanderplatz die größte Demo in Ost-Berlin stattfindet, zu der die Menschen nicht befohlen, sondern aus eigenem Antrieb und im eigenen Interesse kommen, bin ich als Kameramann für das französische Fernsehen dabei. Das Volk auf dem Platz applaudiert verhalten, als ein junger, schlanker Mann auf dem Holzpodest hinter das Mikrofon tritt. Das Podest ist aus rohen Balken gezimmert. Es ragt über die Köpfe der unüberschaubaren Menge, die dicht gedrängt auf dem Alexanderplatz versammelt ist. Am hellichten Tag. Der Himmel über dem Platz ist weiß wie ein unbeschriebenes Blatt Papier.

Der junge Mann am Mikrofon rezitiert mit einer hellen, klaren Stimme:

„Artikel 27 der Verfassung der DDR: Jeder Bürger der DDR hat das Recht, den Grundsätzen dieser Verfassung gemäß, seine Meinung frei und öffentlich zu äußern! Dieses Recht wird durch kein Dienst- oder Arbeitsverhältnis beschränkt!"

Wenn der junge Mann den Blick vom Blatt in seinen Händen hebt, sieht man seine dunklen Augen, die ein wenig traurig wirken. Dunkle Haare umrahmen seine hohe Stirn. Er holt kurz, aber tief Luft.

„Niemand darf benachteiligt werden, wenn er von diesem Recht Gebrauch macht! Die Freiheit der Presse, des Rundfunks und des Fernsehens sind gewährleistet!"

Am 4. November 1989 gab es in Ost-Berlin die größte genehmigte Demonstration in der Geschichte der DDR, zu der die Menschen aus eigenem Antrieb kamen. Gefordert wurde, die Artikel 27 und 28 der Verfassung, die unter anderem Rede- und Meinungsfreiheit garantierten, auch in der Praxis einzuhalten. Bei der anschließenden Kundgebung auf dem Alexanderplatz sprachen auch die Schauspieler Ulrich Mühe und Johanna Schall.

Die Menge applaudiert. Der junge Mann ist Schauspieler an einer Ost-Berliner Bühne. Er wirkt aufgeregt. Wie einer, der zum ersten Male vor einer großen Menge Zuhörer spricht. Wie ein Prüfling, der noch nicht weiß, ob er mit seiner Aussage richtig liegt. Wie einer, der weiß, daß er für den Zusammenhang, in dem seine Rezitation steht, ins Gefängnis kommen kann. In diesem Land jedenfalls.

„Artikel 28: Alle Bürger haben das Recht, sich im Rahmen der Grundsätze und Ziele der Verfassung, friedlich zu versammeln! Die Nutzung der materiellen Voraussetzungen zur unbehinderten Ausübung dieses Rechtes, der Versamm-

lungsgebäude, Straßen und Kundgebungsplätze, Druckereien und Nachrichtenmittel, wird gewährleistet!"
Achtzehn Jahre später wird dieser Schauspieler tot sein. Vor seinem Tod wird er die Hauptrolle in einem Kinofilm spielen. Der Film („Das Leben der Anderen") wird darstellen, wie unnachgiebig die Regierung der DDR jeden Bürger zersetzt und vernichtet, der ihr nicht folgen will. Der junge Schauspieler auf dem Podest aus rohen Holzbalken heißt Ulrich Mühe. Er spricht auf der ersten Demonstration, die von der Regierung der DDR genehmigt wurde, obwohl sie nicht von ihr angeordnet worden war. Das hat es in diesem Land noch nie gegeben.

Demonstrationen, die genehmigt sind, obwohl sie nicht im Sinne der Regierung sind, gibt es in Bonn mehrmals im Jahr. Deshalb ist das hier für uns eher langweilig.

Am späten Nachmittag durchbricht die Sonne den weißen Wolkenschleier. Beauftragt, Passanten zu befragen, begegnen wir einem alten Mann mit schmalem Kopf und weißen Haaren. Sein Gesicht ist leicht gerötet, eine hakenförmige, lange Nase sticht daraus hervor wie der Schnabel eines freundlichen Vogels. Nur der Schirm seiner flachen, steifen Schiebermütze ragt darüber hinaus. Der alte Mann hat leuchtende, kleine Augen mit scharfen Falten in den Augenwinkeln.

Wilhelm fragt: „Wie erleben Sie diese Demonstration hier und was erwarten Sie von dieser Demonstration?"
Der alte Mann sieht Wilhelm fest in die Augen. Dann sagt er: „Ich ... warte seit 42 Jahren auf diesen Tag ... und ich bin glücklich, daß ich das in meinem Alter noch erleben kann. Damit glaube ich, alles gesagt zu haben."

Auf der Demonstration gibt es schöne Transparente. Sie sind phantasievoll und von eigenartigem Humor. Das ist das Interessanteste für uns. Die Transparente auf Bonner De-

mos sind meistens fordernd und immer humorlos. Hier gibt
es eines, auf dem steht nur:

HERR,
SCHMEISS HIRN VOM HIMMEL!

Ein anderes Schild zeigt eine Karikatur des Staatsratsvorsitzenden Egon Krenz. Sein Gesicht hat einen grauen Wolfs-
pelz. Um den Kopf trägt er eine altertümliche Schlafhaube
mit Rüschenrand. Dazu steht geschrieben:

GROSSMUTTER,
WARUM HAST DU SO GROSSE ZÄHNE?

Bertrand, der französische Kollege, stößt zu uns: „Drehen
wir eine Portrait von Besuchern der Demonstration."
„Aha. Hast du schon jemanden ausgeguckt?"
„Nein. Ich dachte, ihr ..."
„Ne, ne! Such' du dir jemanden aus. Das ist dein Beitrag ..."
Bertrand pickt sich unter den Demonstranten ein Pärchen
in hellblauen DDR-Jeans heraus. Die Frau ist dünn und viel-
leicht Anfang dreißig. Ihr langes Blondhaar kräuselt sich
künstlich. Der Mann ist kaum älter als sie. Ein dichter dunkler Schnauzbart bedeckt seine Oberlippe, seine schwarze Fri-
sur ist vorne kurz und im Nacken lang. Im linken Ohr trägt
er einen kleinen Ohrring.
„Guten Tag. Wir sind vom französischen Fernsehen, dürfen wir Sie aufnehmen für unseren Nachrichtensendung?"
Die beiden tun verlegen.
„Wat müssen wir denn da machen?"
„Nichts, absolut nichts ... "
„Tun Sie einfach so, als ob wir gar nicht da wären. Wir
wollen Sie einfach zeigen, während Sie an dieser Demonstration teilnehmen", assistiere ich Bertrand.
 Hand in Hand schlendern die beiden vor unserer Kamera
über den Alexanderplatz, bleiben stehen, lauschen einem
Redner, der vorschlägt, Leipzig zur „Heldenstadt" zu ernen-

nen. Sie applaudieren mit. Da rennt mir doch mitten in der Aufnahme ein anderes Fernsehteam durchs Bild. Der Kameramann dreht, wie ich das Ehepaar filme.

„Kollegen, hier sind hunderttausend Menschen, könnt ihr euch nicht eigene Demonstranten suchen?"

Der Redakteur des Teams, ein Mann in hellem Trenchcoat, entschuldigt sich: „Wir sind von *elf-neunundneunzig*, der Jugendsendung des DFF, wir haben noch nie eine Demonstration gedreht. Wir wissen gar nicht, was wir machen sollen. Dürfen wir euch einfach bei der Arbeit filmen?"

„Ach so, ja. Aber steht mir wenigstens nicht im Bild herum."

Beide Reportagen stammen aus: Kai von Westermann, „Letzte Bilder von der Mauer. Reportage 1989. Berichte aus zwei verschwundenen Ländern".
Zeitgut Verlag, Berlin 2009.

[Schwerin, Mecklenburg, damals DDR –
Cuxhaven, Niedersachsen;
Juli 1988; Oktober/November 1989]

Gudrun Findeisen

Durchbruch

Elf Jahre nach unserem Besuch in Schwerin beantragten meine Cousine und ihr Mann für sich und ihre beiden Kinder die
Übersiedlung in die Bundesrepublik, denn der schwerkranke
Vater Violas und die kränkliche 80jährige Mutter Detlefs lebten hier. Viermal lehnten die DDR-Behörden ab. Ein nerven-
aufreibender und zermürbender Kampf. Daher beschlossen
mein Mann und ich im Sommer 1988, unsere Verwandten in
Schwerin zu besuchen, um zu sehen, ob wir in irgendeiner
Weise helfen konnten. Die Einreisegenehmigung, die rechtzeitig sechs Wochen vorher beantragt worden war, kam erst
nach dem geplanten Anreisetermin bei uns an. Wir konnten
von Glück reden, daß wir sie überhaupt erhielten und uns
nicht die Einreise in die DDR verweigert wurde.

Violas Kinder waren elf und zwanzig Jahre alt. Die Famili-
ensituation war aufgrund der äußeren Umstände angespannt.
Viola wartete Stunden auf eine Telefonverbindung, um zu erfahren, wie es ihrem Vater ging, ihre Nerven lagen blank. Um
sie ein wenig von ihren Sorgen abzulenken, spazierten wir
mit meiner Cousine durch das schöne Schwerin und fuhren
nach Güstrow, um die Werke Barlachs zu bewundern. Und
wir genossen die sommerliche Idylle ihres inmitten von weiten Feldern gelegenen, mit viel Eigenarbeit umgebauten Bau-
ernhauses, das sie sich mit einer Freundin, einer anerkann-
ten DDR-Künstlerin, teilten.

*Im Sommer 1988 besuchten wir meine Cousine Viola, links, und ihre Fami-
lie in ihrem Haus bei Schwerin. Sie hatten 1986 einen Ausreiseantrag gestellt. „Das nächste mal bei uns!" – so verabschiedeten wir uns von ihnen.*

Die ganze Zeit überlegten wir, wie wir unseren Verwandten
in der Ausreiseangelegenheit helfen könnten, ohne uns selbst
in Gefahr zu bringen. Sollten wir bei der Rückfahrt Briefe
meiner Verwandten an BRD-Behörden mitnehmen? Was,
wenn sie an der Grenze entdeckt würden?

Wir beschlossen, von zu Hause aus an den Bevollmächtig-
ten der Bundesregierung in Berlin, Abteilung Innerdeutsche
Beziehungen, zu schreiben. Natürlich hatten die West-An-
gehörigen bei den zuständigen BRD-Stellen bereits alle wichtigen Unterlagen eingereicht, aber wir hofften, mit unserem
Brief der Angelegenheit noch mehr Nachdruck zu verleihen.
Dieses Schreiben oder unser Besuch bei meiner Cousine in
Schwerin mußten die Aufmerksamkeit von DDR-Spitzeln auf
uns gelenkt haben. Wie sonst sollten wir es uns erklären, daß
mein Mann bei einer Reise nach Sachsen, die er mit seiner

Mutter im März 1989 unternahm, sowohl bei der Einreise am
Grenzübergang Helmstedt – Marienborn als auch bei der Ausreise am Grenzübergang Wartha – Herleshausen bei der Paßkontrolle gefragt wurde: „Und wo sind die Kinder?"
Was für eine Frage! Unsere Kinder waren doch inzwischen
erwachsen!

Mein 50. Geburtstag am 20. Oktober 1989 war ein ganz
besonderer Ehrentag – nicht wegen der runden Zahl oder
der Geschenke, sondern wegen der Gäste. Zu Geburtstags-
feiern lade ich meist gruppenweise ein, an dem Tag selbst
die Familie und Verwandte, später dann die Freunde. Daß
meine Cousine Viola mit ihrer Familie unter den Gästen sein
würde, hatte ich noch vor kurzem für unmöglich gehalten.
Ende März 1989 hatte sie bei uns angerufen und aufgeregt
die unglaubliche Neuigkeit mitgeteilt: „Gudrun, wir haben
es geschafft! Wir sind hier, die Ausreise hat endlich geklappt.
Können wir für eine Weile bei euch wohnen?"
Natürlich konnten sie. Und wie wir uns für sie freuten!
Im Obergeschoß unseres Hauses machten wir Platz für die
vierköpfige Familie aus Schwerin, die zweieinhalb Jahre auf
ihre Übersiedlung hatte warten müssen. Später gingen wir
gemeinsam auf Arbeits- und Wohnungssuche. Anfang Juni
1989 bezogen die Verwandten eine schöne Altbauwohnung
und holten ihre Möbel aus Schwerin nach. Ihr altes Bauernhaus in Mecklenburg hatten sie verkauft. Sie fanden Arbeit,
auch wenn es nicht die Traumjobs waren. Die Familie war
glücklich, dem Gefängnis DDR entronnen zu sein. Viola konnte jetzt jederzeit ihren kranken Vater und Detlef seine kran-
ke Mutter besuchen.
Unter den Geburtstagsgästen waren auch Renate, die Cousine meines Mannes, und Ekkehard aus Sachsen. Dieser Um-
stand grenzte schon an ein Wunder. Vom Rentenreisealter
noch weit entfernt, war für sie laut DDR-Gesetz ein Besuch
im Westen nur in „dringenden Familienangelegenheiten"

*Lange hatten
meine Cousine
und ihr Mann
warten müssen,
Ende März 1989
bekamen sie die
Ausreisegenehmi-
gung. Ihr schönes
Bauernhaus in
Mecklenburg
wurde verkauft.*

möglich. Und meine Schwiegermutter, für deren Besuch Renate und Ekkehard die Reisegenehmigung beantragt hatten, war nur eine angeheiratete Tante. Mit viel Hartnäckigkeit hatten die beiden die Reiseerlaubnis erkämpft. Immer wieder hatten sie beteuert, ihre Kinder niemals im Stich zu lassen und in die DDR zurückzukehren. Daß sie tatsächlich hatten fahren dürfen, war wohl den politischen Verfallserscheinungen der DDR zuzuschreiben.

Dann waren auf meiner Geburtstagsfeier noch Frau Dr. und Herr Dr. H., frühere Nachbarn meiner Cousine in Schwerin, mit ihrer achtjährigen Tochter Nora. Sie waren während ihres Ungarnurlaubes im August in einer gefährlichen Nachtaktion in den Westen geflohen. Wie so viele hatten auch sie ihre sicheren Arbeitsplätze sowie ihr Haus mit allem Hab und Gut für ein neues Leben in Freiheit aufgegeben. Durch

Welche Überraschung! Meinen 50. Geburtstag konnte ich (hier mit meinem Mann und mit Tochter Sabine) mit meinen Verwandten und neuen Freunden aus der DDR feiern.

die Vermittlung meiner Cousine wohnte die Familie seit Mitte Oktober bei uns im Haus, bis sie Anfang Dezember 1989 in eine geräumige Altbauwohnung zog. Arbeit in ihrem Arztberuf hatten beide schon vorher gefunden.

In jenen Tagen und Wochen sorgten die Nachrichten über die sich überstürzenden Ereignisse in der DDR reichlich für Gesprächsstoff. Aber wohl keiner in meiner deutsch-deutschen Geburtstagsrunde hielt es für möglich, daß die DDR kurz vor dem politischen Aus stand. Am frühen Abend des 9. November war ich mit einer Hausarbeit beschäftigt, während die übrigen Familienmitglieder noch unterwegs waren. Fernseher und Radio waren ausgeschaltet, in unseren Räumen herrschte friedliche Stille. Plötzlich kam Herr Dr. H. aufgeregt die Treppe heruntergerannt. Ob ich denn nicht mitbekommen hätte, was gerade in Berlin geschehe?

Ich drückte auf den Fernsehknopf und sah, wie Abertausende Menschen friedlich die Mauer besetzt hielten. Noch am selben Abend geschah das Unglaubliche. Menschenmassen strömten in den westlichen Teil Berlins, ohne aufgehalten zu werden. Die Mauer war durchbrochen! Beim Anblick dieser Bilder blieb ich zunächst stumm. Unser Gast mußte gedacht haben: „Freut die sich denn gar nicht?" Ich wagte einfach nicht zu glauben, daß das Ganze gutgehen, daß es kein Blutvergießen geben werde. Bange Gedanken schossen mir durch den Kopf. Ich befürchtete immer noch, es könnten Panzer anrollen, auf die Menschen könnte geschossen werden, und die Mauer würde sich wieder schließen. Erst allmählich begriff ich, was vor sich ging. Die Menschen hatten es durch ihre friedlichen Demonstrationen tatsächlich geschafft, daß sich die Gefängnistore öffneten, und zwar nicht nur für einen Augenblick, sondern für immer.

Und wie ging das Leben meiner Geburtstagsgäste weiter? Meine Cousine und ihr Mann blieben zunächst in Cuxhaven und bauten sich eine neue Existenz auf. Das Ehepaar Dr. H. erhielt in Schwerin sein Haus zurück. Es trennte sich. Er ging als Arzt nach Hamburg, sie als Ärztin nach Bremen.

Renate und Ekkehard leben in einem schönen, ererbten Haus bei Waldheim in Sachsen, in der Nähe von Renates Eltern. Finanziell haben sie keine Sorgen. Renate hat ihren Beruf als Lehrerin aufgegeben, Ekkehard konnte bis zu einer Erkrankung in seiner Firma bleiben. Allen gemeinsam ist die Reiselust. Sie nutzen die neu gewonnene Freiheit. Renate und Ekkehard zeigten ihren beiden Töchtern zunächst Cuxhaven und die Nordsee, danach ging es in den Süden und zum Skifahren in die Alpen. Und was sich Renate als Englischlehrerin zu DDR-Zeiten sehnlichst gewünscht hatte, ging jetzt auch in Erfüllung: Sie lernte London kennen.

(Weitere ZEITGUT-Beiträge dieser Autorin sind am Buchende vermerkt.)

[Herzberg/Harz – Walkenried – Ellrich, Thüringen,
damals DDR – Nüxei-Mackenrode;
11. November – Dezember 1989]

Rudolf Zietz

Sie kommen, sie kommen!

Es war Sonnabend, der 11. November 1989. Ich arbeitete
beim Zoll und hatte Frühdienst auf dem Bahnhof Herzberg.
Gleich nach Beginn um 5 Uhr schaltete ich das Radio ein
und hörte von Ansammlungen riesiger Menschenmassen auf
den DDR-Grenzbahnhöfen, so auch in Nordhausen und Ellrich. Ich meldete das telefonisch der nächsthöheren Dienststelle sowie dem Dienststellenleiter. „Abwarten" war überall die Parole. Ich arbeitete an diesem Tag bis 13 Uhr.
   Immer wieder gab es im Radio Meldungen von Öffnungen
an der Mauer. Es wurde Abend, im Herzberger „Welfenhof"
feierten die Schützen ihren „Ochsenball"; in Ellrich, so hieß
es, wäre im „Lindenhof" Fasching. Es hielt mich nicht zu Hause, mit meinem Sohn Magnus fuhr ich nach Walkenried zum
Grenzübergang „Rotbuche". Der Bundesgrenzschutz und der
Zoll waren hier und hielten die etwa hundert Menschen auf
Distanz zum Grenzverlauf, Spannung lag in der Luft!
   Es war schon dunkel; jenseits der Grenze, in Ellrich, jedoch
„verdammt hell". Die DDR-Grenzer hinter dem Zaun waren
erkennbar, hin und wieder ein Motorrad oder ein anderes Fahrzeug der Grenztruppen, ohne Beleuchtung. Ich werde es nie
vergessen, plötzlich ein Aufschrei: „Sie kommen, sie kommen!"
   Erst langsam, dann schnelleren Schrittes näherten sich einzelne Gruppen, vorneweg Kinder und Jugendliche, dann wurden es von Ellrich her immer mehr. Als die erste Gruppe den

Metallgitterzaun erreicht hatte, gab es auf unserer Seite kein Halten mehr. Bundesgrenzschutz und Zoll machten das einzig Richtige, sie ließen die Menschen laufen, und in Sekunden hingen Menschentrauben am Zaun auf beiden Seiten, in wenigen Minuten war das erste Feld des Zaunes eingerissen. Ich war dabei und holte mir, wie viele, blutige Hände. Was dann geschah, ist nicht zu beschreiben: Wildfremde Menschen lagen sich in den Armen, viele Tränen wurden vergossen. Verschämt standen die DDR-Grenzsoldaten dazwischen, nicht begreifend, was da geschah. Für viele Menschen wurde es eine lange Nacht, in Ellrich, Walkenried und vielen umliegenden Grenzorten. Die trennende Grenze war offen! Wie würde es weitergehen?

Spät in der Nacht war ich wieder zu Hause, keine Ruhe findend. Die Grenzen im übrigen Harzgebiet waren noch nicht geöffnet und wurden wie bisher bewacht.

Am frühen Sonntagmorgen des 12. November 1989 fuhr ich mit dem Sohn wieder nach Walkenried, die „Rotbuche" war noch geöffnet, die Straße nach Zorge für den Fahrzeugverkehr gesperrt; nur Trabis und riesige Menschenmassen bewegten sich langsam auf dem Asphalt vorwärts – und eine Freude herrschte, wie ich sie noch nie erlebt hatte! Die Straße Zorge – Ellrich war gerade geöffnet worden. Man kann nicht beschreiben, wie es hier zuging: Freude und Tränen und Hupkonzerte nicht endender Trabant-Kolonnen – und die DDR-Grenzsoldaten mit Blumen in den Händen statt der gefürchteten Kalaschnikow! Wir konnten es noch nicht glauben: War die furchtbare Zeit der gewaltsamen Trennung wirklich zu Ende?

Plötzlich kreiste ein Hubschrauber der NVA über uns, dröhnend immer wieder seine Kreise ziehend. Sicherlich hatte er über die Lage im sogenannten Sperrgebiet zu melden.

Die Grenze blieb offen, es kam auch in der folgenden Zeit zu keinen Zwischenfällen, man blieb besonnen. Tage darauf wurden überall in West und Ost Kontrollpunkte eingerichtet, über deren Sinn wurde allgemein gelächelt, es war nur eine

kurze Zeit der Kontrollen, bis auch sie nach wenigen Tagen
abgeschafft wurden.

Am Sonntag, dem 12. November 1989, fuhr ich weiter, von
der Ellricher Straße über Zorge und Hohegeiß entlang der B 4
zum „Jägerfleck". Als DDR-Grenzsoldaten hier um 16 Uhr
den Zaun öffneten, dauerte es nicht lange, bis sich die Grenzer der Kompanie Rotheshütte von der östlichen Seite mit
Angehörigen des Bundesgrenzschutzes und des Zolls von der
westlichen Seite vermischt hatten und das Geschehen um sie
herum mit Freude und Staunen beobachteten. Um 16.30 Uhr
erlebte ich auch an der Elender Straße die Grenzöffnung mit,
um 18 Uhr konnte ich am Zaun Nüxei-Mackenrode ebenfalls dabei sein. Warum am Sonntagmorgen der Zaun zwischen Neuhof und Klettenberg nicht geöffnet wurde, ent-

*Es gibt keine Grenze mehr! Wie hier, in Hohegeiß im Harz, finden auf
Kolonnenwegen, Wachtürmen, auf ehemaligem absolutem Sperrgebiet re-
gelrechte Volksfeste statt, Jubel und Freude ohne Ende. Die Absperrung
hat ein Ende, dennoch immer wieder die Frage: Was haben Deutsche Deutschen angetan?*

*Mein Sohn Magnus
winkt mir zu.
Im Januar 1990
war der Wachturm
bei Brochthausen,
nahe Duderstadt,
nicht mehr mit
Schützen besetzt,
erstmals konnten
ihn freie Bürger
betreten.*

zieht sich meiner Kenntnis. Als ich hier am Sonntag um
11 Uhr vorbeifuhr, lagen drüben die Grenzer noch in Stellung, auf westlicher Seite warteten die Feuerwehr Neuhof
und viele Menschen auf die Öffnung, die erst später erfolgt.
Am Montag, dem 13. November 1989, wurde offiziell der
Schießbefehl aufgehoben, ebenso die Abgrenzungen der DDR-
Sperrzonen.

Die ersten Personenzüge liefen in Herzberg ein, zum Bersten gefüllt. Auf den Bahnhöfen die Einreisenden zu zählen,
war nicht möglich. Es war bitterkalt, die Menschen waren
seit früher Stunde auf den Beinen. Sogar aus dem Großraum
Leipzig trafen sie in Herzberg ein, mit Kleinstkindern und

Den ehemaligen Eisenbahn-Grenzbahnhof Ellrich durften nach intensiven Kontrollen durch Grenztruppen und Staatssicherheit nur Güterzüge passieren. Hinter dem DDR-Tor ist die Überwachungsbrücke für die NVA-Grenzposten mit Blick auf die BRD und das gesamte Bahnhofsgelände zu sehen. Es war absolutes Sperrgebiet. Heute rollen hier wieder Personenzüge ungehindert von Thüringen nach Niedersachsen.

Die Grenze ist offen. Seit dem 12. November 1989 verkehren erstmals wieder Personenzüge der Südharzbahn auf der Strecke zwischen Northeim und Nordhausen über Herzberg, Walkenried und Ellrich. Riesige Menschenmengen reisten vorwiegend von Ost nach West, hier, auf dem Grenzbahnhof meiner Heimatstadt Herzberg am Harz, zurück auf dem Weg nach Mitteldeutschland.

Greisen. Doch unzählige hilfreiche Menschen, Feuerwehren, Parteien und das DRK halfen, wo sie konnten, mit warmen Speisen, zusätzlicher Kleidung, sogar mit Spielzeug.

Langsam konnten wir uns auf die neuen Verhältnisse einstellen. Der Zoll begleitete die Reisenden vom 24. November an zwischen Herzberg und Walkenried in beiden Richtungen. An diesem Tag zählten wir 2775 Einreisende und 2841 Ausreisende. Am 15. Dezember zählten wir in Herzberg 1822 Einreisende und 1821 Ausreisende, am 16. Dezember wurde auch die Grenze nach Zwinge geöffnet.

Aus: Rudolf Zietz, „Erlebnisse an der Grenze", Hrsg, Harzklub-Zweigverein Pöhlde, Mecke Druck und Verlag Duderstadt 2003.

[Celle/Aller – Gifhorn – Bodenteich – Soltendiek, Niedersachsen – Grenzübergang Bergen/Dumme –
bei Gardelegen, Altmark, damals DDR
10. November 1989]

Hans Werner Krafft

Der Tag, an dem Helga hupte

Helga verabscheute alles Laute zutiefst; Schrilles, Lärmen-
des war ihr zuwider, sie haßte gellende Autohupen und dröh-
nende Lautsprecher, sie empfand Geringschätzung für Leute, die glaubten, ihre abendliche Ankunft bei Freunden oder
ihren Abschied durch Druck auf die Hupe ihres Autos unter-
streichen zu müssen. Nahm ihr ein anderer Autofahrer die
Vorfahrt, bremste sie ohne empörtes Hupen, und auf stillem
Fahrweg rollte sie hinter dem Pferdefuhrwerk, den Spazier-
gängern her, ohne das Signalhorn zu nutzen, solange, bis sich
ganz von selbst Gelegenheit zum Vorbeifahren bot. Saß ich
in einer solchen Situation als Beifahrer neben ihr und deutete auf den Hupenring am Lenkrad, schaute sie mich an
mit jenem vertrauten Lächeln, das ihr Gesicht noch interessanter und anziehender machte, gerade so, als wollte sie sagen: „Du weißt doch!" – Und natürlich hupte sie nicht.
  Helga war keineswegs allergisch gegen Geräusch und Ge-
dröhn. Sie schlenderte stundenlang mit den Kindern über
den Kirmesplatz oder Pferdemarkt. Auch für sie gehörten
Musik und Verkäufergeschrei zum Jahrmarkt wie Holzkoh-
lenglut zum Würstchengrill. Aber lärmende Rücksichtslo-
sigkeit haßte sie, eben weil sie selbst stets bemüht war, laute
Geräusche zu vermeiden. Sie schätzte Mozart und seine
Musik und hatte auch in der Küche ein kleines Radio. Sie
zählte keineswegs zu den spießigen, sauertöpfischen Mauer-

blümchen-Typen, die sich die Ohren zuhalten beim sonoren
Röhren betagter Achtzylinder-V-Maschine auf dem Oldtimer-
Parcours, den sie unserem Ältesten und mir zuliebe alljähr-
lich gern mit besuchte.

Helga war wendig im Auftreten, schick und schlank trotz
unserer drei Kinder. Sie trug am liebsten edle Jeans und besaß in jenen Jahren wohl ein halbes Dutzend gut geschnitte-
ner Blazer, die zu den Hosen paßten. Radlerhosen aber, Ho-
senröcke oder ähnliche Scheußlichkeiten, nein, die fanden
sich nie in ihren Schränken.

Oft und gern erzählte sie von der verlorenen Heimat, von
Gardelegen in der Altmark und den Dörfern ringsum, von
lieben Menschen jenseits jener Grenze der Willkür, die sich
quer durch Deutschland zog. Zu Beginn der fünfziger Jahre
waren ihre Eltern mit ihr und ihrem kleinen Bruder aus der
Sowjetzone – so sagte man seinerzeit – über die grüne Grenze in den Westen geflüchtet. Eher ein Abenteuer als lebens-
bedrohendes Unterfangen in jener Zeit, gab es doch noch keinen Zaun, keine Minen oder scharfe Hunde. Wie damals üblich, war die Familie in einen kleinen grenznahen Ort ge-
reist, hatte sich im Gasthof einquartiert, ein wenig umge-
hört und bald jemanden gefunden, der für eine Schinkensei-
te und ein wenig Geräuchertes Flüchtlinge bei Nacht und
Nebel über Feldwege und Raine unmittelbar an die innerdeutsche Grenze führte. Auf westdeutschem Gebiet patrouil-
lierte dann der Grenzschutz, der die Flüchtlinge aufsammelte
und in ein Lager brachte.

Wenig später fand die Familie eine Bleibe in Westdeutschland. Wir lernten einander kennen und heirateten. Die Kinder kamen. Wir waren eine glückliche Familie – doch Helgas
Heimweh blieb.

Ein barbarischer Zaun trennte nun West von Ost. Eine
Reise aus Westdeutschland in die DDR mit dem PKW war
nicht möglich, die Fahrt mit dem Interzonenzug glich einer
Beförderung im Gefangenentransporter.

Doch die Zeit verging. Reisen in die DDR wurden erleichtert. Wir lebten damals im Landkreis Celle, einem „grenznahen Gebiet", wie es im DDR-Jargon hieß, und durften mit einem von den DDR-Behörden nach Wochen genehmigtem Antrag sechsmal im Vierteljahr mit dem Auto in einen genau umschriebenen grenznahen Bereich der Deutschen Demokratischen Republik reisen.

Und wir reisten! Helga kaufte Apfelsinen und Bananen, Perlonstrümpfe und Kinderkleidung für die Verwandten, mehr als die Haushaltskasse erlaubte. Wir lernten an der Grenzkontrolle unglaublich schikanöse, aber auch augenzwinkernde Grenzer kennen. Wir fuhren von Celle über Gifhorn und Bodenteich, Soltendiek und die B 71, reinen Gewissens und trotzdem voller Angst zum Grenzübergang Bergen/Dumme, ließen uns und unser Auto halbstundenlang filzen und rollten schließlich über Salzwedel in Helgas Heimatstadt Gardelegen. Nach der Grenzkontrolle übernahm Helga das Lenkrad. Sie liebte die Fahrt über vertraute Dörfer, winkte dem einen oder anderem fröhlich zu – doch sie hupte nie.

Und endlich, 1989, wurde alles anders. Erklärte Erich Honecker am 22. Januar auch, daß die Berliner Mauer in hundert Jahren noch stehen werde, rechtfertigte Egon Krenz im Juni noch das furchtbare Massaker von Peking, so kommt es im September 1989 doch schon regelmäßig zu den Montagsgebeten in Leipzig. Im Oktober demonstrieren Hunderttausende in den Großstädten der DDR gegen das Unrechtssystem. Und am Freitag, den 9. November, gegen 19 Uhr, gibt das SED-Politbüromitglied Schabowski die Öffnung der Grenzen zur Bundesrepublik bekannt.

Und dann kam der 10. November 1989. Das war der Tag, an dem Helga hupte! Es war ein sonniger Samstag. Ich arbeitete im Garten. Helga stürzte plötzlich aus der Küche, das kleine Radio in der Hand. Von endlosen Trabbi- und Wartburg-Schlangen berichtete der Sprecher enthusiastisch, von

10. November 1989: Trabbi- und Wartburg-Schlangen kamen uns an den geöffneten Grenzüberängen zur Bundesrepublik entgegen. Auf der Rückfahrt nach Celle standen wir selbst mittendrin.

Autofahrern von „drüben", die die offenen Grenzen begeistert nutzten und – qualmende, blaue Zweitaktfahnen hinter sich lassend – in den Westen strömten, die grenznahen Straßen geradezu überflutend.

Wir packten ein paar Sachen auf die Rückbank und fuhren los, Richtung Grenze. Auf den kleinen Kreisstraßen schon im Bereich Bodenteich – Soltendiek begegneten wir den Trabbis, deren Fahrerinnen oder Fahrer aus geöffneten Fenstern fröhlich winkten und hupten, hupten, hupten. Helga rollte im kleinen Gang dahin, die Scheibe geöffnet, winkte mit der Linken und machte, ja, sie machte tatsächlich freudestrahlend mit beim Hupkonzert.

Auf der Bundesstraße, im Raum Suhlendorf, staute sich der Trabbi- und Wartburg-Lindwurm, auch hier glückliches Winken, munteres Hupen. Und Helga hupte mit. Nein, nicht im Dauerton, vielmehr, ihrer Art entsprechend, mit links einem Trabbi-Fahrer zuwinkend, mit der Rechten kurz, zweimal, hupend: „Tüt, tüt!"

Wir fuhren durch die Grenzkontrolle Bergen/Dumme, jenen Ort schlimmer Erinnerungen, die nun, grau und häßlich, verlassen dalag. Der vielen Autos wegen waren die Gebäude, die mit fröhlichen, winkenden, hupend grüßenden Menschen besetzt waren, kaum zu sehen. Und Helga grüßte zurück, immer wieder, winkend und zweimal hupend. „Tüt, tüt!"

Ein paar Tränen rannen über ihr Gesicht, ich reichte ihr ein Taschentuch. Wir rollten durch Helgas Heimat, fröhlich, glücklich. Irgendwann, als es Abend wurde, wendeten wir und reihten uns in die Schlange der westwärts fahrenden DDR-Autos ein. Spät erst in der Nacht kamen wir zurück, müde, begeistert und dankbar.

Einige Male fuhren wir noch in jenes Land, das sich über Jahre DDR genannt hatte. Dann kam die schwere Krankheit, der Krebs, und Helga konnte nicht mehr reisen.

[Leipzig, Sachsen, damals DDR – West-Berlin;
November 1989]

Irene Lorek

Auf nach West-Berlin!

Unser Entschluß stand fest: Auf nach West-Berlin, um wie
so viele, nach dem Mauerfall die 100 DM Begrüßungsgeld,
die sich jeder Ostbürger bei Vorlage seines Ausweises abholen konnte, in Empfang zu nehmen.

Nachdem wir Fahrkarten in Richtung Berlin erworben
hatten, informierten wir uns, wann und wo es losgehen sollte. Abfahrt: 3.10 Uhr. Treffpunkt: 24 Uhr am Leipziger
Hauptbahnhof. Wir waren neun, aber nur vier von uns schafften es, in den übervollen Zug zu gelangen: mein Sohn, zwei
Freunde und ich. Die normale Fahrzeit betrug 90 Minuten.

In Halle war der erste längere Aufenthalt, dort wurden
wir auf ein Abstellgleis geschoben. Keiner wußte, wann es
weitergehen würde. Noch hatten wir unseren Humor, wir
saßen im Warmen. Nach einer Stunde kam der Schaffner
und eröffnete uns, daß wir umsteigen müßten. Eine Abfahrts-
zeit konnte er uns jedoch nicht nennen. Also warten. Dann
das Signal: „Der einfahrende Zug geht nach Berlin!"

Nur wenige Waggons – und der Bahnsteig voller Menschen!
Der Kampf um die Sitzplätze begann, egal, dann stehen wir
eben, Hauptsache, wir kommen mit. Auch jetzt hatten wir
Glück und ergatterten vier Sitzgelegenheiten, nachdem ich
zweimal im Gedränge gestürzt war. Immerhin saß ich. Aber
nicht lange. Der Zug fuhr doch nicht nach Berlin! Also, nichts
wie raus!

Der vorgesehene Zug stand außerhalb des Bahnhofes. Alle Plätze waren belegt, die Gänge voll. Die Türen wurden von innen zugehalten. Viele versuchten, durch die Fenster zu klettern, da Familienmitglieder oder Freunde bereits im Zug waren. So etwas hatten wir noch nie erlebt. Wahnsinn!

Kurz vor der Abfahrt gelangten wir wie durch ein Wunder in den Postwagen. Er war unbeheizt, die Leute hielten sich an den Wänden fest. Auf der gegenüberliegenden Seite erspähten wir die Schaffnerloge. Keiner der Mitfahrenden traute sich, sie zu belegen. Wir schon. Rein und Türe zu. Zwei klappbare Sitze und schön warm. Was wollten wir mehr?

Wir Frauen saßen auf den Klappsitzen, die Männer unten auf den Taschen. Die Taschen lagen so, daß die Tür von außen nicht aufgedrückt werden konnte. Der Zug fuhr los.

Dann endlich, nach insgesamt acht Stunden, in denen wir immer wieder auf offener Strecke standen, waren wir am Ziel. Geschafft, aber glücklich stürzten wir in West-Berlin von Geschäft zu Geschäft. Wir wußten nicht, wo wir zuerst hinschauen sollten, so überwältigend war alles!

Ein solches Warenangebot kannten wir nur aus dem Westfernsehen. Unsere 100 DM Begrüßungsgeld blieben unangetastet. Wir waren stolz, sie noch im Portemonnaie zu haben.

Gegen 19 Uhr sollte ein Zug nach Leipzig fahren. Auf dem Bahnsteig war kaum noch eine freie Stelle, überall Taschen, Kartons, Beutel und Plastiktüten. Erschöpfte, aber zufriedene Gesichter. Da wir kein Gepäck hatten, gelang es uns ohne Mühe, in den Waggon zu kommen. Die Deckenbeleuchtung war defekt, aber das störte uns nicht. Ein junger Mann mit einem Kind auf dem Arm saß auf seinem Gepäck. Es schlief.

Überglücklich, endlich einmal das Gefühl von grenzenloser Freiheit verspürt zu haben, erreichten wir gegen Mitternacht Leipzig.

[Liederbach, im Taunus – Berlin;
November 1989]

Marianne Doerfel

Ein Berliner Souvenir

Die erste noch etwas unbestimmte Nachricht von der Öffnung
der Mauer hatte ich im Auto auf dem Rückweg aus dem Sau-
erland nach Liederbach gehört. Es war der 9. November 1989,
gegen 19 Uhr. Zunächst wußte ich nicht, was ich davon halten
sollte, und überlegte unsicher, ob vielleicht ein weiterer Grenzübergang gemeint sei oder mehr Reiseerleichterungen. In Liederbach angekommen, schaltete ich sofort das Radio ein – zwei
verschiedene Sender in zwei Radioapparaten. Dann rief ich
bei Penny an, meiner amerikanischen Nachbarin von gegenüber. Sie war eine attraktive, zierliche junge Frau, die auch
bei kühlem Wetter gern barfuß über die Straße lief; mal um
mich zu besuchen, mal für einen Plausch mit Passanten. Ihr
Mann gehörte zum Bodenpersonal des Flughafens Hahn, der
die zweitgrößte US-Luftwaffenbasis in der Bundesrepublik
Deutschland war. War ihr Mann nicht daheim, kam sie besonders gern zu mir, um Neuigkeiten auszutauschen. Manchmal
brachte sie auch ihre drei Jungen mit. Die Kinder, guterzoge-
ne Bürschchen zwischen sieben und elf Jahren, sollten, so erklärte Penny mir, etwas lernen über Deutschland. Sie selbst
allerdings kannte das Land, in dem sie seit drei Jahren lebte,
keineswegs gut.

Von meinen Besuchen in der DDR und Berlin hatte ich
Penny oft erzählt. Sie hörte dann aufmerksam zu, sah mich
aber meist zweifelnd an – für sie begann der unheimliche,

kommunistische Osten gleich hinter der deutsch-deutschen
Grenze. Das war der Feind, und sie befand sich hier sozusagen schon fast an der Front. Mehr als einmal hatte ich ihr
zugeredet, mit mir gemeinsam nach Berlin zu fahren, und
zuweilen schien sie nicht abgeneigt. Aber ich wußte nicht,
daß für die Angehörigen der Streitkräfte strenge Bestimmungen galten, wenn es um Reisen durch die DDR ging.
Sie durften nur die Autobahn Helmstedt – Berlin benutzen, wie es die Vereinbarungen mit den einst verbündeten
Russen vorsahen. Eine private touristische Besuchsreise
war völlig ausgeschlossen. Aber das erfuhr ich erst später;
Penny hatte stets nur kurz gesagt, nein, sie könne nicht
nach Berlin reisen.

Als ich von den Demonstrationen in Berlin, den Strömen
von Menschen berichtete, die über die Prager Botschaft fliehen wollten, schwieg sie unsicher.

„Sind denn nicht alle Kommunisten?", fragte sie schüch-
tern. Ihre Kenntnisse der politischen Situation bezog sie aus
der Armeezeitung „Stars and Stripes" und dem amerikanischen Fernsehen. Am 8. November 1989 hatten die „Stars
and Stripes" auf der ersten Seite berichtet, die Regierung
der DDR sei zurückgetreten und eine neue Regierung habe
der   Bevölkerung   mehr   Reisefreiheit   zugestanden.
750 000 Menschen hätten an Demonstrationen teilgenommen, allein in Leipzig sei es eine halbe Million gewesen. Die
Meldung enthielt zwar alle wichtigen Fakten, doch ein Kom-
mentar fehlte. Im ganzen Blatt fand sich keine weitere Nachricht über Deutschland oder die DDR.

Penny hätte freilich weder Leipzig noch Prag oder Warschau einem Land zuordnen können. Sie war mit 15 Jahren
der Schule in Kalifornien immer häufiger ferngeblieben und
schließlich von zu Hause weggelaufen. Anlaß waren die zer-
rütteten Familienverhältnisse gewesen. Nun versuchte sie,
einiges nachzuholen, wenn sie bei ihren Jungen die Haus-
aufgaben kontrollierte. Der Umzug vom Flughafen Hahn,

1952 hatte die Luftwaffe der USA den von der französischen Besatzungs-macht gebauten Militärflughafen im Hunsrück übernommen. Hahn Air Base war die siebtgrößte US-Luftwaffenbasis in Europa und die zweitgrößte in Deutschland. Das Wohngebiet des amerikanischen Militärs bestand aus 672 Wohnungen in einer Größe von 60 bis 155 Quadratmetern in 43 Ge-bäuden. Dort hatte meine amerikanische Freundin Penny relativ abge-schottet gelebt, bevor sie nach Liederbach zog. Ihr Mann gehörte zum Bo-denpersonal des Flughafens. Der Mauerfall hat auch ihr Leben verändert. Seit 1993 ist der Flughafen Frankfurt-Hahn ein internationaler ziviler Flug-hafen in Rheinland-Pfalz.

wo sie im ersten Jahr gewohnt hatte, nach Liederbach war ein kleiner Schritt zu mehr Selbständigkeit gewesen, heraus aus dem militärischen Ghetto. Eine weitere Erkundung der Umgebung traute sie sich nicht zu, nahm aber dankbar alles auf, was ich ihr an geschichtlichen Kenntnissen zu vermitteln suchte.

Als ich sie an diesem 9. November abends anrief, saß Penny vor dem Fernseher und wollte noch während unseres Gesprächs von ihrem Mann wissen, ob sie denn nicht nach Berlin fahren könnten, um mir gleich darauf mitzuteilen, es sei allen Angehörigen der Streitkräfte dringend nahegelegt worden, keine Reise dorthin zu unternehmen.

Am nächsten Tag erschien sie bei mir mit ihrer Freundin Felicia. Mein Radio dröhnte durch das Haus, die beiden Frauen blickten verwirrt auf das Chaos in meinem Wohnzimmer. Keine von beiden hatte Deutsch gelernt. Ich übersetzte die Meldungen, hörte aber die ganze Zeit aufgeregt die Kommentare und unterbrach meine Übersetzertätigkeit immer wieder. Felicia war etwas älter als Penny und hatte keine Kinder. Deutschland interessierte sie wenig; ihr war es egal, wo sie oder vielmehr ihr Mann gerade stationiert war. Sie lebte in einer Wohnung auf dem Hahn und ihre Welt endete an den Grenzen der Air Base. Die Öffnung der Mauer mochte für die Deutschen wichtig sein, aber warum sollte das eine Amerikanerin berühren?

Meine Euphorie war ihr unverständlich, sie begann sich zu langweilen. Penny versuchte zu erklären, was es bedeutete, im eigenen Land eingesperrt zu sein, in einer geteilten Stadt zu leben, Verwandte nicht besuchen zu dürfen, auf Bananen und Apfelsinen verzichten zu müssen – vergeblich. Felicia hörte nur halb hin und so brachen beide bald auf.

Eine Viertelstunde später waren sie wieder da. Penny hatte der Freundin offenbar klargemacht, daß der Kalte Krieg jetzt vielleicht eine Wende erfuhr und damit letztlich auch die USA betreffen könnte. Dennoch konnten sich beide keine rechte Meinung bilden.

„Wir sind hier, um den Einmarsch der Russen zu verhindern, das hat man uns vor der Ausreise aus den USA gesagt", so erklärte mir Penny, „glauben Sie denn, daß es jetzt Krieg gibt?"
Zwischendurch lachte sie über die Aussagen von Krenzman – Egon Krenz – es ging einfach alles über ihren Kopf. Dennoch verfehlten die Bilder im amerikanischen Fernsehen und in den „Stars and Stripes" ihre Wirkung nicht. Penny brachte mir Ausgaben der Zeitung, die jetzt auf mehreren Seiten über den Jubel der Deutschen in Berlin berichtete. Sie standen auf der Mauer, schlugen bereits Stücke davon herunter; endlose Wagenkolonnen stauten sich auf den Straßen, und auch die in Berlin stationierten Amerikaner fanden alle Straßen blockiert.

Wenige Tage später mußte ich zu einem Termin nach Lüneburg. Auf der Rückreise wollte ich Berlin besuchen, vor allem meine Ost-Berliner Freundin und ihre Familie zu den Ereignissen befragen. Noch einmal ein Vorschlag an Penny: Wir könnten uns in Berlin treffen, sie brauchte doch jetzt wirklich keine Angst mehr zu haben. Gemeinsam könnten wir die Mauer von beiden Seiten besichtigen – das sei doch jetzt eine einmalige Chance. Sie überlegte, wollte sich erkundigen. Das Ergebnis war, wie nicht anders zu erwarten, negativ.
Am Tag vor meiner Abreise erschien Penny noch einmal bei mir, fragte nach diesem und jenem und kam schließlich mit ihrem Anliegen heraus: „Können Sie mir ein Stück von der Mauer mitbringen? Das wäre toll, ich möchte auch etwas für meine Kinder haben, das ich dann mitnehmen kann nach Amerika. Ich kenne sonst niemand, der nach Berlin fährt, und ich will auch gern etwas bezahlen!"
Ein Stück von der Mauer? Ich dachte an zentnerschwere Brocken. Wie sollte man die in ein Auto laden?
Aber ich versprach, einen Versuch zu unternehmen.

In Berlin, das ich nur als Insel kannte, überstürzten sich die Eindrücke. Das Brandenburger Tor, nicht mehr verbarrikadiert – es schien immer noch unfaßbar! Bei jedem Trabbi auf dem Kurfürstendamm ertappte ich mich bei dem Gedanken: „Wie kommt der denn hierher?"

Zeitungsstände im Ostsektor mit Westzeitungen, bunte, westliche Reklameplakate, das mußte alles verarbeitet werden. Erst als ich in der Nähe des Potsdamer Platzes an der Mauer herumschlenderte, fiel mir Pennys Wunsch wieder ein. Angesichts der eifrig hämmernden Mauerspechte, die jeder schon ein kleines Territorium besetzt hielten, stand ich etwas hilflos vor den zahllosen Löchern und herumliegenden Mauerstücken. Es war wie bei den Goldgräbern, jeder hatte seinen Claim schon abgesteckt. Ich hatte keinen Hammer,

Im Spätherbst 1989 fuhr ich nach Berlin und beobachtete die eifrig hämmernden „Mauerspechte" beim Herausschlagen von Mauerstücken.

nicht einmal ein kräftiges Messer bei mir. Ob man es mit dem Autoschlüssel versuchen konnte? Aber außer ein paar Kratzern in der obersten Mörtelschicht erreichte ich nichts. Einige der Abbruchspezialisten verkauften bereits ihre Ware. Fünf Mark, zehn Mark und mehr, wenn Bemalung zu sehen war. Aber solche Stücke waren schon selten. Eine Weile sah ich einem Mann zu, der zielsicher mit Hammer und Meißel Brocken aus der Mauer schlug und sorgfältig beiseite legte. Plötzlich blickte er auf, lachte mich freundlich an und fragte: „Wollen Sie ein Stück haben? Hier, das können Sie mitnehmen und das hier auch, das ist sogar bemalt."

Auch von dem, was schon auf der Erde lag, durfte ich noch einiges aufsammeln. Ich stopfte eine Handvoll größerer und kleinerer Bruchstücke in meine Handtasche.

Zurück in Liederbach, rief ich Penny an. Sie kam sofort, bewaffnet mit ihrem Kaffeebecher. Auf dem Tisch im Wohnzimmer lag meine kleine Sammlung. Penny schrie begeistert auf: „Oh, pieces from the Wall!"

Fast ehrfürchtig nahm sie ein Stück in die Hand. Ich erzählte von Berlin, den Montagsandachten in der überfüllten Gethsemane-Kirche. Aber Penny hörte nur mit einem Ohr zu, blickte nur auf die Sammlung. Die Mörtelbrocken waren in ihren Augen fast so wertvoll wie eine Reliquie. Jeder wurde einzeln begutachtet, gedreht und gewendet, vorsichtig wieder hingelegt. Als ich ihr dann einige Stücke gab, darunter auch das bemalte, kannte ihre Freude keine Grenzen.

„Ist das wirklich für mich? Wollen Sie das nicht selbst behalten? Wollen Sie sich davon wirklich trennen?", fragte sie immer wieder.

Sie plante sofort eine dem Wert des Gegenstands angemessene Einfassung. Ihr Mann war geschickt in handwerklichen Dingen, er sollte einen schönen Holzständer aus Messing anfertigen, mit einer Halterung für den Mauerbrocken. Vielleicht würde sie auch noch irgendwo eine Glasglocke finden, die man zum Schutz darauf setzen konnte – und dann sollte das schönste Stück seinen Platz in ihrem Wohnzimmer finden. Wie würde sich ihre Familie zu Hause wundern, würden ihre Freunde sie beneiden!

Sie hatte den Mauerfall miterlebt durch mich, einer Augenzeugin der Aufbruchstimmung in Berlin, und hatte selbst ein Stück von der Mauer geschenkt bekommen – das war die schönste Erinnerung an ihre Zeit in Deutschland, die sie sich überhaupt denken konnte. Die drei Söhne wurden geholt, um die Schätze zu bewundern.

„Aber nicht anfassen!", mahnte Penny streng, „das sind sehr wertvolle Andenken, die es schon bald überhaupt nicht mehr geben wird. Und wir dürfen einige mitnehmen, die ich für euch aufheben werde, damit ihr später sagen könnt, ihr seid dabeigewesen, als die Mauer fiel!"

Eifrig erklärte sie den Jungen den Mauerbau, die Bedrohung der ganzen Welt durch die Kommunisten, die Rolle der USA als Schutzmacht der freien Welt und die Bedeutung der US Air Force bei der Verteidigung Berlins. Die Jungen hörten aufmerksam zu, versuchten, zwischen den Mörtelbrokken und den Worten der Mutter eine Verbindung zu finden.

„Können wir einen mitnehmen in die Schule?"

Die Mutter zögerte. Das mußte sie erst mit Daddy besprechen.

„Und was ist so ein Stück wert?", wollten die Jungen wissen.

„Mehr als ihr bezahlen könnt", erklärte Penny kurz und bündig, packte die geschenkten Brocken in Papier und trug sie vorsichtig hinüber in ihr Haus.

(Weitere ZEITGUT-Beiträge der Autorin sind am Buchende vermerkt.)

Berlin-Kreuzberg, Friedrichstraße/Ecke Zimmerstraße am 3. Juli 1990:
Jugendliche „Mauerspechte" sitzen unbekümmert auf der Mauer.
Die Souvenierjäger haben sie teilweise schon abgetragen.

Weitere Informationen unter www.zeitgut.de.

Verfasser

Beyerlein, Luise, geb. Herold   *S. 138*
geb. 1925 in Georgensmünd, lebt in Neustadt/Aisch, Bayern.
Beruf/Tätigkeiten: Lehrerin, im Ruhestand.
Bisherige Veröffentlichungen: „Jahrgang 1925", 1996; „Normalverbrau-
cher", 2000, beide Verlag Degener & Co., Neustadt/Aisch; „Grenzerfah-
rungen", im Eigenverlag 2009; Beitrag in ZEITGUT Band 11.

Bleeck, Iris, geb. Viereckl   *S. 125*
geb. 1944 in Wurzmes, Sudetenland,
lebt in Bornheim, Nordrhein-Westfalen.
Beruf/Tätigkeiten: Heilpraktikerin, freiberufliche Journalistin, im Ruhestand.
Bisherige Veröffentlichungen: „Botschaften der Seele", Econ Verlag, 1996;
„Harmonische Heilung", Fischer Verlag, Schweiz, 1996; „Karamellbonbons
für Engel! und „Altwerden ist nichts für Schlappschwänze", Mecklenburger Buchverlag, Neubrandenburg 2010.

Böttcher, Lothar   *S. 85*
geb. 1939 in Berlin, lebt in Soltau, Niedersachsen.
Beruf/Tätigkeiten: im Ruhestand.
Bisherige Veröffentlichungen: Gedichte in einer Anthologie, Reiseberichte
in verschiedenen Zeitungen und Zeitschriften; Beiträge in ZEITGUT
Band 2 und 19.

Doerfel, Dr. Marianne   *S. 144, 301*
geb. 1930 in Königsberg, Ostpreußen,
lebt in Dillendorf, Rheinland-Pfalz.
Beruf/Tätigkeiten: Politologin, Publizistin.

Bisherige Veröffentlichungen: Beiträge im PARLAMENT seit 1986-2003 (Politik, Geschichte); zahlreiche Veröffentlichungen zur Schulgeschichte, u.a. in: Geschichte in Wissenschaft und Unterricht, H7/1986; Nordost-Archiv, Lüneburg, H. 86/87, Jg. 20, 1987 und H. 93/1988; Vierteljahreshefte für Zeitgeschichte, H.3/1989; Handbuch der Geschichte des bayrischen Bildungswesens, 1. Bd., 1989/90; Beiträge in ZEITGUT Band 19.

Findeisen, Gudrun, geb. Reinke *S. 39, 91, 282*
geb. 1939 in Altjugelow, Kreis Stolp, Pommern,
lebt in Cuxhaven, Niedersachsen.
Beruf/Tätigkeiten: Lehrerin außer Dienst; Hausfrau.
Bisherige Veröffentlichungen: Beiträge in ZEITGUT Band 1, 6, 17 und in „Damals bei Oma und Opa".

Goldstein, Mario *S. 160, 191*
geb. 1969 in Oelsnitz, Vogtland, lebt in Oelsnitz, Sachsen.
Beruf/Tätigkeiten: Maurer, Skipper.
Bisherige Veröffentlichungen: „Der Freiträumer", Projekte Verlag, Halle/Saale 2005.

Kleebaum, Marga, geb. Offenhausen *S. 88*
geb. 1933 in Mühlhausen, Thüringen, verstorben 2004,
lebte zuletzt in Ahaus, Nordrhein-Westfalen.
Beruf/Tätigkeiten: Regierungsangestellte RP in Münster.

Köppen, Carmen Johanna, geb. Tilling *S. 134, 169*
geb. 1939 in Zwickau,
lebt in Waldshut-Tiengen, Baden-Württemberg.
Beruf/Tätigkeiten: Diplom-Medizinpädagogin.

Krafft, Hans Werner *S. 155, 294*
geb. 1933 in Bielefeld,
lebt in Schieder-Schwalenberg, Nordrhein-Westfalen.
Beruf/Tätigkeiten: Filialdirektor einer Versicherung, im Ruhestand.
Bisherige Veröffentlichungen: Viele Beiträge u.a. für Random House GmbH, St. Benno, Kaufmann, Lahr, Postet, Salzburg; Beiträge in „Unvergessene Weihnachten. Band 5", „Gegessen wird immer" und in „Damals bei Oma und Opa".

Lorek, Irene S. 299
geb. 1952 in Leipzig, lebt in Leipzig, Sachsen.
Beruf/Tätigkeiten: Herrenmaßschneiderin.

Pondorf, Irmgard, geb. Mickeleit S. 179
geb. 1932 in Berlin, lebt in Waldkraiburg, Bayern.
Beruf/Tätigkeiten: Fremdsprachensekretärin, im Ruhestand.
Bisherige Veröffentlichungen: Beiträge in ZEITGUT Band 19, 21, 22 und
in „Unvergessene Weihnachten. Band 1".

Priester, Helga S. 44
geb. 1936 in Dortmund,
lebt in Rostock, Mecklenburg-Vorpommern.
Beruf/Tätigkeiten: Medizinisch-technische Assistentin in der Universitäts-
Frauenklinik Rostock, leitende MTA; Malerin und Grafikerin.
Bisherige Veröffentlichungen: „Fluchtweg Bulgarien. 1963 – Dritter Versuch", Sammlung der Zeitzeugen, Zeitgut Verlag 2008. .

Reineke, Babette, geb. Dötschel S. 70
geb. 1932 in Görmar, Mühlhausen, Thüringen,
lebt in Hannover, Niedersachsen.
Beruf/Tätigkeiten: Erzieherin, Kranken- und Altenpflegerin, ehrenamtli-
che Moderatorin bei Radio FLORA, Referentin beim Seniorenservice Hannover.
Bisherige Veröffentlichungen: in Anthologien, Frieling Verlag, Berlin 1999
und Arnim Otto Verlag, Offenbach/Main 2001, 2002; Wilhelm Busch
Gymnasium, Stadthagen, 2000; AWO Kreisverband, Hannover 1997, 2003;
Beiträge in ZEITGUT Band 23, „Unvergessene Weihnachten. Band 3"
und in „Barfuß übers Stoppelfeld".

Schröder, Meinhard S. 210, 227
geb. 1943 in Schwerin, Mecklenburg, lebt in Berlin.
Beruf/Tätigkeiten: Studium der Theologie, Soziologie und Pädagogik,
Umschulung zum Informationselektroniker, Betriebsleiter im Ruhestand.
Bisherige Veröffentlichungen: „Frauen an den Herd!", 2006; „Drei Zimmer für Zwei", 2007; „Das Kamel in meinem Garten", 2008; „Nach Süden", 2009; „Taj Mahal und Currysauce", 2010; alle MyStory Verlag Berlin; Beiträge in ZEITGUT Band 19 und „Barfuß übers Stoppelfeld".

Strajtmann, Monika, geb. Dombrowsky   *S. 26*
geb. 1942 in Berlin,
lebt in Roxheim/Bad Kreuznach, Rheinland-Pfalz.
Beruf/Tätigkeiten: Kassiererin, im Ruhestand.

Strunk, Christa, Dr.   *S. 182*
geb. 1932 in Berlin-Lichterfelde, lebt in Jena, Thüringen.
Beruf/Tätigkeiten: Diplombiologin,Wissenschaftliche Mitarbeiterin,
im Ruhestand.
Bisherige Veröffentlichungen: Wissenschaftliche Publikationen als Wissenschaftliche Mitarbeiterin im ZIMET Jena; „Vergangene Trabi-Freu-
den", Reihe „Senioren schreiben Geschichte(n)", Badische Neueste Nachrichten, 2007.

Tschöp, Robert   *S. 216*
geb. 1947 in Kurort Gohrisch, Elbsandsteingebirge,
lebt in Wolfenbüttel, Niedersachsen.
Beruf/Tätigkeiten: Lehrer, im Ruhestand.
Bisherige Veröffentlichungen: „Staatsaktion", Edition Dietmar Beetz,
Erfurt 2004; „Zwiegespräch aus Monologen" (Gedichte), Edition Dietmar Beetz, Erfurt 2005.

Wehner, Ingrid, geb. Gutjahr   *S. 262*
geb. 1939 in Leipzig,
lebt in Premnitz, Brandenburg.
Beruf/Tätigkeiten: Schriftsetzerin, Korrektorin, im Ruhestand.
Bisherige Veröffentlichungen: Reiseberichte über Mongolei-
TRANSSIB-China in „Die Gegenwart" des BSVB.

Wehrhoff, Siegfried   *S. 232*
geb. 1964 in Hagenow, Mecklenburg,
lebt in Berlin.
Beruf/Tätigkeiten: Schlosser, Kfz-Meister, Kaufmann.
Bisherige Veröffentlichungen: Berichte über die Flucht in BZ-Berlin, 2003,
im „Stern-Magazin", 2004 und in „Damals in der DDR" im MDR-Fern-
sehen, 2005; Leiter-Nachbau im Museum Checkpoint-Charly, Berlin, seit
1999; Fluchtgeschichte im Museum Altes Zollhaus, Hitzacker, seit 2006.

Weiffen, Wolfgang   *S. 76*
geb. 1950 im Bergischen Land, lebt in Berlin, Berlin.
Beruf/Tätigkeiten: Lehrer.
Bisherige Veröffentlichungen: in Zeitungen, Zeitschriften, Anthologien.

Westerman, Kai von   *S. 265, 277*
geb. 1960 in Tübingen, Baden-Württemberg,
lebt in Bonn/Rhein, Nordrhein-Westfalen.
Beruf/Tätigkeiten: seit 1988 freiberuflicher Kameramann.
Bisherige Veröffentlichungen: „Letzte Bilder von der Mauer. Reportage
1989. Berichte aus zwei verschwundenen Ländern". Zeitgut Verlag, Berlin 2009.

Zietz, Rudolf   *S. 62, 288*
geb. 1938 in Herzberg/Harz,
lebt in Herzberg/Harz, Niedersachsen.
Beruf/Tätigkeiten: Bundesgrenzschutz, Zollgrenzbeamter im Ruhestand.
Bisherige Veröffentlichungen: Verschiedene Veröffentlichungen in der
Regionalpresse; „Erlebnisse an der Grenze im Harz - Ein Zollbeamter
erinnert sich", Mecke Druck und Verlag, Duderstadt 2003.

Zimmermann, Gerhard Werner   *S. 98, 103, 115*
geb. 1946 in Kraftsdorf, Thüringen,
lebt in Sigmaringen, Baden-Württemberg.
Beruf/Tätigkeiten: Schlosser, Schweißer, Schweißtechniker, CNC-Fräser;
Auslandsmonteur im Iran, Lehrausbilder in Südafrika.
Bisherige Veröffentlichungen: Beitrag in der WAZ (Westdeutschen Allgemeinen Zeitung) 1985;.